Sr. Presidente, inventemos los ovnis

Valeria Ardante

Título original: Sr. Presidente, inventemos los ovnis

Primera edición, 2017

© Copyright by Valeria Ardante

ISBN-13: 978- 1548885304

ISBN-10: 1548885304

«*Acérquese más, mucho más, porque cuánto más crean que ven, más fácil será engañarlo Porque, ¿qué es ver?. Cuando uno mira, lo que realmente hace es filtrar, interpretar, buscar un significado. ¿Mi trabajo? Atraer el más preciado de los regalos que me hacen, su atención, y utilizarla en su contra (...)*

¿Qué es la magia? (...) no es más que un engaño planificado. Quiero que miren, miren de cerca, lo más cerca posible, porque los trucos que están por ver pueden parecer desconectados. Pero les aseguramos que hay una conexión. ¿Serán cien trucos diferentes, o una gran ilusión gigantesca?.»

Película *Now you see me* (2013).

INDICE

i

A Amparo y Manuel por su confianza y amistad,

a mi familia por su apoyo.

Introducción

La primera vez que se habló de "platillos voladores" fue en 1947, cuando un piloto militar norteamericano "se atrevió" a relatar una experiencia vivida con unas extrañas luces en formación. Durante se vuelo pudo observar maniobras imposibles de los objetos voladores que mostraban una apariencia similar a platos domésticos aéreos.

Desde entonces la fenomenología ovni (o Ufología, de "UFO", ovni en inglés) se ha diversificado increíblemente, existiendo -siempre con numerosas dudas-, testimonios de personas secuestradas por ovnis y sometidas a mil experimentos de laboratorio, naves alienígenas estrelladas, cuerpos de extraterrestres recuperados, contactos por seres de otros mundos, fotografías y vídeos de extrañas luces en los cielos (supuestamente naves alienígenas) realizando maniobras imposibles y por existir, hasta hay testimonios de científicos y militares que dicen haber sido testigos de alianzas entre los gobiernos norteamericanos y alienígenas, trabajando en conjunto con tecnología híbrida y realizando experimentos biomoleculares con el fin de crear un ser humano híbrido entre ambos seres.

Como es de esperar, todas las historias que sirven de testimonios para estas extravagantes ideas están repletan de acciones de cuestionable moralidad, por parte de funcionarios del Gobierno ("Hombres de negro") estadounidense, el cual pretende acallar estar pruebas y testimonios de sus acciones en relación con los extraterrestres y su tecnología, dejando tras de sí un rosario de muertes, encarcelamientos basados en acusaciones falsas y campañas de descrédito; algunas de estas historias las veremos en el presente trabajo.

No obstante, hay extrañas coincidencias -por llamarlas de alguna manera, ya que parecen ser de todo menos eso- que con frecuencia se callan u olvidan y que acaban siendo, a mi entender, sumamente reveladoras. Ejemplos de estas "pistas" son el hecho de que todos los implicados en las tramas relacionadas con alienígenas son o fueron funcionarios del Gobierno estadounidense, o que el mismo año en que se habló por primera vez de platillos voladores, 1947, se creó la precursora de la CIA a manos de un exnazi "reciclado" por los norteamericanos y también cuando se produjo el supuesto impacto de una nave extraterrestre en Roswell, entre otros hechos.

Si dejamos de lado las hipótesis que hablan de alienígenas y teorías conspirativas relacionadas con ellos, considerándolas una elaborada y tupida cortina de humo, obtendremos una serie de datos que nos hablan de una realidad más plausible pero que nos hará ver cómo las autoridades gubernamentales de prácticamente todos los países actúan con una inmoralidad y frialdad hacia sus conciudadanos, que me produce aún más malestar y temor que si se demostraran que las teorías ufológicas son reales.

Con esta idea en mente, pasemos a ver las principales teorías de la fenomenología ovni que más peso han ganado en las últimas décadas, tratando de ver la realidad que se esconde tras ellas. Se nos desplegará todo un laberinto de mentiras, engaños, manipulaciones y malas acciones que si bien nos harán perder la inocencia e incluso generar cierto desprecio hacia los políticos y magnates, creemos muy necesario para conocer verdaderamente una parte de la "cotidianidad" de los hechos que a diario se dan en el ajedrez de potencias nucleares en la que vivimos y de las que frecuentemente somos observadores pasivos, sin llegar a percatarnos de los acontecimientos, mientras nos cuentan absurdos cuentos de hombrecillos verdes como nueva versión de brujas, hombres del saco e incluso del ratoncito Pérez. Ingenuos de nosotros, nos las creemos. Consciente de ello, ojalá podamos usar todo el amplio repertorio de acciones y hechos que desplegaré en las hojas de este libro, para que de ahora en adelante se nos encienda una lucecilla incrédula en la cabeza cuando leamos según qué noticia o nos cuenten determinado rumor.

La Biblia recoge la famosa sentencia: *"la verdad os hará libres"*, y sin embargo creo que no ha habido un pretexto mayor para llegar a la manipulación que hoy en día nos están haciendo los medios de "desinformación" con el fin de lograr que nos decantemos hacia cierto voto o posición. Remito al lector curioso a mi libro *"La isla Bermeja: la isla que encadenó a México y el aleteo de la mariposa"* (2017), en el que precisamente muestro las verdaderas intenciones (y falacias) que se esconden tras los atentados terroristas islámicos, la elección de Donald Trump como presidente norteamericano, la guerra de Siria, las acusaciones del presidente de Venezuela contra España, USA y Colombia, o la entrega del nobel de la Paz al presidente colombiano, entre otras noticias de actualidad que analizo.

Igualmente sería aconsejable complementar la información de este presente trabajo con mi otra obra *"Reclutemos a los nazis"*, ya que en determinados capítulos la información será mucho más completa disponiendo de la visión en conjunto. No obstante, para evitar repeticiones innecesarias de los mismos datos en dos libros distintos, me limitaré a remitir al lector a mi otra obra, dejando a su criterio si desea seguir mi sugerencia o prefiere continuar leyendo el presente trabajo, ya que en ningún caso el no acudir a

"*Reclutemos a los nazis*" dejará incompleta la información y el mensaje que pretendo transmitir en el presente libro. Como digo, ambas obras se complementan y enriquecen, pero funcionan perfectamente de manera independiente.

CAPITULO 1

EL CASO ROSWELL

El 24 de junio de 1947 se produce la primera observación de un objeto volador no identificado u "ovni", el acrónimo de esta expresión es "ufo" en inglés, de la que se tenga constancia, ocurrida en la historia moderna de los Estados Unidos, asociándolo a humanoides de fuera de nuestro planeta, a través del testimonio de Kenneth Arnold. De esta manera se iniciaba una fiebre por las naves alienígenas que durará hasta nuestros días. Volveremos más tarde a este caso.

Ese mismo año, la madrugada del 3 de julio, en Roswell, localidad del estado de Nuevo México (USA) desconocida hasta el momento por buena parte de la población mundial, incluido un alto porcentaje de estadounidenses y que pasará a ser archiconocida, tenía lugar un suceso extraordinario. Según muchas fuentes, incluidas gubernamentales y del ejército, como consecuencia de una tormenta eléctrica se había estrellado en Foster Ranch (Corona, Nuevo México) una aeronave de procedencia desconocida, con varios extraterrestres a bordo a los que se les realizó una autopsia (grabada y posteriormente difundida) para conocer la anatomía interna de estos seres.

Tiempo más tarde el ejército negó el comunicado diciendo que se trataba de un globo meteorológico, si bien se dieron una serie de contradicciones que reavivaron la creencia de que realmente se estrelló un ovni, noticia que no quería difundir el Gobierno, así como otras muchas interpretaciones. Pero detengámonos para analizar el transcurso de los hechos.

Madrugada del 3 al 4 de julio de 1947: El matrimonio Wilmot, sentado en el porche de su granja, ve en el cielo de la noche un objeto *con forma de dos platos hondos unidos por sus bordes y el superior, invertido* que, acompañado de un silbido, cruza a gran velocidad sobre ellos en dirección NW.

4 de Julio de 1947: William Brasell (escrito como Mac Brazel, según autores), otro vecino de la zona, alarmado por una gran explosión, se desplaza con su hijo Timothy, de entonces siete años hacia el lugar del impacto, encontrando una amplia zona de varios kilómetros a la redonda, cubierta por restos metálicos violetas, finos, flexibles, muy ligeros e irrompibles. Recoge parte y se los lleva a casa, enseñándoselos a su hija Bessi, que más tarde, al ser consultada, admitirá que se parecían a los fragmentos de un globo meteorológico mostrado por el Ejército. Otros granjeros y vecinos acuden al lugar, encontrando los mismos fragmentos metálicos y según varios de ellos, viendo una extraña aeronave que se ha estrellado contra el suelo llevando cuatro tripulantes humanoides en su interior, uno de ellos aún con vida. Brasell y Timothy no vieron nave alguna, tampoco humanoides.

5 de julio de 1947: Brasell enseña a Loretta y Floyd Proctor los restos que ha recogido en su camioneta cuando visitó la zona del posible impacto. Tras esto, hace lo mismo con el sheriff George A. Wilcox, quien informa a las Fuerzas Aéreas del incidente, concretamente al cercano Ejército de Campos Aéreos de Roswell (AAF, en inglés), hablando con Jesse Marcel y Sheridan Cavitt. La policía militar, con el mayor (equivalente al comandante de España) Marcel y el capitán Cavitt, llega al lugar del incidente. Impiden a los

civiles acceder al área, recogiendo los restos de la supuesta nave y de los cuatro humanoides, uno aún vivo, que según distintos testigos deambulaba cerca del objeto. Todo se traslada a la base militar de Roswell, una de las que realizó el seguimiento de las pruebas nucleares estadounidenses, las primeras en todo el mundo. La Unidad de Inteligencia de la Base Militar de Roswell se traslada al rancho de Mac Brazel con la orden de llevarse hasta el más mínimo resto que quede de lo que se estrelló en las tierras de este granjero.

El Sheriff Wilcox envió al coronel Thomas J. DuBose y al coronel Alan D. materiales que obraban en su poder del área del incidente. Se los pasaron al coronel William Blanchard (509° grupo bomba), quién a su vez los envió al General Mayor Clements McMullen, en Washington.

Posteriormente el forense Glen Dennis, de la funeraria de la localidad, dirá haber recibido una llamada desde la base interesándose por la mejor manera para embalsamar cadáveres en descomposición y preguntando si poseía algún ataúd hermético para guardar cuerpos *"del tamaño de un niño"*. Igualmente contará haber conocido a una supuesta enfermera que decía trabajar en el club de oficiales de Roswell y que se mostraba muy inquieta, acabando por confesarle que había asistido a dos médicos cuando realizaron la autopsia a pequeños seres de apariencia humanoide, uno de ellos en mejor estado que el otro, que desprendía un pestilente olor, haciéndole en una servilleta unos dibujos de su supuesta anatomía, distinta de la nuestra. Dennis añadió que tras esta charla, fue trasladada a Inglaterra unos días después, perdiendo todo el contacto con ella.

7 de julio de 1947: Conmemoración de la independencia de Estados Unidos. Lyda Sleppy, periodista de la radio local KSWS recibe una llamada telefónica de un periodista

contándole los hechos para que se publiquen, pero según informa, el FBI corta la llamada a la vez que coaccionan al periodista para que se retracte. Lo mismo dirán varios granjeros que visitaron la zona del impacto. Los fragmentos que habían recogido son confiscados por las autoridades y llevados a la base militar cercana. Nacían así los "hombres de negro", pareja de hombres trajeados del FBI o la CIA que a partir de entonces serán vistos asociados a avistamientos ovni para confiscar pruebas o amedrentar a supuestos testigos de incidentes en los que consideran que pudo haber objetos extraterrenos involucrados.

Por su parte, esa misma mañana, los supuestos humanoides y la aeronave, o parte de ella, es enviada en avión a Andrews AFB (Washington) mientras Marcel y Cavitt visitan con Brazel el lugar donde recogiera los materiales metálicos esparcidos, llevándose los restos que pueden encontrar. Algunos testigos dijeron ver una greca con extraños jeroglíficos entre los restos de la supuesta nave estrellada en Roswell. Posteriormente un funcionario dirá que al ir al soltar el globo meteorológico se quedó sin cuerda y hubo de recurrir a una greca decorada, comprada en una tienda de regalos que tenía a mano, para cubrir la falta con presteza. Nacería así de esta greca decorativa todo un complot de supuesto lenguaje extraterrestre, "Annunaki", que degenerará en las más variopintas teorías. El término deriva del nombre sumerio usado para las deidades acadias y sumerias de las primeras civilizaciones de Oriente Próximo. Respectivamente Anunna, dioses principales que habitaban en el cielo, Anu, y los Igigi, dioses menores que residían en este mundo o en el inframundo. Como uno de los dioses se mostraba alado, el escritor azerbaiyano Zacharia Sitchin vió un filón en la idea de equiparar a esos dioses sabios y alados con visitas de extraterrestres en la antigüedad, publicando en la década de 1970 más de diez libros conteniendo, según él, lo que había traducido de tablillas sumerias, contando que esos extraterrestres llegaron a la Tierra, se tornaron en humanoides a los que modificaron la genética y convirtieron al ser humano en una raza esclava que les extraía oro de las montañas. Desde entonces esos extraterrestres han estado visitando el planeta para ir controlando a la raza de su creación. Esa es la razón de que en muchos casos de avistamientos cercanos de naves se hablen de "jeroglíficos" similares, annunakis. Según Sitchin.

8 de julio de 1947: Algunos periódicos locales que han hablado con el sheriff publican en sus primeras páginas *"Las fuerzas aéreas capturan un platillo volante en un rancho de la región de Roswell"* (*"RAAF Captures Flying Saucer On Ranch in Roswell Region"*) (figura 1.1). Comienza la locura. Sin embargo, la prensa dará un giro a la historia de un día para otro. Esa madrugada, hacia las dos de la mañana, camino de la base aérea, Jesse Marcel hace un alto en su casa enseñando a su esposa e hijo, Jesse Marcel Jr., de 11 años, lo que dijo era parte de un objeto aéreo. Afirmó que lo que estaban observando pertenecía a un platillo volador.

Décadas más tarde, el nieto del militar (Jesse Marcell III) dirá que su abuelo, no encontraba lógica mientras inspeccionaba los restos, sorprendiéndose mucho con algunas de sus propiedades. Pensó que debía tratarse de algo importantísimo "que podría cambiar el curso de la humanidad" y decidió compartirlo con su familia, llevándose algunos restos a su hogar y esparciéndolos por el suelo de la cocina. Dijo su nieto que lo que más llamó la atención a su padre (Jesse Marcell II) era que algunas piezas recordaban al papel de aluminio, pero a diferencia de aquél, si se estrujaban recuperaban su forma original una vez había cesado la presión.

Figura 1.1- Detalle de la portada del periódico local Roswell Daily Record. Publicada el 8 de julio de 1947, con varias noticias referentes a platillos voladores.

Hacia las dos del mediodía, el coronel Blanchard (AAF) da vía libre para que la noticia se dé a conocer a la opinión pública, emitiéndose telegramas y comunicados a los distintos periódicos y radios, que comienzan a divulgar que el Ejército estadounidense ha encontrado un platillo volador estrellado en Roswell, lo que crea una auténtica conmoción y un colapso en la centralita telefónica de la localidad. Mientras, el coronel Marcel solicita al general de brigada Roger Ramey, de la base militar de Fort Worth (Texas) que se persone para identificar los restos. Ramey considera que se trata de un globo meteorológico destrozado y así lo notifica Marcel a los medios de comunicación. Tanto Marcel como su hijo (Jesse Marcel II), según dirá años después el nieto del militar, siempre sostuvieron que el material que Marcel mostró a su familia era muy distinto del que lució en el posado para la prensa que le impusieron sus superiores para mantener la versión del globo meteorológico estrellado.

No obstante, circula otra versión. Cuenta que a las 4 de la tarde, dos horas después de que se comunicara el hallazgo de un ovni, el General Mayor Clement McMullen, desde Washington, llama al coronel Thomas J. DuBose en Fort Worth, Texas, ordenándole que notificara al comandante de la Octava Fuerza Aérea, el general Roger Ramey, que pusiera fin a toda la historia del platillo volante, de manera que dio una rueda de prensa en Fort Worth informando que un globo o sonda meteorológica se había precipitado contra el suelo en Roswell, concretamente en Foster Ranch, en Corona, Nuevo México. Que a Marcel se le ordenó posar para la prensa junto con los restos de un globo meteorológico destrozado, que nada tenía que ver con el material que realmente recogió, tal como informaría él mismo en una entrevista de prensa (1978) y posteriormente Jesse Marcel Jr., si bien precisó que aunque diferente, se parecía mucho. Añadiendo además que el material que su padre le mostró esa madrugada fue confiscado pero que no se quemaba ni podía ser perforado o rayado, a pesar de ser muy flexible y ligero.

Por otra parte, la radio KGFL de Alburquerque, Nuevo México, sufrió presiones para que cancelara una entrevista en directo con Brasell (Brazel) o el gobierno de Nuevo México cerraría la emisora, en caso contrario.

9 de julio de 1947: El periódico local *Roswell Daily Record* publica el testimonio de Brasell. Se trataba de un objeto de las dimensiones de una mesa, con algunos elementos de caucho

de color gris y que vieron gran cantidad esparcida de material tipo papel de plata, así como grecas con extraños signos como diseños florales y varillas de madera.

Figura 1.2.- Supuestas imágenes tomadas en el lugar del impacto, en Roswell (1947) viéndose la supuesta nave y un cadáver de uno de los supuestos tripulantes del artefacto, así como algunos militares.

También recoge la prensa la opinión del militar bajo el titular: *"Ramey desmiente el platillo volante"*, mostrándose las fotografías del mayor Jesse Marcel posando para los periodistas con parte de los restos del globo.

Hacia las 7:30 de la tarde numerosos periódicos y agencias, como noticias ABC, divulgaban un boletín mundial considerando la historia de la sonda meteorológica y descartando la del supuesto platillo volante estrellado.

Así, periódicos que informaron del choque de un ovni un día antes, al día siguiente publicaban con grandes letras en los titulares: *"la Fuerza Aérea dice que el platillo volante de Nuevo México es un globo meteorológico"* (*'Weather Balloom', Says AAF of New Mexico's 'Saucer'*).

Figura 1.3.- El general Roger Ramey, con el coronel DuBose (izda) y el mayor Jesse Marcel (dcha) posan con los restos de un globo meteorológico que supuestamente se estrelló en Roswell. El documento que porta el general Roger Ramey en su mano en la imagen izquierda, dará que hablar nuevamente.

En los sucesivos días y semanas, los supuestos testigos fueron amedrentados, advertidos y dispersados por diferentes lugares. Otro tanto ocurrió con los militares implicados en el asunto. Bárbara Dugger, nieta del sheriff Wilcox admitió que sus abuelos fueron amenazados para guardar silencio. Durante 45 años no se volvió a hablar apenas del incidente.

Figura 1.4.- Imágenes de la liberación de una sonda del proyecto Mogul en junio de 1947, que se corresponde con las descripciones de lo que halló Mac Blazer en las cercanías de Roswell.

El *New Mexico Magazine* publicaba en enero del siguiente año, 1948, las palabras de C.W. Morgan culpando a los experimentos realizados en la base que las Fuerzas Aéreas tienen en Alamogordo. Allí se usaban balones de helio con distintos dispositivos colgando de una cuerda para detector ondas de largo alcance, confeccionados por los 'Watson Laboratories', que pudieron identificarse en la distancia con los discos y platillos voladores mencionados en las historias aparecidas en los periódicos el verano anterior. Añadía: *"Under certain conditions these targets could well be identified as flying saucers, the balloons appearing as saucers and the tin-foil covered targets as the wings of the flying discs"* (*"bajo determinadas condiciones, estos dispositivos se pudieron identificar como platillos voladores, asemejando los globos aerostáticos a los platillos y los dispositivos, cubiertos con papel de estaño, podrían parecer las alas de los discos voladores"*).

Posteriormente, numerosos personajes se han lucrado con esta historia del supuesto ovni, como los best sellers del teniente coronel Philip Corso (*"the day after Roswell"*, *"el día después de Roswell"*, publicado en 1997, donde defiende que los norteamericanos usaron tecnología extraterrestre tomada de este ovni estrellado) y del ex agente de la CIA Chase Brandon (*"The Cryptos Conundrum"*), que dice basar su texto en archivos y material fotográfico que tomó de la *'Historial Intelligence Collection'* de la ultrasecreta base de la CIA 'The Vault' de Langley en Virginia, demostrando que fue una nave extraterrestre lo que impactó y se escondió a la opinión pública por orden de la Casa Blanca.

De hecho, comenzaron a proliferar distintos documentos supuestamente oficiales, desclasificados o no, apoyando la versión del vehículo extraterrestre. Lo más relevante es que varios autores dijeron haber podido leer el documento que Jesse Marcel llevaba en su mano el día que posó con los fragmentos de la sonda meteorológica y en el que dicen poder leer palabras como "platillo volante". Incluso un artículo de prensa informaba que la descripción realizada por W.W. Brazel sobre lo que él y su hijo encontraron en el lugar del impacto (papel de aluminio violeta, con trozos de goma o caucho, varillas de madera y la greca decorativa) la hizo con posterioridad a su hallazgo. Que lo encontraron el 14 de junio, pero al oír el revuelo de Roswell "retrasó" la fecha de su hallazgo para gozar también de cierta popularidad y algo de dinero extra.

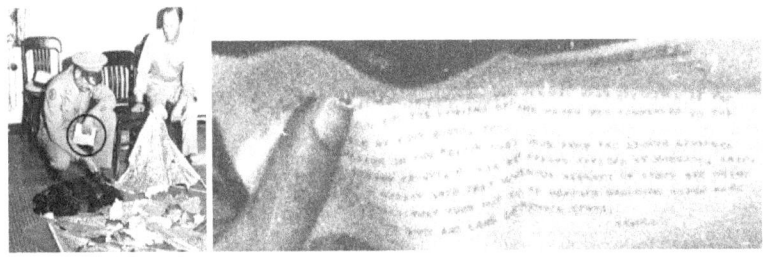

Figura 1.5.- Ampliación del supuesto documento que el general Roger Ramey portaba cuando fue fotografiado junto al globo meteorológico. En el papel se puede leer "platillo volante" (flying saucer). E incluso "tripulantes del disco", de acuerdo con David Rudiak.

La historia volvió a ser actualidad, ganando fuerza, cuando en abril de 2011 el FBI desclasificó gran cantidad de documentos que subió a su portal de Internet, encontrándose entre ellos muchos que se referían a este incidente. Tal fue la cantidad de documentos "oficiales" que salían a la luz -los ufólogos denominan a este efecto "operación de desinformación"- que se cayó en absurdos tales como los del supuesto documento mostrado en la figura 1.5, donde se llega a hablar de más de un ovni estrellado en Roswell. Este documento, conocido como el "Hottel_guy_part01.pdf", permite leer: *"Un investigador de las fuerzas aéreas constata que tres así llamados 'platillos voladores'-'flying saucers' han sido recuperados en Nuevo México. Se les describe como circulares con una parte saliente en el centro, de aproximadamente 50 pies de diámetro. Cada uno estaba ocupado por tres cuerpos de forma humana pero de solamente 3 pies de estatura, vestidos con tela metálica de muy fina textura. Cada cuerpo estaba sujeto de una manera similar a los sistemas de eyección usados por voladores rápidos y pilotos. Según Mr. Xxxxx, el informador, los platillos se encontraron en Nuevo México debido al hecho de que el gobierno posee un muy poderoso RADAR en el área y se cree que eso interfirió con los controles de los platillos. No se ha intentado nueva evaluación por xxxxx concerniente al hecho arriba señalado. 162-83894-209, 22 de marzo de 1950".*

Este documento, fechado a finales de marzo de 1950, va dirigido al entonces director del FBI, J. Hoover. Sorprende el hecho de que la única referencia que se cita para ubicar el supuesto impacto de estos tres platillos volantes sea Nuevo México y que sin embargo todo el mundo lo asocie al incidente de Roswell. No obstante, más alucinante me parece constatar que no sólo son nuestras máquinas humanas las que se estropean. Los "ingenieros" y "concesionarios" extraterrestres debían dejar mucho que desear, a juzgar por la cantidad de colisiones que tenían en su haber. No en vano hay quién cita con total convicción ¡hasta 13 ovnis estrellados en todo el mundo! Si extrapolamos al resto del Universo, deben haber gastado una auténtica fortuna en los miles de aeronaves estrelladas por todos los diversos planetas explorables que deben existir.

Ironías aparte, lo cierto es que Roswell era la sede del grupo de bombarderos 509, el único escuadrón del mundo entonces capaz de lanzar una bomba atómica. Por eso no deja de asombrar que el personal de inteligencia de la base hubiera confundido un globo meteorológico con una aeronave extraña, supuestamente alienígena ¿O no lo hizo pero indujo a que la opinión pública sí lo hiciera? Que lo mostrado en la figura 1.5, ante la prensa allí reunida era un globo meteorológico convencional y Jesse Marcel reconociera que era distinto de los restos que él observó, puede ser cierto.

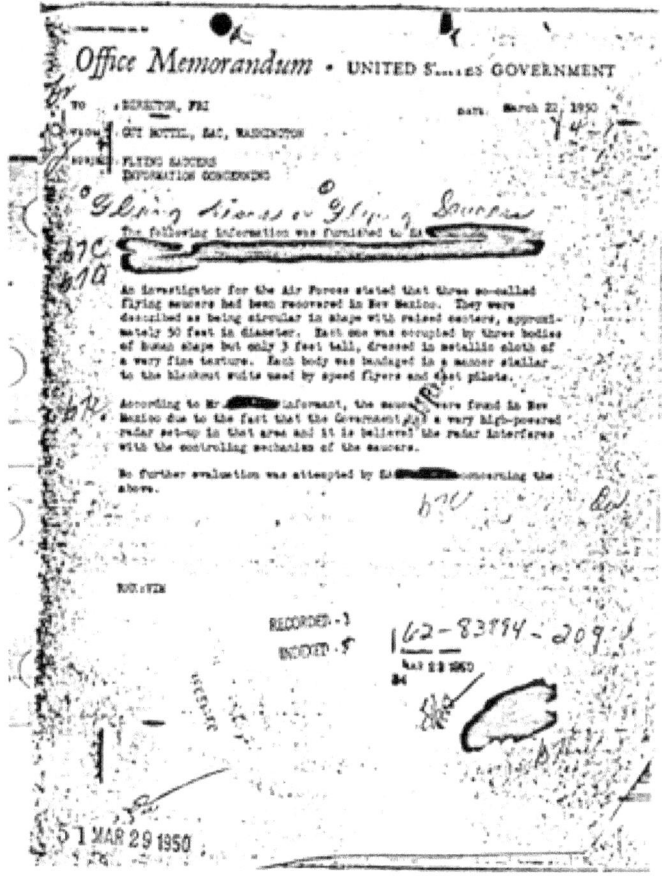

Figura 1.6.- Supuesto documento esgrimido por muchos autores partidarios del incidente ovni. En este supuesto documento oficial del gobierno estadounidense, fechado el 22 de marzo de 1950 desde el Guy Hotel (SAC) de Washington, se reconocería que impactó un platillo volante (flying saucers). Lo más sorprendente es que si leemos el documento, reconocen que impactaron varios, "cada uno de ellos ocupado por tres cuerpos" ("Each one was occupied by three bodies", segundo párrafo).

De hecho, estoy convencida de que lo es. Pero de ahí a

suponer sin más que eran sin duda los restos de un platillo volador, va un mundo. Estoy segura de que el Ejército no mintió. Los restos eran de un globo o sonda. La pregunta correcta es ¿Pero de qué tipo? Y ahí es donde debemos tirar de archivos y documentación otrora altamente clasificada y ahora mostrada con cuentagotas y con muchos datos aún ocultos.

Globos espía inundando los cielos

Si realmente "algo" impactó en Roswell y las autoridades militares y gubernamentales, CIA y FBI incluidos, se tomaron muchísimas molestias para impedir que la gente hablara y llegaran curiosos a investigar en el asunto, ¿qué trataban de ocultar tan celosamente? La respuesta nos la darán las propias instituciones que trataron de acallar el incidente, puesto que, tanto en septiembre de 1994 como en junio de 1997, sendos informes realizados por las Fuerzas Aéreas sobre el antiguo incidente decían que los restos recogidos en Roswell correspondían a elementos del denominado "Proyecto Mogul". No eran los únicos. Otro documento, elaborado conjuntamente por el Departamento de Defensa y la Secretaría de las Fuerzas Aéreas, a petición de un congresista de Nuevo México, donde ocurrió el incidente, se inclinaba igualmente a creer que eran restos de un elemento usado en el Proyecto Mogul. Pero, ¿qué era todo aquello?

Por entonces, tras la Segunda Guerra Mundial, Estados Unidos y la URSS entraron en lo que se denominó "la Guerra Fría" o una "aparente calma antes de la tormenta", como me gusta llamarla, pues consistía en una relación hipotética de apoyo y respeto, en la que realmente ninguno de los dos países se fiaba del otro. Se espiaban mutuamente y trataban de luchar en una carrera armamentística que venía a ser un enseñar los dientes con el fin de amedrentar y disuadir al adversario en su idea de enfrascarse en una guerra de la que podría no salir bien parado.

TRENTON EVENING TIMES, MONDAY, JULY 14, 1947 p.2

Figura 1.7.- Noticia publicada en el periódico Trenton Evening Times el 14 de julio de 1947, en la que se habla de algunos datos obtenidos a través de las sondas del Proyecto Mogul, concretamente un estudio de las radiaciones cósmicas que llegaban del universo a nuestra atmósfera terrestre.

En este contexto se ubican todas las numerosas pruebas de armas atómicas, en suelo norteamericano primero, y posteriormente en diversas islas de medio mundo, realizadas por diversas potencias militares tales como Estados Unidos, Francia, Reino Unido y la URSS. Pues bien, retrocediendo a la fecha del incidente de Roswell, 1947, Norteamérica desarrolló un programa militar, el "Proyecto Mogul" según algunas fuentes, dirigido por James Peoples, asesorado por Albert P. Crary y desarrollado entre los años 1947 y 1949, en el que se desarrollaron distintos globos sonda equipados con instrumentos dotados de un sistema de detección de ondas sonoras de baja frecuencia, de tan finísima recepción que eran capaces de percibir las señales emitidas por los ensayos nucleares soviéticos.

De esta manera, la Inteligencia norteamericana podía extrapolar a partir de estas ondas datos tales como la magnitud de las explosiones o el tipo de armamento que los soviéticos estaban experimentando. Y es que cuando una bomba se hace estallar, libera ondas de choque en todas direcciones.

Figura 1.8.- Distintas imágenes de pruebas con globos aerostáticos de helio realizadas en la Holloman Air Force Base (base Holloman de las fuerzas aéreas), en Alamogordo, Nuevo México.

De esta forma, el armamento soviético que se estaba probando liberaba ondas que las sondas del Proyecto Mogul recogían de nuestra atmósfera terrestre, concretamente en la tropopausa, supuesto límite entre la troposfera y la estratosfera. De esta manera indirecta podrían llegar a conocer cuándo la URSS estaría en condiciones cercanas a poder enviar, llegado el caso, un misil nuclear lanzado desde la URSS para impactar en objetivos relevantes norteamericanos, pudiendo lograr impedirlo.

El Proyecto Mogul exigía una inyección de dinero considerable, al tener que realizar los globos espía con un material lo suficientemente estable para soportar las duras condiciones de la alta atmósfera, debiendo ser a la vez ligeros y estancos para no ir perdiendo su contenido de helio, manteniéndose así lo suficientemente estables en altura y posición durante un espacio de tiempo apropiado (finalmente se optó por el polietileno). Del Proyecto Mogul derivaría un nuevo conjunto de experimentos incluidos dentro del denominado "proyecto Skyhook", que tomó el reemplazo de los globos–espía de las Fuerzas Aéreas estadounidenses, ahora a cargo de la Oficina de Investigación Naval de la Marina norteamericana (ONR), con el fin de realizar análisis meteorológicos de la atmósfera a ciertas alturas. Se mantuvo desde finales de la década de 1940 hasta finales de la década de 1950.

Esta idea la tomaba de un proyecto anterior que la Marina había desarrollado, el "Proyecto Helios", centrado en el efecto de las radiaciones solares a diferentes alturas y condiciones. Con el nuevo aporte del Proyecto Mogul, se generaba el Proyecto Skyhook que aunque seguía con la idea de la toma de datos atmosféricos, pretendía generar globos capaces de transportar a un ser humano, que no sólo realizara diversos experimentos científicos en esas drásticas condiciones atmosféricas sino que pudiera tomar fotografías aéreas de gran calidad de determinados objetivos en tierra. En la fabricación de estos globos colaboró la División General Mills. El 25 de septiembre de 1947 se lanzó el primero de los globos de este proyecto con una carga de 29 kg de emulsión nuclear como equipo y una capacidad de 2,832 metros cúbicos, alcanzando más de treinta mil metros de altitud. Lo más relevante es que estos elementos daban la apariencia de estar deshinchados, debido a que las condiciones de presión y temperatura a ras de suelo provocaron que el gas usado, helio e hidrógeno, se acumulara desigualmente, concentrándose mayormente en su parte superior y generando una morfología a modo de medusa. En cambio, a altitudes más elevadas se expandían más homogéneamente, dando lugar a grandes balones o incluso morfologías ovoides de hasta quince o veinte metros de radio, que por su aspecto metalizado podían reflejar los rayos del sol. Los datos que tomaron de la estratosfera fueron de tal magnitud que en los siguientes diez años se lanzarían más de 1.500 globos Skyhook, ahora desde posiciones tanto en tierra (diversas localidades de Estados Unidos y Canadá), como en el mar (desde buques militares ubicados en el Pacífico, el Atlántico o incluso desde el Ártico. Finalmente, incluso la Comisión de Energía Atómica se unió al proyecto, prestando cierta ayuda financiera a cambio. Por su parte, el primer globo tripulado se lanzó en 1949, si bien el que mayor repercusión tuvo fue lanzado el 30 de junio de 1954. Constaba de dos globos no tripulados, dotados de cámaras fotográficas de diversos tipos y resoluciones para tratar de fotografiar en altura el eclipse solar que estaba teniendo lugar, desde poco antes de que se iniciara hasta que terminase. Complacidos con el resultado, el 19 de agosto de 1957 se lanzó un globo Skyhook no tripulado dotado de un telescopio Estratoscope conectado a una cámara de circuito cerrado, que permitió a los astrofísicos en tierra grabar y tomar más de 400 fotografías de manchas solares, algo revolucionario que dio lugar al Proyecto Estratoscope, centrado en este tipo de actuaciones, perfeccionando técnicas y tecnología astronómica.

No sería el único avance producido gracias al Proyecto Skyhook de la ONR (Oficina de Investigación Naval de la Marina norteamericana), pues ya dije que estos globos llevaban una carga de emulsión nuclear, consistente en una especie de antigua placa fotográfica impregnada de una capa de diversos elementos atómicos, con el fin de capturar evidencias de las distintas sustancias que la traspasan junto con las radiaciones solares.

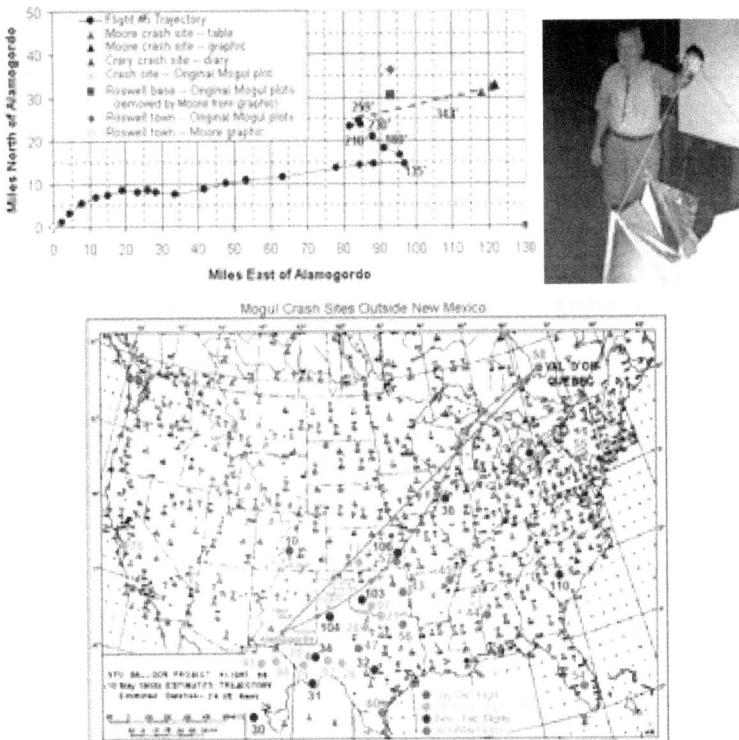

Figura 1.9.- Estimación de la caída de la sonda del vuelo 5, imagen de Charles Moore con un artefacto como los portados en el Proyecto Mogul por los globos y trayectorias de distintos globos soltados en 1947.

Digamos que sería como una especie de caja con tamices de diverso calibre para analizar los sedimentos que sobre ella echamos, pero a nivel atómico y recogiendo "la huella" que deja el paso de determinado elemento atómico o partículas atómicas y subatómicas. De esta forma tan compleja se pudo constatar que en determinadas zonas de nuestro planeta – ubicados en el ecuador del mismo- las radiaciones solares son especialmente virulentas, con mayor cantidad de electrones excitados que pueden actuar sobre otros elementos de la atmósfera, generando distintas reacciones. De esta forma, parte del Proyecto Skyhook que se produjo en aguas caribeñas y cercanas a las Islas Galápagos en el Pacífico, daría lugar en 1948 a la generación de un nuevo proyecto, el "Proyecto Churchy".

Con respecto a las acciones militares, dentro del Proyecto Skyhook, en 1957 se pasó a un nuevo programa denominado "Transosonde" por centrarse en el estudio de la transmisión en el agua de los sonidos y concretamente en analizar el sonido transoceánico, pues algunos biólogos marinos habían comprobado que ciertos mamíferos marinos podían comunicarse entre sí a cientos o incluso a miles de kilómetros de distancia. De esta forma, aunque la documentación existente es más bien escasa, parece ser que comenzaron a realizarse vuelos en globo de Japón a Estados Unidos cruzando el Océano Pacífico, casi a diario. Si he llegado hasta aquí es porque deseo enlazarlo con un hecho curioso ocurrido el 26 de enero de 2011. Varios diarios canadienses se hacían eco en esa fecha de las palabras de un ex alto cargo del Ministerio de Asuntos Exteriores del antiguo gobierno chino de Mao Tse Tung, Sun Shili, relatando que conocían la existencia de aliens entre nosotros y que en el Gobierno de Mao había gran cantidad de documentos recogiendo testimonios y posibles evidencias de avistamientos de ovnis. Sun Shili, que actualmente es presidente de la Organización de Investigación Ufológica de China, financiada por el gobierno, ha llegado a admitir que él mismo vio una nave alienígena, durante un turno de noche cuando trabajaba en el Ministerio de Asuntos Exteriores. Corría el año 1972 y pudo ver en el cielo un objeto con forma de esfera luminosa que le recordó a una pequeña luna, que se movía arriba y abajo lentamente, hasta que pasados unos 10 minutos desapareció con gran rapidez, por lo que dedujo que estaba siendo tripulada. Me pregunto si no sería uno de estos globos esféricos de más de treinta metros de diámetro, no tripulados físicamente pero sí mediante control remoto de algún tipo, de fabricación norteamericana. Pero regresemos a 1947, a Roswell.

Funcionarios del gobierno estadounidense respaldan las teorías alienígenas

Por todo lo mencionado sobre los diversos proyectos militares con globos espía, parece bastante factible creer que en Roswell no se había estrellado ningún objeto extraterrestre y sí un globo, después de todo. Pero tal globo era realmente una sonda del Proyecto Mogul o del Proyecto Skyhook equipada con instrumentos precisos y costosos que no debían ser fotografiados ni salir a la luz pública bajo ninguna circunstancia, si no deseaban dar pistas a los enemigos comunistas de su desarrollado sistema de escuchas, que tenían especialmente apuntando hacia ellos.

Por esto mismo, es muy posible que Jesse Marcel II dijera que el globo meteorológico con el que posó su padre para la prensa era distinto, aunque parecido, a los restos que su padre le mostró la madrugada del 8 de julio de 1947. De hecho, me sorprende que en esta misma década de los ochenta, casi todos los oficiales que estuvieron implicados en el incidente de Roswell, algunos de ellos aún en activo y con altos rangos en el Ejército, siguieron alentando con sus palabras la existencia de un encubrimiento por parte del gobierno de la nave alienígena siniestrada, sin sufrir ninguna reprimenda o amonestación por sus excéntricas palabras.

Claro que no habría nada que reprocharles si con sus declaraciones se lograba mantener la cortina de humo de la nave alienígena, para no hacer peligrar el estrecho seguimiento que el Ejército estadounidense estaba realizando al armamento soviético, a través del proyecto Mogul y de sus "descendientes".

En esta dirección añado una nueva pieza del puzle, al incluir la extraña declaración del presidente Ronald Reagan cuando dijo que un ataque alienígena haría unirse a todos los gobiernos de los distintos países terrestres para defender nuestro planeta de un enemigo común, alimentando así la paranoia del supuesto ataque alienígena que puso de manifiesto Orson Welles con la famosa emisión radiofónica de "la guerra de los mundos" en 1938. También añadieron su granito de arena las numerosas series y películas que se realizaron en Hollywood con peligrosos alienígenas como protagonistas, que además de fomentar las ideas de visitantes extraterrestres en cada luz nocturna, justificaban el rearme armamentístico y la gran partida monetaria destinada a financiar numerosos ensayos, así como el desarrollo y perfeccionamiento de las armas. Ya fuera para combatir o frenar el avance de supuestos alienígenas, como opinaba la gran mayoría de los estadounidenses, o de los comunistas como opinaban el Gobierno y Ejército norteamericanos.

Pues bien, ya vimos que un periódico evidenció que los restos que Brazel mostró al sheriff Wilcox y a distintos militares, en realidad habían sido encontrados por él un mes antes. De esta manera no parecen existir pruebas de ningún artilugio que se estrellase, como afirmó el matrimonio Wilmot que rechazó haber visto nave alguna hacia el noroeste de su rancho en la madrugada del 3 al 4 de julio de 1947, durante una tormenta con fuerte aparato eléctrico.

Según afirman distintos informes militares, la sonda del

vuelo n° 4 del Proyecto Mogul dejó de retransmitir el día 5 de junio de ese año. Parte de su composición se corresponde bastante bien con los materiales que Brazel dijo haber hallado hacia el 4 de junio junto con su hijo cerca de su rancho y de la base militar de Roswell. El hecho de que estos dos "testigos" no hablaran nunca de una nave siniestrada ni de humanoides puede ser porque, como opinan los escritores Karl T. Pflock y Jerry Pournelle (*"Roswell: Inconvenient Facts and the Will to Believe"*), la opinión popular mezcló dos incidentes en uno. Por un lado la sonda del Proyecto Mogul y por otro el siniestro de un avión de abastecimiento que se precipitó al suelo cerca de Roswell, muriendo toda su tripulación en el accidente. Los cuerpos fueron recogidos por militares y posiblemente eso motivó que se mezclara la idea de estos soldados retirando cuerpos de tripulantes de una aeronave siniestrada con la caída de un extraño globo nada convencional.

En 2005, el climatólogo Charles B. Moore solicitó estudios de dirección, caída y área de un posible impacto de las sondas del Proyecto Mogul (figura 1.9), basándose en la trayectoria seguida por el vuelo n° 4 y las de días posteriores (n° 5 y n° 6). Para su sorpresa, el área estimada por los ordenadores correspondía con la descrita por Jesse Marcel en julio de 1947.

Esta era otra nueva evidencia que respaldaba la hipótesis y existencia del Proyecto Mogul, que no sólo permitía deducir el potencial armamentístico de los soviéticos sino que impulsó nuevos estudios militares complementarios relacionados con el desarrollo de materiales resistentes y ligeros (nuevos derivados del polietileno) con los que fabricar tanto las sondas como el instrumental que debían portar, el desarrollo de instrumentos cada vez más precisos, así como sistemas para que sus artefactos fueran indetectables por los radares e incluso pudieran disponer de cierta movilidad dirigida o incluso autómata. Se esboza así por primera vez, de manera muy simple, la idea de los drones o aparatos teledirigidos. De esta forma, indirectamente, se dio un nuevo impulso al estudio de cohetes y materiales con los que poder atravesar la atmósfera.

Uno de los últimos argumentos de la conspiración alienígena llegó en 2006, cuando el productor británico Ray Santilli admitía públicamente haber rodado en 1995 una falsa autopsia de dos alienígenas muertos en Roswell. John Humphreys (encargado de los efectos especiales del film *Charlie y la fábrica de chocolate*) reconoció ser el autor del video, revelando que el humanoide que aparecía en la camilla era en verdad un *"muñeco de látex relleno de hígados de pollo"*. Con todo, a día de hoy, de acuerdo con investigaciones realizadas por distintas personas, se ha llegado a considerar como lugar del impacto ¡hasta 6 sitios distintos!, llegando a hablar incluso de tres naves alienígenas y de hasta nueve extraterrestres encontrados. Es algo cada vez más rentable, a juzgar por la cantidad de museos, souvenirs y tiendas que han hecho de la localidad de Roswell un parque temático del incidente ovni, que ingresa más de cinco millones de dólares anuales, entre turistas y curiosos.

Ovnis nazis

No obstante la historia se complica un poquito más, ya que algunos autores han asegurado que lo ocurrido en Roswell pudo estar relacionado con nuevas tecnologías no extraterrestres sino terrestres, pero no estadounidenses sino…¡¡nazis!!. Y es que hay quién apunta que pudo estrellarse un tipo de aeronave basada en prototipos alemanes desarrollados hacia el final de la contienda, en 1943. Esta idea se desarrolla en un documental titulado *"Ovnis y el Tercer*

Reich", apuntando a que la nave accidentada sería una evolución del prototipo nazi conocido como "Bell" o "campana", aludiendo a su forma.

Como se ha visto, el "Proyecto Mogul", basado en el uso de sondas de detección de ondas sísmicas colocadas a distintas altitudes durante un tiempo más o menos extenso, pudo ser el precursor de otros programas desarrollados por los servicios de inteligencia norteamericanos, de acuerdo con el astrónomo y divulgador inglés Carl Sagan (*"El mundo y sus demonios"*, página 83, 1995). También puede ser la respuesta al testimonio de Kenneth Arnold, prestado el 24 de junio del mismo año del incidente de Roswell, que aseguró haber observado unos nueve objetos extraños volando alineados en las cercanías de Mount Rainier (Washington).

Figura 1.10.- Imagen de una sonda usada en el Proyecto Genetrix (izda). Par de aviones de reconocimiento RB-47E vistos desde un tercero, usados en el proyecto Homerun, durante la década de 1950 (dcha).

Entre los proyectos derivados del Mogul, Sagan citó el Proyecto Skyhook o "garfio del cielo" (ya visto), que le sucedió; y el Proyecto Moby Dick (o Moby Dick High), que a su vez derivó del Skyhook. Mientras el primero usaba igualmente sondas como fuente de información, el segundo compaginaba aeronaves espía, que hacia la primera mitad de la década de los cincuenta, sobrevolaban las instalaciones militares soviéticas. Personalmente añadiría operaciones similares tales como el Proyecto Grandson ("nieto") y el Proyecto Genetrix (o WS-119L), ambos usando globos aerostáticos, así como el Proyecto Homerun, que usaba vuelos de espionaje y reconocimiento a la zona de la antigua URSS próxima al Polo Norte. Propiamente dicho, el Proyecto , o WS-119L, era el primero en usar los globos como sondas espía, tal como lo hizo constar el entonces Presidente de los Estados Unidos, Dwight D. Eisenhower, cuando firmó su autorización el 27 de diciembre de 1955, siendo sus objetivos la URSS y China. No obstante, parece ser que el presidente no conocía, o no quería conocer, lo que venía sucediéndose con respecto a la utilización de estas sondas/globos espía.

Actualmente se sabe que "los balones" del proyecto Genetrix alcanzaban frecuentemente alturas de entre 15 y 30 km sobre el suelo, con el fin de espiar las instalaciones de la China comunista, de la URSS y de los países del Este de Europa. El problema con estas sondas es que no estaban dirigidas, así que por ejemplo, entre el 10 de enero y el 6 de febrero de 1956 de los 516 "balones" que se lanzaron el Ejército sólo recuperó 54 y de ellos sólo 31 proporcionaron imágenes útiles. Por esta razón comenzó a optarse por soltar los balones-sonda desde aviones espía militares U-2, siempre que fuera posible. Aún así, estas sondas espía extraviadas llegaron a poner el Gobierno estadounidense en algunas situaciones incómodas, hasta tal punto de que numerosos gobiernos de otras naciones protestaron. Incluso los soviéticos llegaron a mostrar parte del material de una de estas sondas recuperadas por ellos. Ante la negativa de espionaje por parte de los norteamericanos, escudándose en estudios atmosféricos y astronómicos, los rusos emplearon ese material, resistente a las altas radiaciones solares y a las bajas temperaturas estratosféricas, para una de sus sondas, que enviarían a la cara oculta de la Luna. Concretamente, la "Luna 3".

Con respecto al Proyecto Homerun o Home Run, fue autorizado por Eisenhower en 1957 para fotografiar desde el aire desde la Península de Kola hasta el Estrecho de Bering, abarcando un total de siete mil millas de ida y vuelta.

38th SRS	38th SRS	343rd SRS	343rd SRS
AC B. Barrett	AC R. Campbell	AC D. Grant	AC R. Hubbard
CP D. Waller	CP J. Gyulavics	CP D. Wells	CP C. Aslund
N J.McDonnell	N P.Caselton	N A. Benziger	N R. Mayer
R1 Phil Mitchell	R1 B. Rosser	R1 C. Waters	R1 G. Duer
R2 S. Elliott	R2 P. FortinR3	R2 C.R. Smith	R2 R. Thompson
R3 Bill Kane	T. Everling	R3 N. Yanuzzi	R3 M. Sawyer

Entre el 21 de marzo y el 10 de mayo de 1956, se efectuarían 156 misiones dentro del Proyecto Home Run, siendo sus tripulaciones las especificadas junto a sus aparatos en la tabla anterior, conociéndose estos datos cuando se desclasificó la documentación relativa a estos programas en 2001. Para más detalles, consultar http://www.55wa.org/MEMORY_LANE/ML.16.Pizzo.Ope ration%20Home%20Run.pdf:

Cuando se generalizó el término "Platillos Volantes"

Iniciábamos este capítulo con el primer testimonio

(quizás) que asociaba los objetos voladores no identificados con seres de otros planetas ajenos al nuestro. Veámoslo ahora con más detalle.

El testigo que hizo público su avistamiento fue Kenneth A. Arnold. El considerado hasta ahora como primer avistamiento ovni que se hizo público, se produjo el 24 de junio de 1947, el mismo año en que ocurrió el suceso de Roswell y aproximadamente por las mismas fechas en las que se estaban realizando los vuelos del Proyecto Mogul.

Arnold, se encontraba pilotando el día del incidente un CallAir A-2 pues le habían encomendado el trabajo de encontrar una nave militar que se hallaba en paradero desconocido. Entonces, cerca de la montaña del estado de Washington, conocida como Mount Rainier, dijo ver nueve objetos que reflejaban extraordinariamente bien la luz solar, que avanzaban a gran velocidad y se movían de manera similar a la cola de una cometa china, erráticamente, pero en cadena. Curioso ¿no?

Fijémonos ahora en las figuras 1.7 y 1.8. Tratemos de imaginarlo en pleno vuelo y pensemos en cómo lo describiría un piloto que volara cerca. Lógicamente, el recubrimiento, a base de papel de aluminio y otros metales de los instrumentos que componían la sonda, debía reflejar increíblemente bien toda luz que incidiera en ellos.

El relato del piloto fue publicado por numerosos diarios de todo el país y posteriormente de otras naciones. Años más tarde se desclasificaron diferentes documentos, entre los que se encontraba la declaración presentada por el piloto a las autoridades pertinentes (se recoge en la figura 1.11). Como se observa, su similitud con las sondas usadas en distintos proyectos militares en las fechas de su avistamiento es más que evidente.

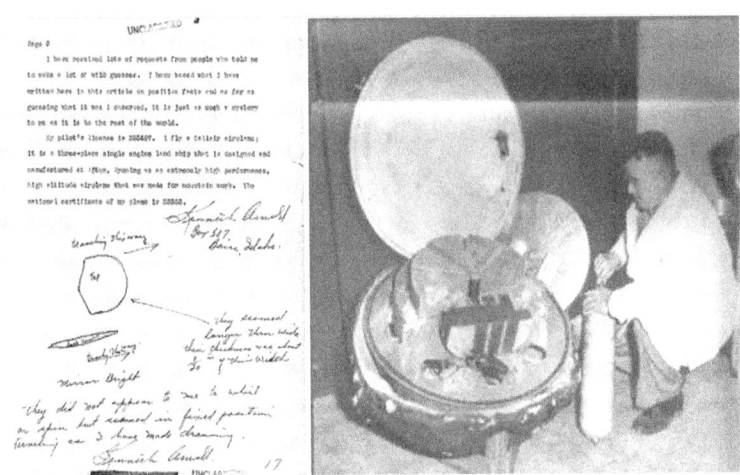

Figura 1.11.- Izda: testimonio de Kenneth A. Arnold sobre su observación de nueve extraños objetos más largos que altos y estrechos, sumamente brillantes por reflejar la luz solar y que parecían estar unidos o alineados. 24 de junio de 1947, Washington. ¿Observó una sonda del Proyecto Mogul, sin saberlo, dando pie a que comenzase la fiebre ovni y de avistamiento de extraterrestres visitantes? Dcha: detalle de una de las sondas usadas en el Proyecto Moby Dick, contemporáneo al Proyecto Mogul y con igual propósito, espiar las instalaciones soviéticas.

El incidente de Cape Girardeau: el precedente de Roswell

No obstante, antes de Roswell ya había ocurrido un caso muy parecido en Norteamérica, con un platillo estrellado y cadáveres de humanoides extraños junto a él, cuando llegaron los testigos. El impacto ocurrió en Cape Girardeau, Missouri. Uno de los testigos fue un religioso, el reverendo William Huffman. Según su versión, a las nueve y media de la noche del 12 de abril de 1941, recibió una llamada del Sheriff local requiriendo que acudiera a un lugar en el que se había producido un accidente, para que asistiera espiritualmente a las víctimas. Cuando llegó al lugar su sorpresa fue mayúscula al ver una nave con forma de disco que había impactado contra el suelo, y junto a ésta tres cuerpos de humanoides pequeños, con cabezas y ojos grandes, pero nariz y boca minúsculas. Había personal militar, personal médico de emergencias, bomberos y del FBI pululando entre los restos. Pudo asomarse al interior de la nave discoidal viendo en sus paredes unos extraños jeroglíficos. Las autoridades le pidieron que no dijera nada sobre aquello pues era máximo secreto, así que únicamente se lo contó a su esposa Floy, ya en su lecho de muerte. Lo mismo haría su esposa, revelando el secreto a su familia en 1984, poco antes de fallecer. El relato lo conocemos en la década de 1950 por el ufólogo y ex asesor civil de operaciones OVNI en la Base de la Fuerza Aérea Wright-Patterson, en Dayton, Ohio, quien incluyó la historia en el número de julio de 1991 de la revista mensual sobre actividades e investigaciones de OVNIS que realizaba, llamada "*Informe de estado*", una publicación mensual sobre actividades e investigaciones de OVNIS. De acuerdo con Stringfield, una mujer de Cape Gerardo llamada Charlette Mann le contó la historia, que a su vez le había relatado su abuela en su lecho de muerte teniendo ella 11 años. Su abuelo era el reverendo William G. Huffman, pastor de la Red Star Baptist Church de la ciudad. Desde entonces no han faltado testigos corroborando la historia, entre ellos miembros del cuerpo de bomberos, apareciendo en la prensa diversos documentos "oficiales" presuntamente filtrados.

Ahora bien, el hecho es que no se sabe nada de esta historia hasta julio de 1991 o si creemos la versión de los hechos, desde 1984. Curiosamente, parece un calco del incidente de Roswell, con similares jeroglíficos incluidos. Es más, de acuerdo con la versión publicada por Stringfield, el reverendo vio en el interior del disco una pequeña silla metálica, así como indicadores y otros botones, mientras en las paredes había extraños jeroglifos. Sobre los cadáveres, Charlette le comentó que vio tres cerca de la nave y otro más alejado (¿cuatro tripulantes y una sola silla?), que carecían de pelo, tenían boca, orejas y nariz pequeñas, pero ojos y cabeza enormes, dedos y brazos en proporción más largos que los nuestros y su esqueleto parecía ser más blando que el humano. En definitiva, idénticos al "cadáver" que supuestamente fue analizado en el fraudulento vídeo de la autopsia del extraterrestre. Se solicitó al reverendo que rezara unas oraciones por "aquellas cuatro personas" y, tras esto, unos militares le llevaron a una tienda algo más alejada del ovni para que jurara guardar el secreto.

Stringfield escribió que la nieta del reverendo le contó que su abuelo dijo que los oficiales militares insistieron, tras ordenarle enérgicamente guardar silencio: *"Esto no sucedió, no viste esto. Es Seguridad Nacional* (es decir, máxima confidencialidad) *y nunca se volverá a hablar de ello"*. Es decir, tenemos a los militares, malos y conspirativos, frente a los buenos policías locales que van a recoger expresamente a su casa, según la versión de Sprinfield, pues en otras versiones acudió él al lugar, a un testigo para que rece unas oraciones por las almas de unos extraterrestres sobre los que se desea guardar el máximo silencio. La historia no puede ser más incoherente, aunque según el autor del artículo, el relato fue confirmado en parte por el hermano del entonces sheriff de la localidad, Clarence Shade, con una declaración jurada ante notario.

Lo más asombroso del relato es que la nieta le confesara al escritor Sprienfield, que no tuvo noción de la relevancia de lo que le estaban contando hasta que su padre en una cena le mostró ¡una imagen de uno de esos humanoides fallecidos! sujeto por debajo de las axilas por dos hombres que mantenían los brazos extendidos del pequeño ser para mostrar la desproporcionalidad de éstos. Eso sí, cuando el ufólogo le requiere la vieja fotografía, ella le confiesa que no obra en su poder. Esta historia aparece recogida en el portal de internet del Centro Nacional de Informes OVNI (NUFORC, www.ufocenter.com), con sede en Seattle. Allí se recogen más de mil ochocientos avistamientos de objetos extraños ocurridos en Missouri desde principios de la década de 1950.

Esa rocambolesca historia ha sido corroborada, al menos en parte, por varios personajes. Por ejemplo B.J. Booth, un periodista que se ha centrado en los sucesos relacionados con ovnis, no duda de la veracidad de la historia relatada por Charlette Mann pues se trata de una mujer nada dada a sensacionalismos o a querer llamar la atención con relatos fantasiosos. De hecho, Charlette acabó mudándose a Tyler, en Texas, precisamente huyendo de los curiosos y periodistas que no dejaban de llamar a su puerta en Cape Gerardo.

También el ufólogo Ryan Wood le concede ciertos rasgos de veracidad pues para él los ovnis y aliens son reales y el gobierno norteamericano lleva escondiendo la realidad sobre ellos desde 1941, "al menos". Wood no duda que finalmente acaben filtrándose a la prensa fotografías, restos de fabricación no humana y otras evidencias que terminen confirmando esta realidad negada hasta ahora por los gobiernos de todo el mundo, temiendo suicidios en masa y pánico colectivo de las poblaciones.

Como no podía ser de otra forma, en informaciones posteriores trascendió que una unidad militar de la base de Sikeston, Missouri, ubicada a unos 50 kilómetros del lugar del accidente, se presentó con la orden de recoger todos los restos, el disco y los extraños cuerpos, para llevarlos en avión a una base en Washington. Paul Blake Smith, autor del libro *'MO41, The Bombshell Before Roswell'* argumenta que el ovni discoidal y los tres cuerpos alienígenas fallecidos, pues el cuarto estaba vivo, fueron llevados inicialmente al 'Sikeston Missouri Institute for Aeronautics', para ser transportados después a un búnker subterráneo bajo el Capitolio de Washington D.F. Coincidiría, según él, con el testimonio de dos hermanas de Ohio, que le relataron cómo su padre, el reverendo Turner Holt, les contó que el Secretario de Estado Cordell Hull le llevó durante una visita en la década de 1940, a habitaciones secretas en estas instalaciones y le mostró tres grandes recipientes que contenía cada uno a un ser no humano con grandes ojos, de los llamados "grises".

Una oleada de avistamientos ovni inunda los Estados Unidos en las dos décadas siguientes al fin de la Segunda Guerra Mundial

Posteriormente a los casos de Cape Girardeau (12 de abril de 1941) y de Roswell (24 de junio de 1947) han ocurrido "accidentes" en distintos lugares del mundo de aeronaves extrañas, tenidas por extraterrenas, involucrando siempre a militares.

Es el caso del incidente de San Antonio, en Nuevo México (agosto de 1945); el de Twin Falls, en Indaho (julio de 1947); en Hebgen Lake, en Montana (agosto de 1949); por citar casos más o menos contemporáneos. Pero lo que me resulta más relevante de todo este asunto es que pareció darse en todo el vasto territorio de Estados Unidos una gran oleada de avistamientos de ovnis así como de abducciones, en la década inmediatamente posterior al fin de la Segunda Guerra Mundial ¿Eran en realidad estos objetos extraños, naves confiscadas a los nazis, estrenadas y perfeccionadas en Estados Unidos con ayuda de los exnazis reclutados durante los Juicios de Núremberg? A mi juicio es la opción más plausible.

Los enigmáticos "círculos de las cosechas"

También es curioso que esta fiebre de avistamientos de objetos voladores extraños se propagara a Reino Unido. Se difundió en su día el caso del llamado "Roswell inglés", ocurrido en diciembre de 1980, con al menos un par de militares ingleses como testigos que afirmaron ver símbolos similares a los de Roswell y que insistieron en su procedencia alienígena. *"Encounter in Rendlesham Forest: The Inside Story of the World's Best-Documented UFO Incident"*, escrito por Nick Pope, John Burroughs y Jim Penniston, así lo relatan en 2005. Don Berliner & Whitley Strieber, 2005, así como Leslie Kean en su libro de 2011 también recogen testimonios de avistamientos donde los observadores son militares. Entre otros autores que evidencian las "coincidencias" en ambos casos, el norteamericano y el inglés. A su vez, desde la década de 1960 se venía fraguando en el suroeste de Inglaterra, no lejos de Stonehenge -el círculo megalítico de piedra más famoso- otro hecho asociado a los extraterrestres y las esferas luminosas en los cielos nocturnos: los llamados "crop circles" o "círculos de las cosechas" (Colin y Pat, 1991). Estos dibujos geométricos han ido ganando en complicación de diseño y en expansión, ya que desde que se popularizaron en 1970, se han conocido más de diez mil en todo el mundo (URSS, Canadá, Estados Unidos,…).

A pesar de que varias personas han confesado ser los autores de cientos de ellos, en diversos lugares hay quién considera que es fácil distinguir los "humanos" de los realizados por causas no conocidas, aunque siempre asociadas a luces en el cielo. Porque las plantas no están tronchadas o pisadas, sino deformadas en determinados nudos, sufriendo una desviación en ellos que parece ser anormalmente natural. Aún no se conoce causa o explicación posible, pero en apariencia podría estar relacionada con una anomalía de energía electromagnética en la zona "decorada" (Levengood y colaboradores; Schnabel, 1993).

Con todo, investigadores como Jeremy Northcote, que han analizado en profundidad los numerosos "crop circles" que han ido apareciendo, no dudan en atribuirles un origen humano. Una inmensa mayoría están realizados en zonas cercanas a carreteras y caminos que facilitan el acceso, así como en campos de cultivo próximos a poblaciones o a centros turísticos como Avebury o Stonehenge. Tampoco ayuda que en 1990 se fundara la empresa "Circlemakers" o "creadores de círculos" por los británicos Rod Dickinson y John Lundberg, cuya especialidad es incluir determinados logos de prestigiosas y conocidas marcas en círculos de las cosechas, en cualquier parte del mundo y en menos tiempo del que uno supondría, considerando la complejidad del trabajo realizado.

Figura 1.12- Los 'círculos de las cosechas' comenzaron en el condado inglés de Wildshire allá por la década de 1960. En 1991, Doug Bower y Dave Chorley declararon haber realizado más de 200, con una table que pisaban atada a unas cuerdas, como una especie de columpio.

Ocurre además que podríamos estar observando círculos de las cosechas que realmente no existen físicamente, sino sólo en formato digital. Es el caso de un especialista en el uso de programas de retoque fotográfico, que no duda en mostrar estos falsos fenómenos en su web.
.(http://cropcirclewisdom.com/crop-circle-diaries/photoshopped-crop-circles-astonishing-response-from-the-public).

La duda no se hace esperar ¿Aprendieron los militares británicos de los estadounidenses cómo elaborar la espesa cortina alienígena para poder experimentar sus armas sin curiosos oteando el horizonte? ¿Imitaron este mismo proceder, posteriormente, ejércitos de otros países? En mi humilde opinión y en la de otros autores, como Pierre Lagrange, quien en su libro *"Ovnis: Ce qu'ils ne veulent pas que vous sachiez"* analiza documentos desclasificados norteamericanos y franceses, la respuesta es rotundamente afirmativa.

El matrimonio Popovich: testimonios de ovnis en la Unión Soviética

El 20 de septiembre de 1970, los habitantes de la población rusa de Petrozavoodsk se quedaron perplejos al observar en el cielo nocturno y durante cinco largos minutos una enorme luz que arrojaba rayos en todas direcciones, levantando una columna de humo que semejaba a la columna piroclástica de un volcán recién erupcionado, pero sin él. En las siguientes cuatro horas, una vez desaparecida de su cielo esa extraña visión, será observada en otras localidades de Rusia, Finlandia (Helsinki), Lituania (Palanga) e incluso Copenhague, en Dinamarca (figura 1.13). Tras este avistamiento colectivo, la entonces Unión Soviética creó una comisión de ovnis, considerados objetos voladores ajenos y extraños sin la necesaria connotación alienígena que luego se les ha querido dar, incluida dentro de la muy desarrollada Academia Rusa de Ciencias. El Comandante General Pavel Romanovich Popovich, octavo hombre en ir al Espacio, dentro de la carrera espacial que estaban realizando los Estados Unidos con la Unión Soviética, había sido subdirector del Centro de Entrenamiento de Cosmonautas, y cuando en enero de 1982 dejó de constar en la lista de cosmonautas activos fue incorporado a la lista de candidatos a Jefe Adjunto de Pruebas Científicas e Investigación del Centro de Entrenamiento de astronautas.

Figura 1.12.- La noche del 20 de septiembre de 1970 una extraña nube luminosa fue observaba en buena parte del norte de Europa, sin que hasta la fecha se le haya podido dar una explicación de qué era en realidad.

En 1984 sustituyó al director, en la comisión centrada en los extraños objetos que se estaban observando en toda la Unión Soviética, temiéndo el gobierno ruso un espionaje masivo, o peor aún, un posible ataque norteamericano.

Pavel Romanovich Popovich estaba además casado

con Marina Popovich, una de las mejores mujeres aviadoras de la historia y una de los pilotos rusos más condecorados, teniendo en su haber más de cien récords, entre ellos, haber sido la primera mujer en superar la barrera del sonido con su caza.

Figura 1.13- El matrimonio Popovich, Pavel y Marina. Ambos, prestigiosos pilotos de la extinta Unión Soviética admitieron haber tenido encuentros con objetos voladores extraños que realizaban maniobras imposibles de realizar por naves rusas.

Pavel reconoció haber accedido en 1992 a los archivos de la Unión Soviética sobre objetos extraños aseverando la existencia de tres bases submarinas desde las que con toda seguridad partían y aterrizaban los numerosos ovnis que se veían por el extenso territorio de la URSS. ¿Estaba preparando la misma cortina de humo norteamericana, amparándose en los "hombrecillos verdes" con el fin de desviar la atención del desarrollo de armas de última tecnología con el fin de adelantar a su enemigo no declarado, los Estados Unidos? Su propia esposa, Marina

Popovich, pareció seguir la misma estrategia. Daba conferencias por numerosos lugares del vasto territorio soviético hablando de la existencia real de alienígenas y de sus varios encuentros con naves extraterrestres cuando era piloto militar. De hecho, fue recopilando declaraciones de testigos de avistamientos de ovnis, publicando en 2003 un libro conteniendo fundamentalmente las historias de pilotos militares, para ella eran los más fiables por su conocimiento del armamento ruso que les permitía precisar la altura, velocidad y maniobras ejecutadas por las aeronaves desconocidas.

Marina fue más allá, creando un revuelo internacional cuando en 1991 concedió diversas entrevistas mostrando la última imagen que el satélite ruso Fobos 2 había lanzado antes de que se perderiera todo contacto con él. La fotografía, que sostenía en alto durante el tiempo suficiente para que fuera captada por los medios, mostraba un oscuro objeto.

Figura 1.14- Marina Popovich, en el centro, muestra la que dice fue la última

imagen enviada por el Fobos 2 (con brillo resplandeciente) mostrando un objeto oscuro y borroso acercándose al satélite.

Para los más escépticos, ella se apresuraba a aclarar que sin duda era la fotografía de una nave nodriza alienígena que se acercó hasta el Fobos 2 destruyéndolo, pues dejó de emitir minutos más tarde.

Lo más extraño de esta rocambolesca historia es que posteriormente se ha visto que el Fobos 2 no se destruyó, ni siquiera dejó de emitir cuando lo indicó la expiloto rusa, pues de manera intermitente y con posterioridad a los hechos narrados por Marina Popovich, Fobos 2 devolvía alguna señal, haciendo suponer a los astrónomos que realmente se encontraba girando descontroladamente y sólo en determinados momentos sus antenas se orientaban de la manera necesaria para permitir intercambio de información entre la Tierra y el satélite ruso.

La increíble historia narrada por Marina provocó el interés de muchos hacia la evolución del satélite, sacando a la luz documentos que mostraban que la Fobos 2 se había enviado para —entre otras cosas- localizar a su precursor, Fobos 1, que se perdió en el Cosmos porque se le dio una orden errónea. La Fobos 2 logró llegar a Marte, pero sufría sobrecalentamiento en uno de sus dispositivos, que provocó que dos de los tres canales configurados para enviar imágenes a la Tierra fallasen. A fin de evitar mayores gastos o nuevos fallos, los técnicos rusos decidieron enviar órdenes al satélite para que desviara toda su energía en enviar las dos sondas con las que contaba a la superficie del planeta rojo. En tierra realizarían diversos análisis, de manera que contactaría nuevamente con ellos para enviar esa información. No volvió a contactar, si bien se pudo comprobar que no se había destruido ya que permitía contactos breves y esporádicos. Así las cosas ¿Recibió Marina Popovich instrucciones desde el

Krenlim para divulgar la fantasiosa idea de la destrucción del Fobos 2 por una nave nodriza en la órbita de Marte, tratando así de tapar los fallos imperdonables que habían llevado a los científicos soviéticos a perder dos satélites?.

El "Roswell ruso"

Entre las diversas historias que han trascendido está el que se viene en llamar "el Roswell ruso", sucedido el 19 de junio de 1948 cerca de la localidad Astrakhan Oblast, a unos ochocientos kilómetros al sur de Moscú. Once meses después del Supuesto incidente de Roswell, en Nuevo México (USA), el piloto de un caza Mir ruso vio un objeto extraño en el cielo, con forma de puro. Tras solicitarle que se identificara y no obtener respuesta, y que desde la base le dijeran que ellos no detectaban objeto alguno en su entorno, le lanzó un misil. El impacto provocó que la desconocida aeronave apareciera en los monitores de la base, a la par que creó una luz tan cegadora que hizo que también el piloto ruso acabara estrellándose contra el suelo. Todos los restos fueron recogidos y transportados a almacenes, para que la tecnología extraña fuera analizada y comprendida.

De esta manera comienza a murmurarse entre la comunidad internacional ufológica sobre el equivalente al Área 51, en Rusia: la base de Kapustin Yar. Se rumorea que bajo ella, a 350 metros de profundidad existe toda una red de túneles donde se guardan cuerpos de alienígenas y restos de tecnología extraterrestre recuperada. De hecho, son varios los ufólogos que hacen notar cómo en esta base se desarrollaron, en tan sólo dieciocho meses, más armas nucleares y sistemas de lanzamiento de misiles que lo que habían calculado los científicos militares soviéticos más optimistas, para los cinco años siguientes.

Kapustin Yar: el Área 51 soviético

A partir de 1959, la CIA comenzó a espiar esta base secreta soviética, reuniendo numerosas fotografías aéreas tomadas en vuelos de reconocimiento de cazas U2, encontrando para su sorpresa geoglifos enormes junto a numerosos aviones militares rusos y algún que otro prototipo nazi, confiscado hacia el final de la Segunda Guerra Mundial ¿Cómo es posible que se permitiera al matrimonio Popovich difundir toda esta información que no dejaba en muy buen lugar a las Fuerzas Aéreas soviéticas? Lo curioso es que mientras que Marina Popovich comenzó a hablar abiertamente de distintos avistamientos con objetos voladores desconocidos, otros lo hicieron en tiempos de la impenetrable Unión Soviética sin sufrir aparentemente represalia alguna. Así, el 17 de mayo de 1967 tuvo lugar en Moscú, en un edificio estatal de alta seguridad, una reunión de científicos y militares de alto rango para tratar el asunto de estas aeronaves desconocidas que invadían el cielo soviético. Como no se llegó a una explicación clara, seis meses después el gobierno soviético autorizó al director de este primer equipo ufológico soviético a hablar del asunto en televisión. Para sorpresa de los espectadores, este equipo de científicos solicita a todo aquél que haya presenciado a un objeto extraño en los cielos, que les envíe su testimonio. Como era de esperar, llegaron millares de relatos contando casos extraños por prácticamente toda la URSS. El Gobierno soviético, temeroso de que pudieran aflorar casos que evidencien ensayos militares de alto secreto, exigió la disolución del equipo. No obstante, su director, Félix Ziegel, conservará los relatos y seguirá analizándolos. Y aquí llega lo sorprendente. En 1968, Ziegel publicará las historias que consideró más relevantes y de nuevo, como Marina, seleccionará fundamentalmente los testimonios de militares y pilotos civiles, en su obra *"Inhabited Cosmos"*, *"el Cosmos habitado"*.

El propio Erik von Danikën, el hotelero que escribió numerosos best-seller sobre visitas alienígenas a antiguas civilizaciones terrestres, conoció a Ziegel y lo consideró un científico cuerdo nada dado a la especulación, que poseía miles de testimonios hablando de avistamientos de una gran variedad de aeronaves extrañas –triangulares, en forma de cigarro, discoidales, entre otras- vistas por toda la URSS y que se desplazaban a velocidades tan vertiginosas que el cuerpo humano no podría haber tolerado.

Figura 1.15- Felix Ziegel mostrando una imagen de lo que parece ser un globo brillante que supuestamente corresponde al incidente de Astrakhan Oblast, donde se estrelló una nave alienígena que sería trasladada a la considerada "área 51 soviética". A la derecha, detalle del cosmódromo ruso Kapustin Yar.

¿Cómo es que a pesar de que oficialmente el gobierno soviético criticaba a Ziegel y había disuelto su grupo ufológico por temor de sacar a la luz armamento militar ruso de última generación, permitía que diera conferencias y publicara libros con relatos de militares que "tropezaron" con alguno de estos objetos? Posiblemente porque, como en el caso de Norteamérica, la coartada extraterrestre era idónea para que las Fuerzas Armadas siguieran operando con total libertad entre bambalinas, sin que nadie les acusara. No obstante, otros autores consideran que estos ufólogos soviéticos hicieron una gran labor a la Madre Rusia recopilando miles de casos sobre aeronaves que sobrevolaban espacio aéreo soviético y que podrían tratarse, con bastante seguridad, de aviones espía de otras naciones enfrentadas al Comunismo.

Por esa razón, el Gobierno soviético elegiría al matrimonio Popovich, uno de los más condecorados de toda la Unión Soviética. Volveremos a esta pareja más adelante, pero antes centrémonos en determinados proyectos militares que los estadounidenses estaban llevando a cabo.

CAPITULO 2

LOS OVNIS DEL SR. PRESIDENTE

En 2012, el Gobierno de Estados Unidos desclasificó una serie de documentos oficiales entre los que se encontraba uno que aludía al llamado "Proyecto 1794", que databa de 1956. En él se hablaba de un tipo de armamento ensayado en Canadá, consistente en un modelo de nave aérea tripulada, de forma circular que semejaba un platillo extraterrestre. Se adjuntaban los planos del vehículo así como todas sus características, entre las que figuraba la estimación realizada por físicos y matemáticos, que esperaban que por sus peculiaridades y dimensiones la aeronave, de un peso máximo de 2.560 kg, alcanzaría una velocidad entre Mach 3 y Mach 4, es decir, de entre 3.675 y 4.900 km/h., pudiendo ascender hasta los 30.000 metros de altura y gozando de una autonomía aproximada de 1.600 km. Además no requería ninguna pista de despegue para levantar el vuelo o para aterrizar. Por sus características, despegaba y aterrizaba verticalmente, como un helicóptero, lo que la convertía en una superarma, más aún en 1956. Habría supuesto toda una revolución en la ingeniería armamentística de los primeros años de la Guerra Fría que USA mantenía con su gran rival, la comunista URSS.

Juan de la Cierva: el científico que sentó las bases del helicóptero

En este punto debo sacar algo de amor patrio al destacar

la influencia de un relevante científico murciano, Juan de la Cierva, quien, basándose en el vuelo de libélulas, abejas, colibrís y otras aves, consideró que debería existir alguna manera de despegar y aterrizar verticalmente si se disponía de las alas y músculos adecuados o de la propulsión y diseño necesarios para ello, en los aparatos mecánicos.

Debemos remontarnos al lejano año de 1912, en el que con tan sólo 16 años, encontramos a De la Cierva experimentando el primer avión biplano, BCD-1 *"el Cangrejo"*, construido por la sociedad B.C.D., siglas de los apellidos de los socios José Barcala, compañero de estudios de De la Cierva, el propio De la Cierva y Pablo Díaz, hijo de carpintero y con nociones en esta materia. Su intuición y perseverancia fructificaron el 31 de marzo de 1923 en Getafe, Madrid, cuando el comandante de la Fuerza Aérea Española, Lorga, a bordo de un avión experimental cuyas hélices llevaban un novedoso mecanismo de autogiro diseñado por De la Cierva, realizó con éxito un vuelo desde Getafe hasta el aeródromo madrileño de Cuatro Vientos. De esta manera, por primera vez en la historia de la aviación, el autogiro se materializaba. Tan sólo 20 años después de que los hermanos estadounidenses Wright inventaran con éxito una máquina para volar –el primer avión operativo– De la Cierva construía el primer vehículo volador con autogiro, es decir, con las hélices añadidas a un rotor central y no en los motores del fuselaje, ya fuera en el morro o bajo cada ala, como hasta el momento se había hecho.

Tres años antes de este revolucionario viaje Getafe-Cuatro Vientos, en 1920 la sociedad B.C.D. había creado su primer prototipo, denominado "Cierva C1" usando como "vehículo" un monoplano francés de 1911, modelo "Deperdussin". Tras varios prototipos corrigiendo fallos observados en experimentos realizados en el túnel de viento de Cuatro Vientos construido por Emilio Herrera -entonces el más avanzado de toda Europa- De la Cierva llegó al modelo "Cierva C4", probado con éxito por el teniente Alejandro Gómez. Tras un nuevo perfeccionamiento, el "Cierva C5" logró volar con éxito aquel último día de marzo de 1923, dejando su constancia en la historia de la aviación. Todo había sido financiado por De la Cierva y sus socios.

Figura 2.1.-En la imagen, el ingeniero murciano junto al "Cierva 3" (izda), los tres socios dueños de la Sociedad B.C.D, junto a "El Cangrejo" (centro) y De la Cierva posando con el Cangrejo BCD-1.

El experimento fue un rotundo éxito cuya onda expansiva se transmitió con velocidad por toda Europa, de manera que al poco tiempo Inglaterra recibía con los brazos abiertos al joven ingeniero español, que en su cabeza llevaba tal vez el arma definitiva.

Una vez ya instalado, disponiendo de un gran presupuesto, ayudantes cualificados y pudiendo utlizar de materiales de todo tipo, Juan de la Cierva comenzó a construir y perfeccionar sus prototipos, continuando la labor iniciada en España. El "Cierva 6" o "C6" fue el primero de la serie en exhibirse en Gran Bretaña, aunque en el presupuesto destinado al científico también colaboraba el Gobierno franquista de España. Entre sus ilustres colaboradores se encontraba Heinrich Focke, quién construyó en Alemania con el aporte de las ideas de De la Cierva el "Focke C19" (cuyo nombre completo era *"Focke-Wulf Cierva 19 Mk IV Don*

Quijote") al que llamó cariñosamente, en honor al ingeniero español, *"Don Quijote"* pues sería un avión capaz de derribar gigantes si se lo proponía.

De esta manera y gracias a las ideas de Juan de la Cierva, tanto en Alemania como en Inglaterra comenzaron una carrera no reconocida para obtener el primer helicóptero operativo de la historia. Este sería, primero el "F1 185" y finalmente, el "Fw 61". Este último, pilotado por el aviador nazi Hanna Reitsch, le permitió en varias ocasiones batir marcas mundiales de vuelo. Una versión más perfeccionada de estos prototipos, el "F1 225", sería usado en la liberación del dictador Mussolini durante su cautiverio en el Gran Sasso, entre afilados farallones montañosos con escasa superficie para el aterrizaje.

A partir de entonces fueron numerosos los aviones que se construyeron con la tecnología del español, siempre con su permiso y participación. Mientras en Inglaterra se desarrollaron, entre otros, el "aeroplano Windmill", usado también posteriormente por la fuerza aérea de Canadá, en Norteamérica se desarrollaron los "Pitcairn-Cierva". Los famosos y míticos aviadores norteamericanos James G. Ray y Amelia Earthart no dudaron en usar y posar orgullosos junto con aviones modelo "Pitcairn-Cierva PCA-2". Incluso en una de las últimas fotografías que hicieron a Amelia Earthart, posaba feliz junto a otro modelo basado en los aviones de De la Cierva, sus favoritos. Por cierto que el jueves 14 de diciembre de 2017 se estrenaba en el Canal Historia, en España, el documental *"El último vuelo de Amelia Earthart"* en el que varios funcionarios jubilados de los Estados Unidos, destacando un exdirector adjunto del FBI, defendían la teoría de que la aviadora había logrado sobrevivir, junto con su ayudante, a un aterrizaje en las Islas Marshall, donde serían ambos detenidos por soldados japoneses. Acusados de ser espías norteamericanos, habían sido encarcelados en la isla Saipan y finalmente ejecutados (decapitados) por ello. Los Servicios Secretos norteamericanos habrían conocido la detención pero se negaron a intervenir porque haciéndolo habrían evidenciado que conocían la codificación japonesa. De esta manera ambos aviadores resultaron ser dos víctimas inocentes que se habría cobrado la Segunda Guerra Mundial en sus inicios. Para evitar que posteriormente se usaran los huesos de estos dos personajes para demostrar que realmente fueron enterrados en el cementerio de la prisión japonesa de Saipan, dos marines se trasladaron a la isla para llevarse los restos de los dos aviadores, siete años después de la desaparición de la aviadora junto a su navegante, en 1944, cuando las Marshall fueron conquistadas por los norteamericanos. Pero regresemos a Juan de la Cierva.

Desafortunadamente este ingeniero que tanto supuso para el avance de la aviación, encontró la muerte en un accidente aéreo, al estrellarse durante las maniobras de despegue el avión de pasajeros en el que viajaba el 9 de diciembre de 1936, en el aeropuerto de Croydon (U.K.) con dirección a Ámsterdam. No hubo supervivientes. Juan de la Cierva tenía entonces 41 años.

Nikola Tesla, el mayor científico e inventor del siglo XX

Tampoco debemos olvidar la aportación de uno de los científicos más brillantes del siglo XX: Nikola Tesla, quién estuvo diseñando diferentes artefactos para el Ejército de los Estados Unidos, al que hace incluso responsable, junto con Albert Einstein, del denominado "Experimento Filadelfia". Este investigador, nacido el 10 de julio de 1956 hacia la medianoche durante una fortísima tormenta eléctrica (su madre dijo que sería "hijo de la luz"), que hablaba más de doce idiomas y que llegó a poseer más de 400 patentes a pesar de que otras muchas se las adjudicaron otros personajes cercanos a él y más avispados, fue un altruista durante toda su vida, poniendo como objetivo de todas sus acciones el progreso tecnológico de la humanidad, mediante el aporte gratuito de todas sus creaciones que nos han llevado a nuestro nivel tecnológico actual. Gracias a él disponemos de energía eléctrica sin límites, suponiéndole un eterno y poderoso rival: Thomas Edison, al mostrar que la corriente continua era de peor calidad que la nueva corriente alterna desarrollada por Tesla, y que no se disipaba por mucho que se alejara de su foco de generación. Llegó a concebir los aparatos móviles e Internet, diciendo que en un futuro llevaríamos teléfonos del tamaño de una caja de tabaco en nuestros bolsillos y podríamos hablar sin problemas estando separados por miles de kilómetros e incluso pudiéndonos ver como si estuviéramos físicamente el uno al lado del otro. Fue precursor de los aparatos teledirigidos; en 1898 públicamente manejó diferentes objetos a distancia, sin tocarlos, en una exposición sobre electricidad que se realizó en el Madison Square Garden. También llegó a asegurar que el átomo se estructuraba como el Sistema Solar, con elementos girando en torno a un núcleo más masivo, desarrolló los rayos X llegando a hacer radiografías de su mano, desarrolló el "Teslascopio", que captaba ondas de radio desde el espacio que se repetían de manera no natural (captando posiblemente y por primera vez las evidencias de púlsar o quásars, entonces aún no conocidos). Creó una torre de emisión de energía inalámbrica que, durante sus demostraciones, encendió bombillas clavadas en el suelo situadas a 30 km de la torre. A cambio, cuando sus patrocinadores descubrieron la intención de Tesla de ubicar diferentes torres por todo el planeta para proporcionar electricidad inalámbrica lo despidieron y desmantelaron la torre, vendiéndola como chatarra. Incluso llegó a manipular un automóvil de la época para que pudiera desplazarse mediante electricidad y consiguió alcanzar los 141 km/hora durante los ensayos. De ahí que la compañía más famosa de vehículos eléctricos de Norteamérica haya decidido llamarse Tesla, en honor a este gran sabio.

Desafortunadamente, dedicado en exclusiva a sus inventos revolucionarios, llegó a dormir no más de un par de horas al día e invirtió todo su dinero y posesiones en llevar a cabo sus "visiones", pues decía recibir la idea de sus inventos en un fogonazo de luz, viéndolos como hologramas 3D que podía girar en su cabeza viéndolos desde todas las posiciones. Invertía sus escasas fuerzas en demostraciones con las que convencer a algún magnate para que hicieran reales y disponibles al público sus numerosos inventos (¿visiones?). Finalmente acabó mudándose a una habitación del hotel New Yorker y sobreviviendo a base de un vaso de leche y galletas. Murió de un infarto, aunque curiosamente lo encontraron vestido con su mejor traje, sobre la cama bien hecha.

Todos sus papeles fueron rápidamente confiscados por el FBI, si bien hay otra versión que hablacuenta que fue asesinado por un nazi al negarse a colaborar con Hitler (para información más amplia y detallada, remito al lector a mi obra "*Reclutemos a los nazis*"). Regresando al tema que nos atañe, Tesla llegó a realizar algunos bocetos de aeronaves, si bien carecía de los conocimientos del autogiro desarrollado por De la Cierva, que pretendía hacer tan maniobrables como los actuales helicópteros. Desarrolló turbinas de inducción, que usó en motores y avanzó –en papel, como bocetos- el empleo del uso de la electricidad para crear propulsión por antigravedad, de manera similar a como hoy día se mueven los trenes de alta velocidad electromagnéticos. Debido a estas demostraciones, que lógicamente dejaron anonadados a los numerosos espectadores que tuvieron el privilegio de observarlas, surgieron los rumores del proyecto secreto "Filadelfia".

¿Fue "el proyecto Filadelfia" una invención?

El *Proyecto Filadelfia*, llamado así porque en teoría ocurrió en el puerto de dicha ciudad, se basa en la declaración de un pescador, Carlos Miguel Allende, que envió el 13 de enero de 1955 una carta al ufólogo Morris Jessup confesando haber contemplado cómo un buque de la Marina estadounidense, que se encontraba atracado en uno de los muelles, desapareció de pronto entre un extraño zumbido que fue en aumento, surgiendo una neblina verduzca que envolvió al navío, para volver a aparecer al cabo de unos minutos en el mismo lugar.

La historia no habría pasado por nada más que una extraña alucinación si no fuera por una serie de hechos extraños que comenzaron a trascender, como el que prácticamente toda la tripulación del buque, a pesar de que muchos marineros eran muy jóvenes, fueron licenciados en los días siguientes. Algunos fallecieron, otros enfermaron y algunos otros simplemente desaparecieron. Se publicaron al mismo tiempo testimonios de ciudadanos que habían dicho ver aparecer, por unos breves minutos, ese mismo buque USS Eldridge a 600 kilómetros del puerto de Filadelfia, en Norfork, Virginia. Morris Jessup dijo haber logrado la declaración de médicos que habían atendido a parte de la tripulación del buque y que manifestaron que los enfermos presentaban en su cuerpo, a nivel molecular, partes de la cubierta del barco. Claro que toda esta historia se dio a conocer a través de un libro del propio Jesup, que rápidamente se transformó en best-seller. En el libro, Jesup involucraba en el experimento a científicos de las universidades de Chicago y de Prinsceton, pero como cabezas pensantes señalaba al mismísimo Albert Einstein, que habría aportado estudios y teorías para viajar en el tiempo, y al gran Nikola Tesla, quien habría aportado los inductores capaces de proporcionar la energía suficiente para teletransportar al enorme buque y a toda su tripulación.

Como supondrá el lector, no existe una sola prueba concluyente que respalde esta rocambolesca historia. Tanto las universidades como el propio ejército estadounidense se han cansado de negar la veracidad de este relato. Para ellos mera invención de un antiguo vendedor de coches de segunda mano que decidió reinventarse como ufólogo, logrando una buena suma de dinero por las ventas de su fantasioso libro. Incluso los registros del buque USS Eldridge muestran que el día en que supuestamente ocurrió todo, se encontraba destinado muy lejos de allí, si bien no debe pasarse por alto que habían arrancado algunas páginas del cuaderno de bitácora, un documento sagrado para todo marino.

Avrocar: el platillo del "proyecto 1794"

Regresando al documento desclasificado en 2012, denominado "Proyecto 1794", que hablaba de un tipo de nave aérea tripulada, de manera circular que semejaba un platillo extraterrestre y aunando el conocimiento del autogiro desarrollado por De la Cierva (recordemos que falleció en 1936), así como las ideas de Tesla para desplazarse "flotando" usando el electromagnetismo, podrían llegar a desarrollarse naves verdaderamente revolucionarias para su época. Con respecto a la aludida en este desclasificado documento, la idea para que este revolucionario aparato se suspendiera en el aire se basaba en crear una especie de colchón aéreo sobre el que se desplazaría. El diseñador de la aeronave, John Carver Meadows Frost (1915,Walton-on-Thames, U.K.; 9-10-1979, Auckland, New Zealand) e ingeniero de la empresa AVRO desde junio de 1947, se inspiró para ello en los gases despedidos por los motores turborreactores que accionan un mecanismo horizontal basado en el llamado "efecto Coanda". Si estos gases, expelidos por el turborrotor central del avrocar se enfocaban hacia abajo en lugar de hacia atrás, se crearía el buscado efecto colchón de aire que evitaría que la base de la aeronave tocara el suelo. Una vez hecho esto, si se añadía otro mecanismo que dirigiera su propio chorro de gases hacia atrás, la nave se desplazaría horizontalmente.

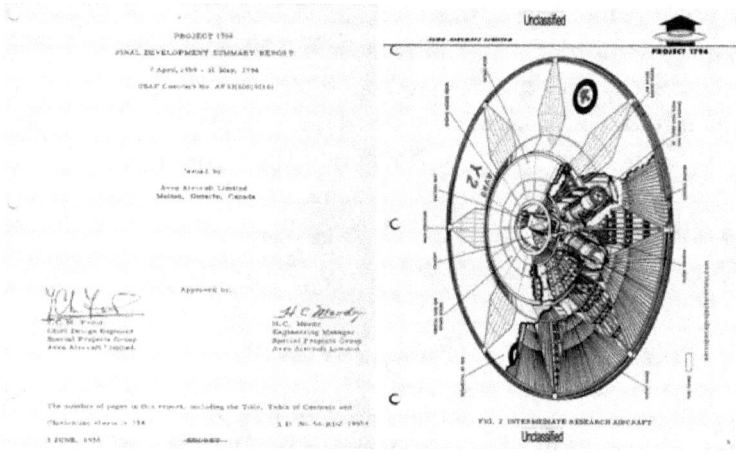

Figura 2.2- Detalle de dos páginas del archivo desclasificado del Proyecto 1794. Un resumen del informe, de 116 páginas, publicado por el Centro de Desclasificación de los Archivos Nacionales de USA puede consultarse y descargarse en: http://www.secretsdeclassified.af.mil/shared/media/document/AFD-121113-019.pdf

A petición del gobierno estadounidense, se fabricaron dos prototipos por la compañía canadiense Avro Aircraft Limited, hecho por el que esta aeronave pasó a ser conocida coloquialmente con el sobrenombre de "avrocar". Se estima el coste total del proyecto en 10 millones de dólares, ascendiendo el coste de producción de cada una de las aeronaves a unos 3,1 millones de dólares.

Sólo había un problema. El sistema de propulsión era tan deficiente que los dos prototipos que se construyeron nunca lograron separarse más de dos metros del suelo. A pesar de realizarse muchos estudios y distintas modificaciones, la aeronave era sumamente inestable. Por ello, la velocidad máxima estimada para los nuevos cambios, con motores turbojet J69 y vuelo estacionario, descendió a los 485 km/h, muy por debajo de la considerada inicialmente. Con todo, a pesar de ser una velocidad nada desdeñable, nunca logró alcanzarse.

En un último intento por recuperar la cada vez más claramente utópica arma aérea, el primer prototipo se envió al Centro de Investigación Ames, en California, perteneciente a la Nasa. Allí se realizaron pruebas en un túnel de viento, comprobando que el supuesto colchón de aire, clave en el funcionamiento del Avrocar, resultaba inestable e incluso desaparecía a pocos metros del suelo, al entrar en juego otras variables dinámicas que no siempre eran constantes, de manera que no podían ni ser previstas ni neutralizadas, así que de funcionar la aeronave, a no más de metro y medio de altura respecto al suelo, nunca superaría los 35 km/h, desplazándose a saltos.

Así las cosas, el proyecto terminó siendo abandonado a fines del año 1961. Actualmente, desde 2008, puede visitarse el primer prototipo de Avrocar en el Museum US Air Force de Dayton (USA), adonde llegó en noviembre de 2007 procedente del Museo Nacional del Aire (Maryland, USA).

Platillos voladores muy terrestres

No sería, sin embargo, la primera vez que se hubiese desarrollado una nave con esta morfología, algo por otro lado nada descabellado, si tenemos en cuenta que se suelen buscar como diversión guijarros similares a la orilla del mar o en pantanos para hacerlos saltar sobre la superficie de las aguas, como diversión, lanzándolos tangencialmente a ella. Ya en marzo de 1950 el científico experto en turbinas Giuseppe Belluzzo, ministro de Economía durante el régimen de Mussolini, publicaba en varios periódicos italianos (*Il Giornale d'Italia*, el 24 y 25 de marzo, así como en *Il Mattino dell'Italia Centrale*, el 27 del mismo mes) una información relativa a naves aéreas nazis con forma de platillo volador, realizadas según él por los alemanes y usadas tanto por los nazis como por sus aliados italianos desde 1942.

Figura 2.3.- Uno de los prototipos de VZ-9AV Avro Canadá diseñados por el ingeniero, físico y químico inglés John Frost para el Ejército de los Estados Unidos, construidos en Canadá por la empresa Avro.

Rápidamente, distintos militares italianos se apresuraron a negar en los mismos diarios tales afirmaciones, tildándolas de patrañas y tratando de ridiculizar a Belluzzo, buscando su descrédito popular. Tal fue el caso del general

Ranza, de la Aviación italiana, que dos días después (29 de marzo) negaba rotundamente en el periódico *Il Corriere d'Informazione* las declaraciones realizadas por Belluzzo en la prensa italiana, si bien una semana después, el 31 de marzo de 1950, era el científico alemán Rudolph Schriever quién respaldaba las afirmaciones de Belluzzo al admitir haber participado en la fabricación de tales platillos nazis.

Por tanto, ¿existieron realmente estas naves circulares alemanas? Mucho se ha escrito sobre ello. A lo largo de todos estos años han salido a la luz numerosos documentos como los mostrados, donde se ven algunos prototipos presentados por los ingenieros Hugo Junkers y Aachen-Frankenburg en el registro de patentes (fig. 2.3), o sobre la supuesta aeronave alemana FRZ y FRZ 2, conocida como Vril, que guarda gran semejanza con las naves alienígenas de la película *"la Guerra de los Mundos"*, de Steven Spielberg, si hacemos de las patas de

Figura 2.4- El Avrocar en un túnel de viento de unas instalaciones de la NASA en California, USA (izda) y en un hangar de la empresa Avro, en Toronto, Canadá realizando pruebas de vuelo con un piloto militar experimentado (dcha).

la nave los "brazos" articulados dotados de cámaras con los que observaban cualquier detalle ¿Casualidad o es que el director de *"Encuentros en la Tercea Fase"* y *"E.T. el extraterrestre"* trataba de decir algo al espectador interesado en asuntos de ovnis?

El afán de los alemanes en derrotar al resto del mundo fue tal, que pusieron a trabajar día y noche a todo tipo de científicos y técnicos, en todo tipo de proyectos y artilugios de aplicaciones militares, bajo la amenaza de asesinar a sus seres queridos de las formas más siniestras si bajaban su productividad. Con este aliciente, el ritmo de invenciones y desarrollos tecnológicos fue muy superior al de su fabricación y experimentación.

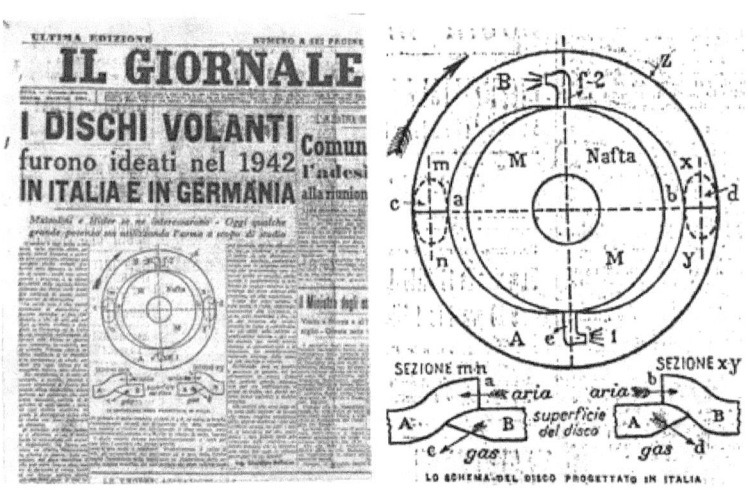

Figura 2.5- Noticia basada en la información y esquema (ampliado a la dcha) aportados por Giuseppe Belluzzo, publicada el 24 de marzo de 1950 en el periódico italiano "Il Giornale d'Italia".

De acuerdo con el escritor Maximilien de Lafayette, de todas las observaciones de extraños objetos voladores producidas, entre un noventa y noventa y cinco por ciento correspondieron a diversas naves nazis y el 1% al 5% restante correspondería a aeronaves norteamericanas o soviéticas basadas en los modelos alemanes. Recordemos que durante la llamada "Operación Paperclip", de la que hablo en mi libro *"Reclutemos a los nazis"*, ambas superpotencias reincorporaron a sus servicios de inteligencia y militar a un 80 % de los altos cargos nazis y científicos alemanes; a partir de este reclutamiento se crearía la CIA, con un exnazi en la dirección, o la propia NASA, con el exnazi Von Braun al frente, entre otras agencias; incluso el Dr. Teller, considerado el padre de la bomba de hidrógeno, se "reclutó" en 1941, concediéndole la nacionalidad estadounidense.

Los Estados Unidos adquieren los prototipos nazis

Prestemos atención a los detalles circunstanciales de toda esta historia de los ovnis. En 1947 se produce la primera supuesta observación de un ovni en la historia moderna de los Estados Unidos, comenzando la fiebre por las naves alienígenas que dura hasta nuestros días. Sin embargo, unos años más tarde (en 1959), el capitán Edward J. Ruppelt, primer jefe del "Proyecto Libro Azul", escribió sobre el armamento encontrado en hangares nazis tras la derrota de los alemanes, afirmando que al terminar la Segunda Guerra Mundial los nazis tenían varios tipos de de aviones y misiles guiados, que se encontraban en fase de desarrollo. El "Proyecto Libro Azul" consistió en el análisis de los supuestos casos de avistamiento ovni, llevado a cabo por la Fuerza Aérea de los Estados Unidos (USAF) entre 1952 y 1969 con el fin de determinar si esas extrañas naves mencionadas en el espacio aéreo norteamericano suponían algún tipo de amenaza real. Pues bien, la mayoría de estos artefactos nazis estaban en las etapas más preliminares, pero eran naves con diseños tan arriesgados y aerodinámicos, que el capitán Edward J. Ruppelt consideraba que tal vez alguno de ellos pudo ser visto por testigos de los supuestos objetos voladores no identificados, O.V.N.I. y considerados de procedencia extraterrenal.

Supongo que el militar conocería la adquisición de parte de estas aeronaves nazis por las tropas de Patton. Tampoco desconocería que tras los Juicios de Núremberg, del 20 de noviembre de 1945 hasta el 1 de octubre de 1946, parte de los militares, científicos e ingenieros nazis pasaron a engrosar las filas del Ejército Norteamericano, durante las denominada "Operación Overcast" y luego "Operación Paperclip", en el transcurso de las cuales el gobierno de Estados Unidos recuperó y reclutó a cientos de personajes directamente relacionados con el Ejército Nazi, ya fuera como espías, químicos, médicos o ingenieros diseñadores de armamento.

Figura 2.6- Izda: noticia basada en la información proporcionada por Giuseppe Belluzzo, publicada el 25 de marzo de 1950 en el periódico italiano "Il Giornale d'Italia". Dcha: reportaje italiano en el que se da por veraz la información de Belluzzo, informando que los rusos estaban al corriente de estas aeronaves nazis.

Por ello, no era arriesgado suponer, como hizo, que tanto el avistamiento del "primer ovni" ocurrido en 1947 como otros avistamientos posteriores pudieron ser en realidad la observación de vuelos de prueba de alguna de las naves confiscadas a los nazis, que se encontraban en sus primeros estadios experimentales, perfeccionándose ya en suelo norteamericano, financiados ahora con dólares.

De hecho, hay datos que corroboran que ya el Presidente norteamericano Harry Truman sabía durante su mandato que parte de las extrañas aeronaves capaces de alcanzar velocidades inimaginables o apenas hacer ruido, eran de origen nazi. De acuerdo con documentos incautados por los aliados en las bases alemanas, escondidas en búnkers de las montañas Thuringia, Peenemünde y Harz, existía algún tipo de base nazi en la Antártida, concretamente en Nueva Suabia (ver mi libro *"Hitler quiere el grial"*). El propio Wernher von Braun admitiría haber trabajado en material alemán que enviaron, por piezas, a una base nazi en territorio canadiense.

En sendos informes elaborados por el entonces director de la CIA, Allen Welsh Dullen, y el subdirector de dicha Agencia de Inteligencia norteamericana, general Walter Badell Smith, se mencionan distintas expediciones realizadas a la Antártida para dar con la base nazi, realizadas tanto por la URSS como por el Ejército estadounidense en 1951.

De acuerdo con Maximilien de Lafayette, un porcentaje muy pequeño de los avistamientos de aeronaves desconocidas corresponden a ovnis creados por intraterrestres denominados "los grises", que poseen diferentes bases submarinas por nuestro planeta. Así, De Lafayette defiende que los nazis crearon diversas naves, conocidas como "ovnis nazis", en dos proyectos diferentes. Uno de ellos estaba siendo desarrollado por ingenieros y científicos como Von Braun basándose en datos físicos y matemáticos y del que los Aliados se llevaron algunos prototipos y mucha documentación. El segundo proyecto, desarrollado a través de diversas sociedades amparadas por Himmler, trataba de entablar contacto con seres superiores de otros mundos. par Al parecer de Lafayette lograron contactar con algún habitante de Aldebarán (también referido como Ashtari) que les proporcionaría suficiente información para que los científicos Otto Schumman y María Orsic lograran desarrollar distintas aeronaves antigravedad que usaban como combustible algún tipo de agua y que eran capaces de realizar viajes interdimensionales.

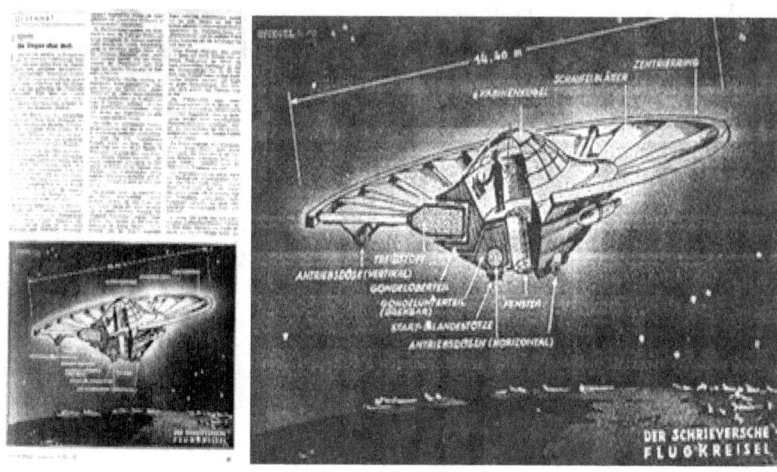

Figura 2.7- Noticia basada en la información y esquema (ampliado a la dcha) aportados por Rudolph Schriever, publicada el 30 de marzo de 1950 en el periódico alemán "Der Spiegel".

De Lafayette no duda en afirmar que, basándose en planos, prototipos y documentos, junto con la ayuda aportada por los diversos científicos y militares exnazis reclutados, Estados Unidos logró desarrollar cuatro tipo de ovnis, mientras los británicos y soviéticos realizaron dos modelos cada uno. También es firme al asegurar que las bases soviéticas de lanzamiento de cohetes, que habrían hecho que los rusos adelantaran a los norteamericanos en la carrera espacial, llegando antes que ellos a la Luna, fueron atacadas en dos ocasiones por estos ovnis terrestres. Que se atacó la base Yapustin Yarn, equivalente rusa del Área 51 y en la que imágenes aéreas de sondas espías estadounidenses grabaron extraños geoglifos, así como numerosos prototipos de aeronaves, atacando con extrañas bolas de fuego lanzadas por aeronaves desconocidas, grabadas por diversas cámaras, que motivaron diversos estudios de la KGB.

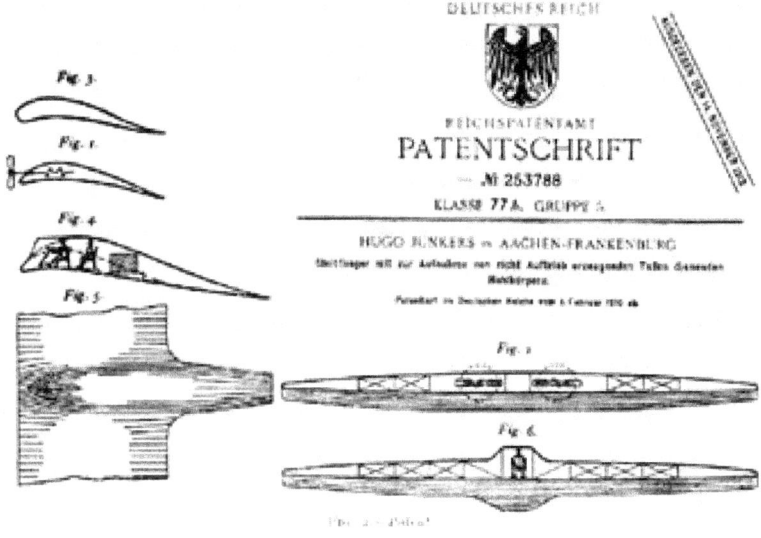

Figura 2.8.- Registro de una patente en 1920 (Alemania), para una aeronave biplaza

De hecho, el que entonces era director del Departamento de Defensas Aéreas de la URSS, Igor Maltesev, declaró en 1989 sobre estos incidentes:

"(estos avistamientos de ovnis en la Unión Soviética) *No son ilusiones ópticas o anomalías atmosféricas. No estamos seguros de dónde proceden, su origen podría ser extraterrestre, o a lo mejor son de construcción humana. Nosotros no los hacemos en la Unión Soviética y sabemos, sin duda alguna, que algunos de los tipos de los Ovnis no están hechos en los Estados Unidos. Entonces, deben proceder de lugares secretos aquí en la Tierra… y en dos ocasiones nuestros pilotos los han perseguido, pero esas naves desaparecieron a la velocidad de la luz. No tengo ningún comentario más".*

La coartada alienígena

Hablábamos hacia el final del capítulo anterior del matrimonio Popovich, de Marina, una de las mejores pilotos rusos, esposa del astronauta Pavel que dirigía el Comité Ovni de la URSS. Pues bien, el ataque de ovnis a la base Yapustin Yarn será conocido precisamente por boca de la coronel Marina Popovich cuando a partir de 1992 se dedicó a dar conferencias por todo el mundo hablando de la realidad de las naves desconocidas. Relataría cómo tres naves *"con forma de puro"* atacaron las instalaciones de Kasputin Yar, lanzando bolas de fuego que destruyeron numerosos aviones militares soviéticos y las diversas plataformas de lanzamiento de cohetes que allí había. Lo mismo ocurrió en otras bases soviéticas con misiles intercontinentales. Lo más relevante, a mi parecer, es que a pesar de que Marina mencionase diversos relatos de encuentros con naves desconocidas –dando más veracidad a los testimonios de militares- a juicio de la coronel retirada las naves que atacaron las bases soviéticas ocasionando un retraso de la URSS en la carrera espacial, eran aeronaves humanas, fabricadas por enemigos de la Unión Soviética, posiblemente Norteamérica o Reino Unido.

En otras palabras, que a pesar del hermetismo que siempre se ha supuesto para asuntos militares de la URSS, resulta que la esposa del director de la Sociedad Ufológica de la Academia de Ciencias de la Unión Soviética, de estudio de los encuentros con naves extrañas, SOYUZUFOTSENTR, se dedica a publicar los testimonios de militares acerca de estos numerosos avistamientos y algunos ataques de estas naves (dando la impresión de total vulnerabilidad de la todopoderosa Unión Soviética), sin sufrir por parte del gobierno ruso ninguna represalia por divulgar esta información. Y no contenta con ello, se dedica a dar conferencias por distintos países para dar más publicidad a estos relatos. No me tachen de mal pensada, pero se pudiera suponer que, como los norteamericanos, la invención de la visita de naves extraterrestres por doquier es usada como cortina de humo para desviar la atención del público y de sus ciudadanos de otras cuestiones más relevantes. En el caso de Rusia, precisamente tras la caída de la URSS, creo que se usó y fomentó la ufología para ocultar relatos de determinados experimentos armamentísticos que se llevaron a cabo a veces de forma poco ética, evitando así dos cosas fundamentales: la indignación de los ciudadanos rusos por dicho comportamiento y que se pudieran ocultar posibles próximos ensayos militares con la coartada perfect de los extraterrestres. Solo así se explica que se dé publicidad a testimonios de miles de militares precisamente por una prestigiosa coronel jubilada, con muchas condecoraciones.

No obstante, son varios los investigadores que últimamente sostienen que la Guerra Fría en sí fue una mentira, bien orquestada por ambas superpotencias, para hacer creer en una inminente posible guerra y defender así los miles de millones de dólares que se destinaban todos los años a Defensa. Presentan como evidencia de este calculado engaño el hecho de que científicos y militares de ambas naciones compartieran una base en la Antártida, o que el régimen de Leonid Brezhnev (Secretario General del Partido Comunista de la URSS entre 1964 y 1982) comenzara a arruinarse desde que emprendiera una carrera armamentística para superar a los EEUU, elevando los gastos de Defensa en un promedio anual que rondaba el 4,5 %, durante los siguiente veinte años, desde 1964; con todo logró igualarse con Estados Unidos en lanzaderas de misiles, en 1971, adelantándos poco después, dado que para 1976 los superaba en un 25% (Eric Hobsbawn, 1998, pp. 250-251). O que la URSS lograra desarrollar efectivas bombas atómicas en 1949 y la de hidrógeno en 1953, durante la Guerra de Corea, que ocurrió entre los años 1950 y 1953. Personalmente creo que la Guerra Fría si existió. Por eso me extraña tanto la permisividad del gobierno ruso para revelar este tipo de información, pues como sostienen los autores Philip Mantle y Paul Stonehill en su libro "*Expediente Soviet UFO*" (2010), el Gobierno Soviético consideraba alto secreto todo lo relacionado con naves desconocidas, dado que reconocer la presencia de ellas invadiendo el espacio aéreo soviético era tanto como dejar en evidencia, no ya a las Fuerzas Armadas, sino a los servicios de inteligencia y a la industria armamentística, incapaces de hacer nada por evitarles el paso, detectarlas o derribarlas. De hecho, las autoridades soviéticas nunca las consideraron extraterrestres, sino naves espía de alta tecnología, desarrolladas por naciones opuestas al comunismo.

Confirman mis sospechas hechos como los ocurridos en 1983 en una región montañosa próxima a Nálchik, englobada entonces en la zona militar denominada Transcaucasia. De acuerdo con diversos testigos, varios cazas derribaron con un misil una nave alienígena que acabó estrellándose cerca de la localidad citada, dejando varios cuerpos de extraterrestres junto a la nave, al igual que en incidenete de Roswell. Por casualidades de la vida, esos días recorrían la zona unos turistas que se encontraron tan espectacular souvenir y, cómo no, hicieron varias fotografías que se públicaron a los pocos días. De nuevo como en Roswell, diversas autoridades políticas y militares, negarán el hecho, lo que propiciará que se dé más publicidad al incidente, hablando de una conspiración gubernamental soviética. Pues bien, será precisamente el informe de una de las sociedades ufológicas rusas, dirigida por el investigador Vadim Chernobrov, el que desmonte toda la historia, ya que mostrará cómo él y otros ufólogos rusos lograron en su día llegar a la zona, encontrando un supuesto ovni bastante tosco dotado incluso de ventanillas de vidrio. Mostrará diversas fotografías así como documentos revelando que se trataba de un artefacto fabricado para una producción polaca, que tras grabar su película abandonaron allí al resultar la opción más barata.

El misterioso incidente del Paso Dyatlov

Tampoco desearía olvidarme de uno de los mayores expedientes X de la historia, la expedición de Igor Dyatlov. Ocurrió en 1959, cuando diez estudiantes dirigidos por Dyatlov, el montañero con mayor experiencia del grupo, (de ahí el nombre de "incidente del Paso Dyatlov") se dirigieron a una zona de los Urales a practicar esquí y montañismo. El 12 de febrero habían acordado mandar telegramas a los familiares desde la localidad de Vizhai. Nada más se supo de ellos.

Comenzaron la búsqueda por áreas una semana más tarde. El 25 de febrero por la tarde, un helicóptero militar decía haber visto algunos restos en un paso de montaña cercano a Kholat Syakhl y enviaron una expedición de búsqueda. Al día siguiente se encontraron los cadáveres de nueve de ellos en extrañas circunstancias, en un paso de montaña en la llamada "montaña de los muertos" (Kholat Syakhl) debido al alto índice de muertes y sucesos extraños que han venido ocurriendo en ellas.

A ese paso de montaña se le conocerá desde entonces como "Paso Dyatlov".

Figura 2.9- Fotografías realizadas por ellos mismos, el grupo de estudiantes dirigido por Igor Dyatlov, mostrando a los jóvenes felices.

Análisis posteriores revelarían que hacia la madrugada del 1 al 2 de febrero de 1959, algo debió ocurrir, tal vez un alud, para que los estudiantes rasgaran desde dentro la tela de la tienda de campaña, saliendo precipitadamente con poca ropa y descalzos, cuando la temperatura rondaba los veinte grados bajo cero. Un par de ellos se encontraron congelados sentados junto a los restos de una pequeña lumbre, lejos del campamento. En un barranco algo más alejado se encontraron los cadáveres de tres estudiantes, dos chicos y una chica. Los dos jóvenes mostraban fracturas en su cráneo, faltándole a uno de ellos la lengua y parte del rostro, mientras que el otro presentaba índices muy altos de radiactividad. La chica presentaba dos costillas fracturadas pero sin herida externa alguna. De acuerdo con declaraciones de testigos independientes, que formaron parte como voluntarios de los equipos de búsqueda, a varios de los cuerpos les habían extraído los ojos. Seis de estos voluntarios dijeron haber observado en el cielo de la noche, días antes, extraños fuegos anaranjados que los científicos atribuyeron a un extraño fenómeno natural, tratándose de reflejos del sol o la luna. Otra mujer dijo haber visto once cadáveres, no nueve como oficialmente se ha sostenido, si bien su testimonio fue rápidamente ignorado.

El único superviviente del grupo de estudiantes, Yuri

Yudin, con entonces 24 años, se vio obligado a abandonar la expedición por enfermedad, contando que el grupo de sus nueve amigos se encaminaba a la montaña Otorten (de más de 1200 metros de altura). Lo más extraño del caso es que esta montaña se localiza a unos catorce kilómetros de la falda de la montaña donde se encontraron los cadáveres de los montañeros. La expedición iba equipada con instrumental y mapas para orientarse y ninguno de ellos era novato en asuntos de montañismo y caminatas de larga travesía con esquí. Sin embargo, entre los restos encontrados en una tienda se hallaron cuadernos de notas y carretes fotográficos del grupo que los mostraba felizmente acampados en el sitio donde se hallaron sus restos. Por los residuos en descomposición de sus estómagos, los forenses estimaron que debieron morir entre las diez y la medianoche de esa jornada, unas seis horas después de haber ingerido los alimentos.

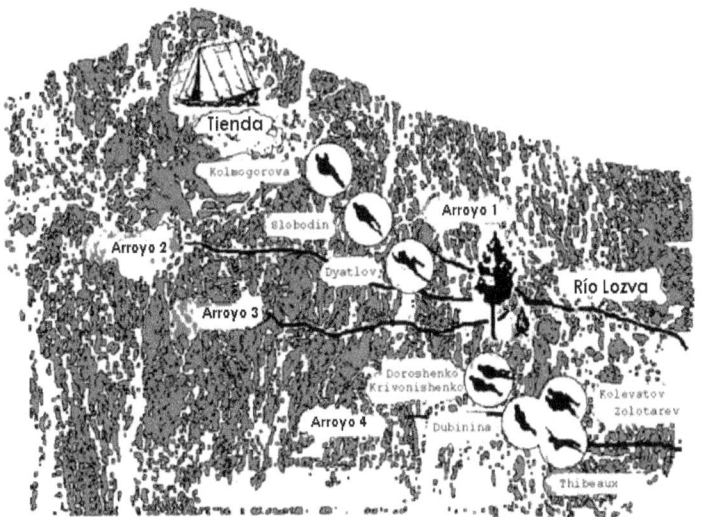

Figura 2.10- Esquema mostrando la ubicación de los cuerpos de los nueve estudiantes cuando fueron hallados.

El informe de los investigadores que participaron en la búsqueda y hallazgo del grupo de montañeros concluyó que, aunque inicialmente se dirigían al monte Otorten, posiblemente las condiciones cada vez más duras hicieron que el grupo cambiase de opinión, decantándose por la "Kholat Syakhl", "la montaña de los muertos" en idioma Mansi, los nativos que allí habitan. Esa funesta madrugada tuvo lugar una avalancha de nieve que provocó que los jóvenes salieran en estampida, rasgando las tiendas y sin poder parar a ponerse ropa y zapatos, huyendo de la nieve que se les echaba encima, hacia el bosque situado ladera abajo, tal como indicaba un rastro de huellas, unas de pies cubiertos sólo de calcetines, otras de pies descalzos y aún otras de un pie descalzo y el otro llevando una bota. Posiblemente por eso se encontraron los cuerpos dispuestos casi en fila, pues fueron cayendo conforme les alcanzaba el alud de nieve. Esta precipitación en la madrugada pudo ser también la causa de las heridas mostradas por algunos cuerpos, golpeados por piedras que sobresalieran en la nieve del suelo o que arrastrara el alud. La falta de cuerpos blandos, como ojos y lengua o rostro sin el cartílago interno de la nariz, se atribuyó a efectos post mortem o incluso pudo ser ocasionado por algún animal carroñero, ya que los primeros cuerpos no se hallaron hasta el 26 de febrero, mientras que los tres últimos aparecieron tras el deshielo, aunque varios testigos dijeron tener la impresión de que habían sido extraídos por instrumentos quirúrgicos.

Siguiendo el rastro de huellas que desde la tienda de campaña descendían hasta el bosque pendiente abajo, encontraron los restos de una hoguera y junto a ella, los cuerpos de Doroshenko y Krivonischenko. Vestidos sólo con ropa interior, parecían haber tratado de calentarse hasta que, ya con síntomas de hipotermia, habían tratado de subir a un gran pino cercano. Parte de la piel de sus manos se encontró en la parte baja del tronco. Parece que, incapaces de trepar y causándose gran cantidad de pequeñas contusiones y laceraciones en tronco y muslos, cayeron de nuevo al suelo y allí murieron congelados, con las manos destrozadas, a pesar de no haber marcas de animales, cerca de ellos. Krivonischenko presentaba alta radiactividad. A 250 metros de estos dos jóvenes en dirección a la tienda de campaña ladera arriba, yacía boca abajo el cadáver del líder del grupo, con un trozo de rama de abedul en una de sus manos y con gesto de protegerse la cabeza con la otra. Estaba a 630 metros de la tienda. Algo más adelante, hacia la tienda de campaña, yacía, también boca abajo y medio enterrado en la nieve, Rustem Slobodin, a 480 metros de la tienda. En su cráneo se halló una fractura con agujero de 1,8 cm que sin embargo los forenses consideraron no fue mortal, muriendo por congelación. Por delante de él, a escasos 300 metros de la tienda, estaba Zinaida Kolmogorov rodeada de nieve repleta de sangre que resultó ser suya, aunque en su cadáver apenas se encontró nada de este líquido vital, a pesar de no haber la menor marca de una posible lucha. Su piel mostraba una curiosa tonalidad anaranjada, mientras su pelo parecía haberse decolorado, mostrando un color grisáceo e incluso blanco en algunas partes. Parecía que Dyatlov, Slobodin y Kolmogorov trataron de regresar a la tienda desde el bosque donde se encontraban Doroshenko y Krivonischenko, pues tenían sus cuerpos en dirección a la tienda, en sentido opuesto a los rastros de pisadas que se hallaron.

Para encontrar al resto del equipo hubo de esperar al deshielo, dos meses más tarde, encontrándose a 68 metros de los dos chicos de la hoguera y cerca del arroyo de un barranco cercano los cuerpos de Alexander Zolotaryov (o Zolotarev), NicolasThibeaux-Brignollel, Alexander Kolevatov y Dubinina Ludmila, cubiertos por cuatro metros de nieve. El cráneo de Thibeaux-Brignollel mostraba evidencias de haber recibido un fuerte impacto de algo pesado que le causó la muerte, los cuerpos de los otros tres compañeros mostraban fracturas y desgarros internos en sus cuerpos, aunque externamente no mostraban la más mínima herida o moratón. Los cuatro estaban vestidos con ropas que parecían haber cogido de los cadáveres de sus cinco compañeros que yacían más arriba. Estas prendas mostraban unos índices de radiactividad mayores que los de sus propios cuerpos. La chica mostraba su cabeza echada para atrás, algunos dicen que con el cuello partido, y no tenía lengua. A Zolotaryov le faltaban varios dientes y mostraba su piel anaranjada y los cabellos grisáceos, como Zinaida Kolmogorov. El informe oficial atribuía las muertes a una poderosa fuerza externa desconocida. A falta de huellas en las inmediaciones o junto a los cadáveres que indicaran la presencia de personas distintas a los nueve amigos, se cerró el caso por no haber encontrado evidencias de algún presunto culpable o culpables.

El 30 de mayo de 1959, el jefe adjunto del departamento para las autoridades administrativas y comercial-financieras del CC del PCUS de la RSFSR, Drozdov, redactó un informe para sus superiores (posiblemente al propio Jruschov) sobre el incidente del grupo de Dyatlov, concluyendo: "*La muerte ocurrió como resultado de un desastre natural. La causa inmediata de la muerte fue un huracán*", desconociéndose a día de hoy los datos de los que dispuso para concluir semejante causa de defunción, cuando varios de los cuerpos mostraban elevados indices de radiación en sus cuerpos, en dosis mortales. Y si la causa que aduce fue la que llevó a la muerte de los nueve jóvenes ¿Porqué no se notificó a los familiares de las víctimas?

Ese informe oficial no explica el hecho de que uno de los chicos, o cuatro de ellos según los testimonios que se consideren, mostraran niveles elevados de radiación, ni que

Zinaida Kolmogorova y Alexander Zolotaryov presentaran en su cabello un color entre grisáceo y blanco, mientras sus pieles lucían anaranjadas, marrones cuando se realizaron sus funerales. Kolmogorova presentaba niveles de radiactividad diez veces mayores de lo normal. Tampoco justificaba que tres de los estudiantes parecieran estar dirigiéndose hacia la tienda y no se alejaban de ella. Es por ello que son varios investigadores los inclinados a considerar que los chavales se adentraron sin saberlo en territorio militar de pruebas de armamento nuclear, en la ladera de la llamada "montaña 1079" en los Urales del Norte. Para cuando quisieron darse cuenta de su error, y perseguidos por soldados, lanzaron algunas bengalas en petición de auxilio a los lugareños. Serían las extraños resplandores que dijeron haber presenciado algunos voluntarios y un grupo de montañeros que se encontraba a unos 50 kilómetros del lugar del incidente. Los nueve jóvenes excursionistas, testigos incómodos, salieron huyendo cuando iban a ser apresados. De ahí que unos murieran congelados, sin señales de lucha, mientras otros sí parecían haber ofrecido resistencia, muriendo en la refriega.

Eso explicaría, por ejemplo, el hecho de que el cuerpo de Dyatlov, vuelto hacia el suelo, poseyera en una de sus manos un trozo de rama de abedul a pesar de encontrarse lejos de alguno de estos árboles y con su otro brazo parecía querer proteger su cabeza expuesta. También es posible que fallecieran por los efectos de alguna detonación atómica. De ser así, tratarían de cubrirse del pequeño hongo radiactivo tras haber rajado la tienda desde dentro sorprendidos por la detonación. Justificaría también que los dos muertos junto a la hoguera se dejaran restos de la piel de sus manos en el tronco de un árbol cercano cuando trataran de escalarlo, dejando además las ramas partidas hasta los 4,5 metros de altura ¿Trataron así de aferrarse a algo sólido para evitar la sacudida de la onda expansiva?. Otros datos curiosos son:

- que desde febrero hasta marzo, diversos lugareños dijeron observar en el cielo como "esferas luminosas" que fueron interpretadas por muchos ufólogos como ovnis asociados al "chupacabras", por aquello de las mutilaciones de ojos, labios, lengua y demás ¿Eran en realidad pequeños hongos atómicos generados por más pruebas militares, tras el incidente ocurrido durante uno de ellos?

- que el forense que realizó las autopsias, dr. Boris Vozrozhdenny, concluyera que la fuerza que les provocó desgarros y fracturas internas fue de tal magnitud que parecía ser *"igual que el efecto de un accidente de coche"* ¿Consecuencia de la onda expansiva de la detonación?

- que otro de los médicos forenses señalara haber contado realmente once cadáveres y no nueve, antes de que fueran retirados los dos cuerpos restantes y él mismo, de la investigación

- que algunos de los que participaron en las tareas de búsqueda dijeran haber encontrado, no lejos de la zona de acampada de la masacre, restos metálicos de algún artefacto

- que entre las pertenencias que había en la tienda rasgada (ropa, mantas, un rifle, cuchillos, botas...) se encontraran unas gafas de sol similares a las usadas por los militares soviéticos, así como un cinturón para llevar algún cuchillo en las botas, denominado Obmotki, también usado por militares, que ninguno de los familiares reclamaron como pertenecientes a los jóvenes. Yuri Yudin, único superviviente del grupo, negó que llevara nadie esas gafas o cinturón de zapato y sospechó de los militares toda su vida. Manifestó en 2012 en una entrevista cómo éstos parecieron más interesados en conocer los motivos por los que los excursionistas fueron a aquel lugar, que la causa de las muertes. Fallecería al año siguiente, con 75 años

- que en los tres años posteriores, ninguna persona pudiera acceder al área o a sus cercanías, sin llevar encima una acreditación militar permitiéndole el paso

- que a los tres días de ser enterrados por sus familiares, los militares desenterraran los restos y se los llevaron, argumentando que sus niveles de radiación podrían afectar a los lugareños

- que uno de los policías que participó en las tareas de búsqueda e investigación del incidente dirigiendo el estudio, Lev Ivanov, admitiera en 1990 que recibió órdenes directas de altos cargos y presiones de superiores y de políticos para que cerrara la investigación cuánto antes y guardara silencio de todo lo relacionado con el asunto. Admitiría que para él fue cosa de extraterrestres

- que todos los documentos relacionados con el incidente fueran clasificados como alto secreto, hasta que cayó la Unión Soviética.

Figura 2.11- Imágenes del hallazgo de la tienda y los primeros cuerpos. En la izquierda se señala la presencia de una extraña cruz en el suelo (¿desliz de los militares que encontraron a los excursionistas que descuidadamente se vieron expuestos al arma nuclear y sintieron pena por ellos?). A la derecha, en la parte superior a la tienda, el ángulo presentado en la ladera no es suficiente como para que se genere una avalancha (es inferior a los 18 grados).

Si tenemos en cuenta las ropas para establecer cronologías, tal vez el grupo se asustó al oír una detonación y salió corriendo hacia el bosque, buscando su protección. Encendieron una hoguera, hasta que pudieron alcanzar ramas con las que mantenerla (los 4,5 metros de altura del pino), pero para entonces la hipotermia estaba haciendo estragos en el grupo, así que tres de ellos decidieron regresar a la tienda a por mantas, ropa y zapatos, pero murieron congelados por el gélido viento y su escasez de ropa. Dos de los chicos que quedaron junto a la hoguera (cuyos restos de piel de las manos se encontraron en el tronco del pino) fallecieron congelados. Entonces, el resto del grupo decidió tomar alguna de las prendas que llevaban sus compañeros fallecidos y decidieron adentrarse más en el bosque, en dirección contraria a la tomada por sus tres compañeros que no regresaron, tal vez siguiendo el cauce de un arroyo confiando que les llevara a alguna casa o aldea cercana. Sin embargo la nieve había creado un falso suelo que cedió bajo el peso de los cuatro jóvenes, cayendo al menos cuatro metros abajo, golpeándose gravemente. De hecho, una de las costillas fracturadas de la joven le perforó el corazón, matándola en pocos segundos (aunque esta información se contradice con la que dice que presentaba el cuello fracturado). Ahora bien, queda sin explicación el hecho de los elevados niveles de radiactividad en únicamente cuatro de los nueve excursionistas o la ausencia de determinados tejidos blandos, aunque hay quién lo atribuye al ataque post mortem de carroñeros, sorprendiendo en este caso que únicamente atacaran ojos y lengua, dejando intacto el resto del cuerpo y que no se encontrara en ellos ninguna marca que señalara a la intervención de estos animales.

No obstante, y esto es pura especulación, es posible que pudiera haber ocurrido algún tipo de ensayo militar que pudo provocar una avalancha, desde cualquier detonación hasta un vuelo rasante de algún tipo de avión-caza, pero que la radiación hallada en alguno de los cuerpos no se debiera a este ensayo militar, puesto que sería lógico suponer que estarían contaminados los nueve jóvenes. Podría ser que ya la trajeran los cuatro excursionistas que mostraron altas concentraciones de radiactividad. Recordemos que este incidente sucedió en febrero de 1959 en los Urales septentrionales. Pues bien, posiblemente se sorprenda el lector al saber que dos años antes aconteció en la localidad de Kyshtym un hecho similar al de Chérnobil, aunque fue callado por las autoridades soviéticas. Todo sucedió por un fallo en el sistema de enfríamiento de una planta de residuos radiactivos. En aquél accidente la temperatura se disparó hasta los 350 grados centígrados, sin que los trabajadores y encargados de la planta supieran cómo evitarlo, generándose una explosión enorme que devastó 160 toneladas de material de construcción, dejando un cráter de 10 metros de profundidad. Lo peor es que la nube radiactiva generada cubrió veinte mil metros cuadrados a la redonda. Por tanto, ¿es posible que los cuatro jóvenes con niveles elevados de radiactividad en su organismo se hubieran contaminado entonces, incluso sin ser conscientes de ello? De hecho, más de 270.000 personas estuvieron expuestas a esta radiación, posiblemente muchas más. No obstante, si miramos las fotografías que el grupo de jóvenes excursionistas se hizo, no aparecen los dos afectados con sus cabellos grises. Los familiares, de hecho, se asombraron al verlos luciendo pelo tan descolorido y pieles anaranjadas o marrones.

La base antártica compartida por soviéticos y norteamericanos durante la Guerra Fría

Con respecto a la base antártica compartida por la URSS y USA, es una verdad a medias. Es cierto que la hubo, pero no es menos cierto que estaba compartida por científicos de diversas nacionalidades, con el fin de recoger y analizar datos de interés meteorológico o científico, puesto que desde que en 1959 se firmara el Tratado Antártico por numerosas naciones, está prohibida la construcción de bases militares ni de ensayos de este tipo en la Antártida. Dado que ambas superpotencias oficialmente nunca se declararon la guerra, no había motivo alguno para que sus científicos no pudieran coexistir en una misma base científica con otros de distintas naciones. Por otro lado, respecto a las bases nazis, también es cierto que varios informes desclasificados citan una en la Antártida y otra en tierras canadienses. Lo cierto es que han sido halladas en tiempos muy recientes y se ha podido comprobar cuánto de especulativo había sobre ellas pues en realidad, analizando las instalaciones allí encontradas, hoy se sabe que ambas eran para estudios meteorológicos. La canadiense, situada en la Península del Labrador, fue abandonada por los nazis en 1943 y encontrada en 1981. Con respecto a la de Nueva Suabia los datos son más turbios. Recientemente, en 2016, un documental ruso daba a conocer el hallazgo de una base nazi en el Ártico, en la isla Alexandra, construida por los alemanes en 1942.

No obstante, hemos visto que el Gobierno de Estados Unidos reclutó miles de exnazis para sus propios intereses y que al finalizar la Segunda Guerra Mundial los alemanes poseían distintos prototipos de platillos voladores. También hemos comprobado que el primer avistamiento de un ovni ocurre en Norteamérica el año siguiente al fin de los Juicios de Núremberg y que determinados modelos de aeronaves norteamericanas, Avrocar, podían superar los 450 km/h, ¿es muy osado suponer que el Ejército norteamericano recuperó proyectos inacabados nazis, para desarrollar un tipo de platillo volador supersónico, completado con sus propios proyectos fracasados, que no necesitara de un largo campo de aterrizaje para despegar y aterrizar -aspecto sumamente importante-para espiar instalaciones ajenas sin ser detectados?

Los Juicios de Núremberg: mercado de reclutamiento de profesionales del mal

Recordemos que nos encontramos en plena Guerra Fría, con los gobiernos ruso y norteamericano estrechándose las manos ante las cámaras pero espiándose tras ellas e invirtiendo grandes sumas de dinero en adiestramiento y captación de agentes que pudieran facilitarles todo tipo de detalles sobre las actividades industriales y armamentísticas que estaban realizando sus respectivos gobiernos. Es en esta época cuando todo tipo de "gadgets" del perfecto espía tienen su mayor desarrollo, encontrándose cámaras ocultas en los lugares más insospechados, tales como gafas, mecheros, solapas de chaquetas y bolígrafos, entre otras invenciones. De hecho, encuentro sumamente reveladora la declaración de varios funcionarios estadounidenses señalando la existencia de más de 12 kilómetros de estanterías con documentos que fueron incautados a lo largo de la Segunda Guerra Mundial, de diversos hangares y edificios nazis.

Es por ello que no me parece nada osado considerar que los distintos tipos de aeronaves observadas en los supuestos avistamientos de naves extraterrestres eran, realmente, diferentes prototipos de aeronaves que estaba tratando de perfeccionar la Aviación Militar norteamericana. Y que, posiblemente surgida de manera espontánea por algunos testigos civiles de pruebas de estos aviones, se les facilitó la mejor tapadera que pudieran haber imaginado para tener total libertad de movimientos. Sólo había que dejar especular al pueblo con la existencia de curiosos visitantes de otros mundos. Por esta razón encontraríamos tantísimos funcionarios y militares ofreciendo testimonios de conspiraciones del gobierno con seres extraterrenos, así como de naves alienígenas recuperadas por las Fuerzas Armadas conteniendo cadáveres de extraterrestres y ocultadas a la opinión pública.

Figura 2.12- Imágenes reales de diversos prototipos de aviones de guerra nazi, recuperados por las Fuerzas Aliadas.

Por ejemplo encuentro sumamente interesante la anécdota de los últimos pasos conocidos del oficial alemán de las SS, Hans Kammler. Conforme los Aliados iban ganando terreno a los nazis se topaban de forma creciente con mayores sorpresas, tales como minas derruidas de sal o de metales, en las que al abrir una entrada resultaron ser el refugio de numerosas obras de arte, hangares con prototipos de armas insospechadas o extrañas estructuras, como la hallada en las proximidades de una antigua mina no lejos de la aldea de Ludwigsdorf, en una montañosa zona de la entonces Checoslovaquia. Allí encontraron grandes estructuras de hormigón, dispuestas formando un círculo y con enormes cadenas que parecían haber sujetado algo dispuesto en su centro. Se encontraron en el interior del enorme búnker construido en la antigua mina bastantes cadáveres de gente fusilada. Investigaciones posteriores informarían que se trataba de un equipo de científicos que estaba trabajando en el proyecto de un objeto con forma de bellota, denominado "Die Glocke", "La Campana". Al frente del proyecto se encontraba el ingeniero y general de las SS, Hans Kammler, conocido por haber colaborado con el nazi Wernher von Braun (reclutado por los americanos) en el desarrollo de los cohetes V-2, así como en el diseño y perfeccionamiento de las llamadas "alas voladoras", que posteriormente recuperaría el ejército norteamericano para construir cazas espías indetectables por los radares, durante la primera Guerra del Golfo en Irak, y búnkers-laboratorio subterráneos por el extenso territorio nazi. Pues bien, parece ser que la proximidad de las fuerzas aliadas provocó que se fusilara a todo el personal de las instalaciones y se destruyera la maquinaria, para evitar que el proyecto de "la campana" cayera en manos del enemigo.

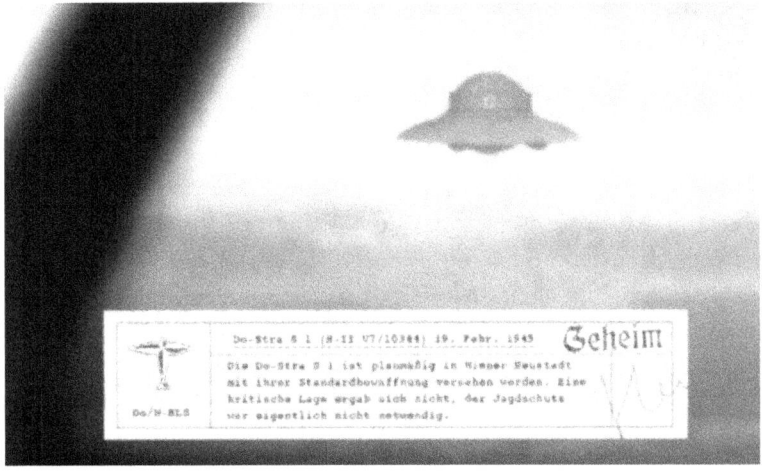

Figura 2.13- Pruebas de vuelo de una de las aeronaves diseñadas hacia el final de la contienda. Como indica el documento, la instantánea fue tomada el 19 de febrero de 1945.

Todo lo más que se pudo saber de este extraño objeto es que consistía en dos cilindros, uno dentro del otro, que rotaban en sentidos opuestos y contenían un líquido al que denominaban "xerum 525", quizás como lubricante.

Internamente el artefacto estaba protegido con una capa de composición cerámica que actuaba como aislante térmico, tanto del calor de fricción, consecuencia del rozamiento producido por los cilindros al girar, como del frío externo al alcanzar el objeto una elevada altitud y velocidad. Parece ser que el artefacto emitía una luz violeta cuando estaba en funcionamiento. Espías aliados habían logrado obtener por casualidad información de diversos proyectos, en otros lugares de la Alemania nazi, en los que aparecía mencionada levemente esta "campana". El hecho de que fuera en proyectos llamados "Kronos" (en alusión al tiempo), o proyecto Lanterntrager ("portador de luz"), ha hecho que algunos autores bastante creativos insinuaran que tal vez esta aeronave se tratara de una especie de máquina de tiempo, al estilo del posterior e hipotético "Proyecto Filadelfia", llegando a sostener que el general de la SS Hans Kammler, del que nunca se encontró el menor rastro, pudo haber usado este artefacto para transportarse a otra zona del mundo o incluso a otro tiempo. Personalmente, discrepo mucho con esta libre interpretación. Posiblemente, alguna explosión destrozó su cuerpo o, en el mejor de los casos, pudo escapar de la Alemania nazi, de los aliados y de los soviéticos.

Pasemos ahora al punto que encuentro más relevante de todo este asunto, para lo cual será necesario que nos desplacemos nuevamente a Estados Unidos, concretamente al 9 de diciembre del año 1965, cuando al menos en seis estados de USA y en la región canadiense de Ontario, miles de personas ven una gran bola de fuego surcar el cielo. Pero nosotros nos detendremos en la zona de Kecksburg, en el estado de Pensilvania, en el noreste de los Estados Unidos.

El pueblo está conmocionado ya que son numerosos los granjeros y vecinos que han dicho ver caer un extraño objeto no identificado, posiblemente alienígena, con una inusual forma…de campana o de bellota. No pasará mucho tiempo hasta que se personen en el lugar distintos vehículos militares, acordonen la zona y se lleven del bosque un singular objeto metálico que recuerda a una enorme bala, confirmando las sospechas de los lugareños que señalan a un curioso ovni en forma de gran puro como el causante del gran estruendo, escuchado tras observar en el cielo ese singular objeto perdiendo altura.

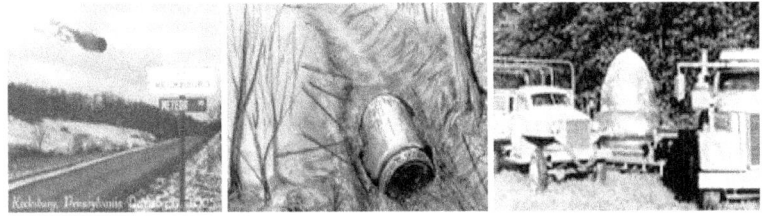

Figura 2.14- Arriba, reconstrucción del incidente ocurrido en Kecksburg en 1965. El objeto con forma de bellota fue cargado en un camión militar y tapado con una lona, llevándoselo a algún lugar secreto.

Finalmente se confirman las sospechas. No son habladurías, efectivamente el extraño ovni se ha estrellado no lejos de allí, causando un gran estruendo. La gente, movida por la curiosidad, se dispone a visitar la zona, pero para sorpresa de todos, efectivos del ejército se les han adelantado y se han personado allí. Antes de que nadie pueda reaccionar o tomar fotografías, se marchan con el objeto estrellado y sus restos. En los días que siguieron al incidente fueron numerosos los periódicos y agencias informativas que se hicieron eco del avistamiento de este peculiar "meteorito", pues así lo denominaron diferentes funcionarios de la administración norteamericana, cuyo impacto en el suelo provocó numerosos incendios en campos de labor y bosques en las comarcas de Jackson, Lapeer, Livonia, Battle Creek (todas ellas de Michigan), en Elyria y en Eaton, en el norte del estado de Ohio y en Detroit. Destacaban cómo algunos testigos lo habían descrito como algún tipo de avión, a pesar de constatar que ninguno se echó en falta (terrestre al menos) o el olor *"a huevos podridos"* (azufre) que otras personas mencionaron, así como un siseo y chisporroteo que iban realizando sus motores. Unos daban a entender que estaba tripulado o manejado por alguna inteligencia, dado que lo vieron cambiar de rumbo o incluso desacelerar mientras caía. Dejo lo más interesante para el final: todos los testigos presenciales coincidieron en describirlo con una forma de bellota.

Este incidente ha pasado sin pena ni gloria, incorporándose a la lista de avistamientos y colisión de "naves extraterrestre". Para mí, sin embargo, es una evidencia más de que todas las supuestas naves alienígenas descritas por diferentes testigos civiles, fundamentalmente las relacionadas con historias de una nave extraterrena estrellada, son en verdad aeronaves usadas por los distintos Ejércitos (soviético, norteamericano, chino, etc), en pruebas de vuelo y de mejora de los artefactos militares de seguimiento.

En el aniversario de los cuarenta años de este incidente de la nave con forma de bellota en el estado de Pensilvania, en diciembre de 2005, el portavoz de la NASA, David Steitz, arrojaba nueva luz al afirmar que científicos de la NASA analizaron los fragmentos recuperados por los militares en el incidente de Kecksburg, concluyendo que eran parte del fuselaje y de otros componentes de un satélite ruso. El problema es que, de nuevo, se habían traspapelado los informes que respaldaban sus afirmaciones, siendo del todo imposible aportar algo más que su testimonio como prueba de esta idea. Estas declaraciones contradecían las realizadas en 1965 por los portavoces de la Fuerza Aérea estadounidense considerando que en realidad se trató de una bola de fuego generada por un meteoro, que al atravesar nuestra atmósfera y desintegrarse no dejó nada en el bosque de Kecksburg que pudiera ser recuperable.

Ante los rumores que suscitó esta nueva declaración señalando a los restos de un supuesto satélite ruso, el destacado científico de la NASA, Nicholas L. Johnson, se apresuró a declarar de inmediato a la prensa, que los restos del Cosmos 96, el único satélite ruso que en esas fechas orbitaba nuestro planeta, impactaron en Canadá el mismo día del incidente (9 de diciembre de 1965) a las 3.18 a.m., y que de ninguna manera cayeron fragmentos suyos en Kecksburg a las 4.45 p.m., aproximadamente trece horas después del reingreso del satélite ruso Cosmos 96. Respaldaba sus afirmaciones con un argumento sólido, defendiendo que lógicamente todos los satélites contaban con un estricto seguimiento por parte de diversas instituciones y agencias gubernamentales, estando todo sumamente calculado, medido y, sobre todo, registrado y monitorizado por miles de sensores y observatorios del planeta. Se incorporaba a esta idea de desvincular el incidente de Kecksburg de un satélite ruso, el entonces asesor de la NASA, James Oberg, alegando que la sonda Venus del satélite Cosmos 96 describió una trayectoria orbital precisa al volver a la Tierra que la alejaba claramente del espacio aéreo de la totalidad de los EEUU.

Es posible. Sin embargo, si ciertamente está todo tan monitorizado y medido, sorprenden los hechos acaecidos en la provincia de Murcia, en el sureste de España, a principios de noviembre de 2015, cuando en campos de cultivo de las localidades de Calasparra y Murcia se encontraron diversos "objetos extraños" que resultaron ser restos de basura espacial. Aunque durante un tiempo todos negaron que les pertenecieran, finalmente se confirmó que eran restos de un satélite norteamericano y se acabaron devolviendo las piezas a Estados Unidos.

Figura 2.15- Objeto recuperado de un campo en Calasparra, Murcia (izda). Dcha: un agente de la Guardia Civil comprueba la posible existencia de radiactividad en el objeto hallado en un campo de cultivo de Mula (Murcia).

Si realmente fuera tal el seguimiento a estos objetos que nos orbitan, sorprende que nadie hubiera avisado sobre la precipitación de sendos objetos que podrían haber ocasionado alguna desgracia. Afortunadamente no hubo mayores daños que lamentar que el sobresalto inicial de verlos caer y encontrarlos en el campo sembrado. También es cierto que la magnitud de basura espacial que existe ahora es mucho mayor que la del año 1965. Con todo, tengo mis serias dudas sobre si realmente estaba tan rigurosamente calculada y monitorizada toda entrada en nuestra atmósfera de los distintos satélites -del ruso Cosmos 96 concretamente - así que no descarto que lo que impactó en el bosque de Kecksburg bien pudiera ser parte de dicho satélite o bien un prototipo de la aeronave nazi "la campana".

Los recurrentes ovnis triangulares

Otra tipología de supuestas naves alienígenas bastante recurrente es aquella de morfología triangular (figura 2.16).

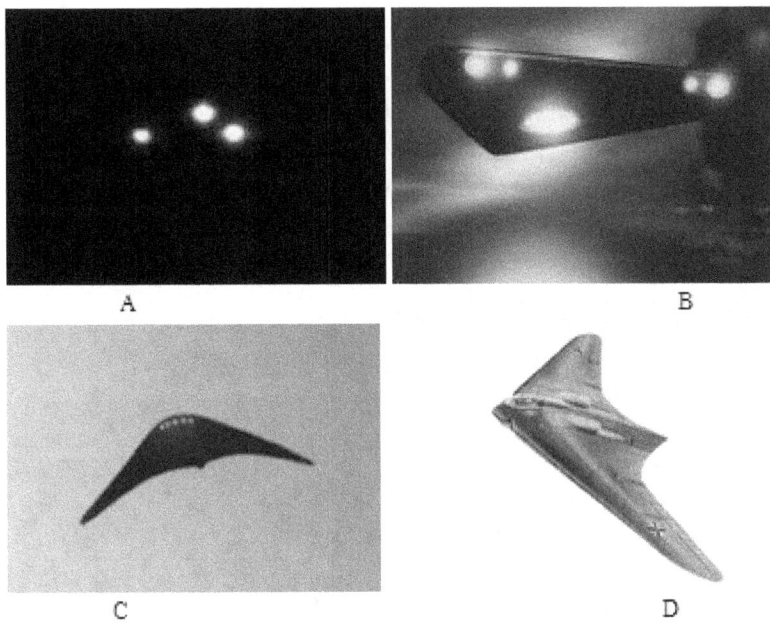

A   B

C   D

*Figura 2.16- **A***: *ovni triangular o formación de ovnis en triángulo, fotografiados el 4 de junio de 2012 en Apple Valley (California, USA) y el 7 de junio, tres días después en Ciudad Juárez (México).* ***B***: *reconstrucción basada en el testimonio de varios observadores del objeto observado en U.K., en septiembre de 2004.* ***C***: *fotograma de un vídeo grabado de un ovni sobre Malibú el 29 de mayo de 2004.* ***D***: *dibujo de un avión Horten Ho 229 nazi.*

Si comparamos estas supuestas naves alienígenas con el avión a reacción Horten Ho 229, diseñado por los hermanos Horten para la Luftwaffe, la aviación nazi, veremos un parecido asombroso (figs. 2.16D y 2.17). Nuevamente se sabe que el Ejército norteamericano estuvo realizando diferentes prototipos de aviones espía invisibles para los radares que, otra vez la casualidad, resultaron idénticos a estos prototipos nazis. ¿Casualidad o provecho del Proyecto Paperclip?.

De acuerdo con los documentos existentes, se

construyeron tres ejemplares operativos del llamado Horten Ho 229, fabricados por Gothaer Waggonfabrik (coloquialmente llamada "Gotha") basándose en los diseños de Walter y Reimar Horten. Dos de ellos eran prototipos (Horten Ho IX) de los que sólo pervive uno (fig. 2.17), que voló el 1 de marzo de 1944. Desprovisto de motores, era un planeador.

*Figura 2.17.- **Izda**: único prototipo del Horten Ho IX que se conserva, de los dos que hubo en su día. Dcha: transporte del fuselaje del Horten Ho 229 v3 capturado por soldados del general Patton en un hangar alemán, rumbo a Estados Unidos.*

Un modelo de este bombardero Horten Ho 299 V6 , monoplaza, se conserva en el museo de Ilmenau (Alemania). Un tercer avión, el Horten Ho 229 V3 fue encontrado en un hangar nazi por el VIII Cuerpo del General Patton, siendo actualmente el único fuselaje conservado de un Ho 229 (fig. 2.17 dcha). Todos los demás ejemplares y piezas fueron destruidos por los soldados norteamericanos para evitar que cayeran en manos rusas. El V3 se encuentra actualmente expuesto en el Museo Nacional del Aire y el Espacio, en Suitland (Maryland, USA), en la sala Paul E. Garber.

Los avances de esta aeronave eran increíbles para su época pues permitía que los pilotos nazis pudieran atacar o fotografiar puntos estratégicos en las islas Británicas y en toda

Europa, sin ser detectados por los radares enemigos y sin necesidad de repostar. Poseía además asiento eyectable, una longitud entre los extremos de sus dos alas de 7,7 metros, una altura de 2,8 metros y la capacidad de transporte de dos bombas SC de 1.000 kg cada una, bajo cada ala. Iba armado con cuatro cañones de 30 mm y cargado tendría un peso total de 9.000 kg. Estaba dotado de dos turborreactores Junkers Jumo 004B (si bien sus diseñadores habían preferido dos motores BMW 003) que le conferían una velocidad máxima de 977 km/h, pudiendo cubrir 1.900 km o incluso 3.170 km si se le añadían dos depósitos adicionales desechables, permitiéndole llegar incluso hasta los Estados Unidos.

Con el fin de hacer este ala volante lo más ligera posible, los hermanos Horten optaron por construir únicamente la cabina y el centro de la nave en acero, optando por la madera en el resto, recubriéndola con contrachapado al que se añadió pintura y carbón para volverlo invisible, no sólo al ojo humano sino también al radar.

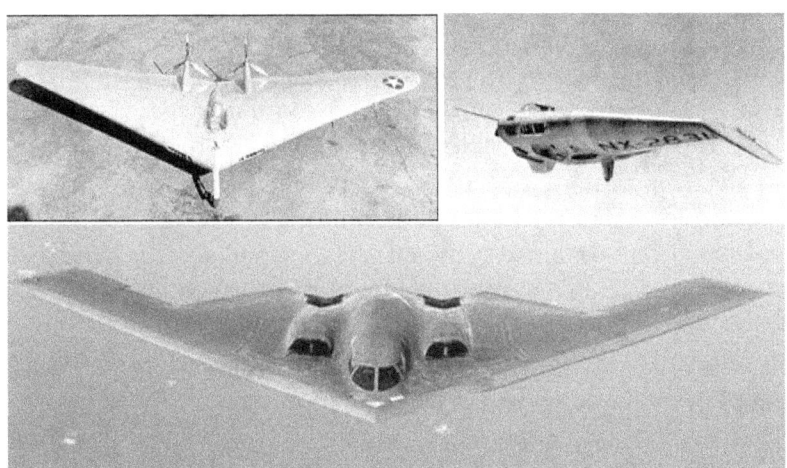

Figura 2.18- Arriba: caza norteamericano Northrop N-1M posado en tierra y en pleno vuelo. Abajo: Northrop Grumman B-2 Spirit o "Stealth Bomber" (bombardero furtivo).

Se añadieron flaps y elevones para mejorar el pilotaje, así como un paracaídas para frenar la velocidad de la nave en el aterrizaje. Sobra decir que todos estos elementos fueron incorporados rápidamente a los aviones caza norteamericanos, beneficiándose así de los avances de las alas voladoras nazis (fig. 2.18)

No será el único modelo triangular, pues de acuerdo con documentos desclasificados en el 2000 se sabe que en la década de los años 1960 el Ejército norteamericano estuvo desarrollando un bombardero que atendía a las siglas LRV (Lenticular reentry vehicle, figura 2.19)) y que era más una especie de satélite que un avión militar convencional. Podía permanecer hasta seis semanas en órbita, llevando a bordo una tripulación, totalmente abastecida, de hasta cuatro pasajeros. Dada la envergadura de esta nave semicircular, cabe cuestionar si las varias observaciones de enormes naves nodriza descritas durante la Segunda Guerra Mundial no podrían corresponder a la observación de la LRV, que para entonces gozaba del más estricto secretismo por parte del Ministerio de Defensa de los Estados Unidos.

Tomemos como ejemplo de posibles avistamientos de la aeronave LRV, al testimonio recogido en un informe oficial del Ministerio de Defensa de Reino Unido, realizado tras una misión en Turín (Italia) en diciembre de 1942, durante la cual todos los tripulantes de un avión bombardero Lancaster observaron una enorme nave nodriza de unos 60-90 metros de eslora que se desplazaba por el aire a una velocidad estimada de unos 800 km/h, con unas luces traseras rojas perfectamente visibles. En el mismo informe se recogía cómo el capitán del bombardero alertaba de haber visto una nave similar, tres meses antes, sobrevolando Ámsterdam.

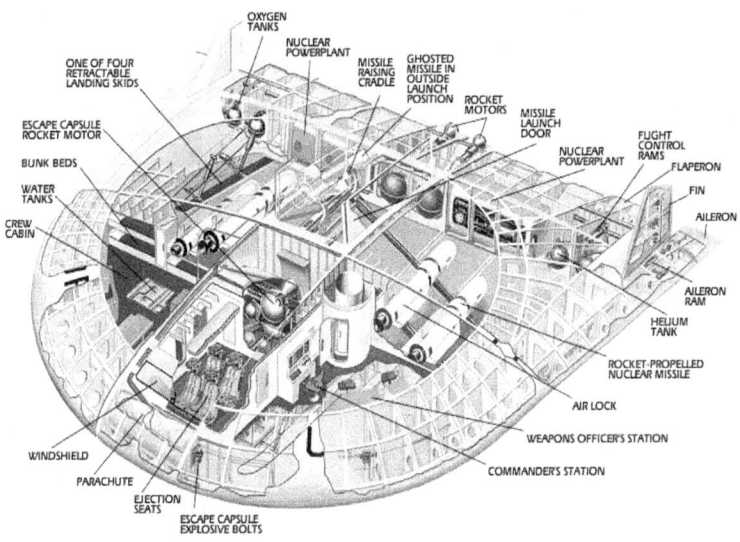

Figura 2.19- Elementos del "Vehículo de reentrada lenticular", capaz de prmanecer hasta seis semanas en grandes alturas, orbitando a la Tierra.

No serán los estadounidenses los únicos en diseñar modelos revolucionarios a partir de invenciones nazis. Así por ejemplo, el ingeniero francés René Couzinet diseñó el denominado Couzinet RC360, mostrado en la figura 2.20 (izquierda), que poseía dos discos que giraban alrededor de la nave en sentidos opuestos, cada uno dotado de cincuenta paletas que proporcionaban a la aeronave el empuje y la suspensión suficiente para separarse del suelo y poder ser conducida, por un piloto que se colocaba bajo una burbuja de cristal ubicada en la parte superior del centro de la nave. Estaba dotada de seis turborreactores colocados a lo largo del cuerpo del vehículo para proporcionar la potencia de elevación necesaria, a la vez que otro motor ubicado en la parte inferior aportaba el empuje hacia delante de la nave.

Otro aspecto que indirectamente hace sospechar en el origen terrestre de las naves consideradas extraterrestres es el cada vez mayor número de incidentes en los que supuestamente han ocurrido impactos de estas aeronaves y recuperación de cadáveres o tripulantes. En la lista recopilada por J.F. Gille para los años de 1947-1978, apoyándose en informes de la "Nevada Aereal Research", habría que suponer hasta 38 ovnis estrellados y 118 cuerpos recuperados. Pero otros investigadores, como Luis Burgos, aumentan ese número hasta los 78 impactos, ocurridos de 1891 a 1996, incluyendo el incidente de Tunguska de 1908, recuperándose 148 cuerpos de supuestos alienígenas, 19 de ellos aún con vida. Son datos publicados en su blog personal.

Figura 2.20- Izda, prototipo del Couzinet RC360, junto a su inventor. Tanto los Aliados como el Ejército soviético lograron hacerse con valiosos documentos de diversas naves desarrolladas por los ingenieros alemanes para conseguir el éxito de los nazis en la Segunda Guerra Mundial.

Curiosamente, la gran mayoría de estos desastrosos aterrizajes han ocurrido en Rusia, México y EE.UU, lo que reafirma mi idea de una procedencia muy terrestre de estas aeronaves. A ellos, Luís Burgos suma 47 impactos más ocurridos en territorio argentino. Por su parte, en la web *http://ufologie.patrickgross.org/htm/crashes.htm* se recogen cerca de 170 ovnis estrellados hasta 2008. De tratarse realmente de aeronaves extraterrenas, habría que suponer que todo el

Universo estuviera plagado de ellas así como la superficie de los astros, a juzgar por el elevado número de naves siniestradas en tan poco espacio temporal. La supuesta inutilidad de los "ingenieros alienígenas", derivada de este razonamiento, sería verdaderamente notable. Definitivamente no se sostienen estos montajes, Sr. Presidente.

Valeria Ardante

CAPITULO 3

HUMANOIDES VOLADORES

El lunes 27 de octubre de 2014 las redes sociales ardían con la impactante noticia que publicaba el periódico *The Mirror*:: el 13 de junio de ese año, un airbus A320 comenzó su descenso en altitud y, al sobrevolar la población inglesa de Macclesfield para disponerse a aterrizar en el cercano aeropuerto de Manchester, algo sobresaltó al piloto y al primer oficial de a bordo. Sin previo aviso, a unos cien metros del cristal de la cabina, del morro del avión, surgió una figura humanoide. Rápidamente dieron parte a la torre de control pero ésta fue incapaz de detectar en los radares nada más aparte del airbus, ni paracaidista, ni ala delta,... nada. Posteriormente, se sumaron las voces de los portavoces de distintas asociaciones de deportes de riesgo de la zona que informaron que, tanto por la buena visibilidad de ese día y horas (se veía claramente a 6 km), como por la zona (espacio aéreo con tráfico activo), ninguno de sus miembros habría realizado ninguna actividad aérea allí, además de que habría sido detectada por los radares. El piloto y el primer oficial aseguraron que el humanoide que vieron no llevaba ala delta, ni plumas ni nada parecido, que se cruzó con ellos a unos 150 metros de distancia y que "el encuentro" fue muy breve.

Por extraño que nos resulte leer este incidente, no es el primero que habla de humanoides voladores. De hecho se han producido avistamientos en muchos países. El primero de ellos del que se tenga constancia ocurrió en la década de los 70 en Estados Unidos. Un ser de apariencia humanoide observó a una familia en su granja cierta noche. En otros

Valeria Ardante

avistamientos semejantes, los testigos mencionaban haber escuchado un zumbido y, al girarse hacia la fuente del ruido, observaron al humanoide volador.

En verano de 1998, esta vez en Chile, numerosas personas decían haber presenciado en la zona de Maipú a siete figuras humanoides volando "en formación" vertical, careciendo de alas, paracaídas u otros elementos. A pesar de que algunos filmaron la escena, las imágenes no permiten apreciar apenas nada. Aún así y como respuesta al revuelo observado en la población, el Comité para el Estudio de Fenómenos Aéreos Anómalos (CEFAA), organismo dependiente de la Dirección General de Aeronáutica Civil (DGAC) de Chile, analizó las filmaciones que le hicieron llegar los distintos testigos. Varias personas que estudiaron las imágenes, como el técnico en audiovisuales y asesor de la CEFAA, Eugenio Fourt, notificaron la presencia de esferas cercanas a las siete figuras, o elementos poco claros en esas grabaciones.

Figura 3.1.- Supuestas imágenes de humanoides reales, capturados tras haber sido hallados días después de un avistamiento ovni (izda), o volando en el cielo (dcha).

Pero los avistamientos de humanoides voladores más antiguos fuera de USA, se han producido sin duda en el país

100

vecino de México. En el estado de Chihuahua, en las regiones de Camergo, la Cruz y Saucillo es dónde se ha manifestado haber visto humanoides de una amplia variedad (grises, rubios de gran altura, de aspecto reptiliano, etc). Pero lo que más llama la atención son las imágenes que proceden de distintas localidades mexicanas (figura 3.1). En una de ellas se muestra lo que en su día los periodistas mexicanos consideraron que era un humanoide alienígena capturado. En otra, un vídeo grabado por Horacio Roquet en 2005, muestra al humanoide que el autor asegura haber visto surcando el cielo. No obstante, si nos fijamos en el objeto volador grabado, más parece ser un enorme globo con forma de hombre o de gorila sobre un elefante, del que se percibe la trompa, o en caso de tratarse realmente de un ser vivo, un humano sobre algún tipo de objeto de propulsión violeta.

Como muchos investigadores han observado, en México es una práctica habitual liberar globos durante las grandes celebraciones: cumpleaños, bodas, comuniones y eventos similares. Creesn que es muy probable que muchos de esos globos sueltos en el cielo hayan podido ser identificados con humanoides voladores o extraños objetos, por personas predispuestas a ello.

Humanoides voladores han sido vistos en países variopintos, tales como Siberia, Reino Unido, (en Macclesfield, Londres y en la localidad galesa de Cornwall), Tanzania, Turquía, India, Indonesia, Filipinas, Vietnam, China, Japón, Brasil, Bahamas, México, Estados Unidos,...

Tal vez la primera referencia de ellos, publicada en diversos periódicos, fue realizada por William H. Smith cuando, el 18 de septiembre de 1877, dijo ver un humanoide sobrevolando el puente de Brooklyn, en Nueva York. También en septiembre, tres años más tarde, en 1880, se vio un humanoide con un traje negro sobrevolando Coney

Island, igualmente próximo a Nueva York. El 14 de abril de 1897 un humanoide volador, *"con una luz en su espalda"* según los testigos, fue visto surcando los cielos de Mount Vernon (Illinois), según mencionó el mayor B. C. Wells. Este incidente coincidió con una ola de avistamientos de objetos voladores no identificados en distintos puntos de los Estados Unidos.

La siguiente mención a humanoides voladores ocurre el 6 de enero de 1948, cuando un grupo de niños y el adulto que les acompañaba, la señora Bernice Zaikowski, dijeron haberlo visto en los cielos de Chehalis (Washington). Lo más sorprendente de este masivo avistamiento es que los testigos dijeron observar en la espalda de este humanoide (u hombre, directamente) un artilugio mecánico, que manipulaba el personaje para poder volar mediante botones que llevaba en su pecho.

En 1952 será el piloto de la Fuerza Aérea norteamericana, Sinclair Taylor, quien mencionará lo que pensó era un enorme pájaro cerca del Camp Okubo, próximo a Kyoto, Japón. Al fijarse bien, pudo distinguir que realmente parecía ser un hombre volador. Al año siguiente, el 18 de junio de 1953, un "hombre-murciélago" fue visto en Houston (Texas) por tres personas.

El 12 de noviembre de 1966, cinco hombres que cavaban una tumba en el cementerio de Clendenin, en el oeste del estado de Virginia, dijeron haber visto un humanoide que recordaba a un hombre murciélago, sobrevolando unos árboles cercanos. Tres días más tarde lo vio otro testigo así que el 16 de noviembre en la portada del periódico *Point Pleasant Register* aparecía en grandes letras: *"Couples See Man-Sized Bird...Creature...Something"* ("*Unas parejas ven un pájaro del tamaño de un hombre...una criatura...algo*"), usando parte del testimonio de los testigos.

Volvió a ser visto varias veces más entre el 15 de noviembre de 1966 y el 15 de diciembre de 1967, cundiendo la inquietud en la población, que comenzó a considerar portador de próximas desgracias al extraño ser.

El escritor y ufólogo Gray Barrer lo llamó, en 1970, *Mothman* u "hombre-polilla" y su fama se propagó por todo Estados Unidos, llegando a rodarse una película centrada en esta criatura, llamada *The Mothman Prophecies* y protagonizada por Richard Gere, entre otros actores.

Figura 3.2.- Una de las portadas del film "The Mothman Prophecies", "Las Profecías de Mothman" y detalle del rodaje con la criatura Mothman, mezcla de "la Parca" o Muerte y de un hombre-murciélago.

Desde entonces son numerosos los testigos que dicen haberlo visto antes de ocurrir alguna desgracia inminente, en diversas partes del mundo.

Incluso en España, una pareja de ancianos manifestó haberlo visto en un túnel en 1984, sin que llevara ligada desgracia alguna.

Figura 3.3.- Supuesta fotografía no trucada mostrando a Mothman ("el hombre polilla") sobre el Silver Bridge (USA) tomada la tarde del 13 de noviembre de 2003.

La siguiente noticia vino de Vietnam en 1969, cuando el marine Earl Morrison en su vigilancia nocturna vio lo que parecía ser una mujer con un ajustado traje negro y alas como las de un murciélago que desprendía una leve luz verduzca, sobrevolando cerca de Da Nang a la una de la madrugada.

Figura 3.4.- Fotografías de supuestos "pájaro-trueno". Recordemos que por entonces las placas con el Pterosaurio real, halladas en una cantera alemana,

habían dado la vuelta al mundo desatando la fiebre por ese tipo de fósiles.

Son sólo unos pocos casos de una larga lista de avistamientos parecidos.

La imaginación da para todo, así que a los encuentros con "hombres-polilla" se sumarán avistamientos de reptiles voladores contemporáneos a los dinosaurios, siendo numerosos los testimonios de granjeros que dijeron haber disparado contra Pterosaurios. Incluso circularon fotografías de animales supuestamente cazados, considerados "pájaros-trueno" o *Thunderbird*, basándose en leyendas de nativos americanos.

Ahora bien ¿realmente se equivocaron miles de personas en todo el mundo cuando creyeron ver una figura humanoide volando y realmente se trataba de globos, formación de pájaros o cualquier otra explicación más terrestre y simple? ¿O bien, vieron realmente humanoides que en verdad eran militares experimentando con distintos mecanismos de autopropulsión individual, con el fin de que cada soldado pueda desplazarse independientemente por el aire y así aterrizar o volar en una pequeña zona?

Para aclarar esta explicación alternativa que sostengo, nuevamente deberemos trasladarnos a la Alemania nazi del final de la Segunda Guerra mundial. Algunos informes hablan de experimentos realizados con un artefacto llamado "Himmelstürmer" *(Tormenta celeste),* que consistía en dos pequeños reactores de pequeña potencia unidos, formando una especie de chaleco que se colocaba a la espalda de una persona y se manipulaba con unos mandos delanteros.

Estos motores operaban de forma similar al pulsorreactor Fieseler Fi 103, también llamado "bomba voladora V1", que permitía avanzar cortos trechos, a saltos, con el fin de sortear zonas minadas o con alambres de espino.

No se podía usar durante mucho tiempo debido al calentamiento de los motores, que terminaría por causar graves heridas en la persona que lo portase.

Figura 3.5.- Dos imágenes de la llamada "bomba voladora" nazi, Fieseler Fi 103R (Reichenberg) Manned V1. Los pulsorreactores que lo impulsaban sirvieron de inspiración para la llamada "tormenta celeste", Himmelstürmer.

Aunque parece ser que los alemanes no consideraron usarlo en acciones militares, el Ejército norteamericano sí se intereso en este prototipo.

Ya mencioné que en Siberia se dieron testimonios de avistamiento de humanoides voladores a principios del siglo XX. Sorprendentemente, los primeros "cinturones voladores" o *rocket belt* más o menos funcionales de los que se tiene constancia fueron inventados por el ingeniero ruso Aleksandr Fyodorovich Andreyev en 1919. Posteriormente fueron perfeccionados por Nikolai Rynin, Y.V. Biryukov y S.V. Golotyuk. ¿Pudieron ser estos ingenios los que se estaban experimentando, haciendo volar a algún militar que se prestase para probarlo y que fuera confundido con un humanoide volador por algún civil ajeno a lo que se traían entre manos? A mi entender, es bastante plausible.

Regresemos a Estados Unidos. La Segunda Gran Guerra ha finalizado y Norteamérica se adentra lentamente en su batalla armamentística contra su nuevo enemigo en la llamada Guerra Fría, en la que medirá sus fuerzas con las de la Unión Soviética. Como vimos en el capítulo anterior, Estados Unidos comienza a desarrollar distintos programas para espiar las instalaciones militares de los comunistas, tanto rusos como chinos, y de los japoneses, temibles enemigos.

Cualquier avance militar era bueno en esta carrera contrarreloj, así que comenzaron a desarrollarse proyectos derivados del "Proyecto Manhattan", el programa militar que buscó conseguir la bomba atómica norteamericana antes que los nazis, con la ayuda de Gran Bretaña y Canadá. Finalizada la Segunda Guerra Mundial, se reclutaron ingenieros, médicos y militares nazis que pudieran ayudar en este rearme norteamericano frente al enemigo común que suponían los comunistas, con la URSS al frente. Por eso, Estados Unidos prosiguió perfeccionando prototipos nazis que quedaron inacabados o pendientes de comprobación de su eficacia. Entre los prototipos que tenían en cartera, se encontraba el del cinturón volador o tormenta celeste.

En 1958 dos ingenieros de la compañía Thiokol, Alexander Bohr y Garry Burdett, realizaron el primer prototipo viable dentro del denominado "Proyecto Saltamontes" (Project Grasshopper), llamado así porque este artefacto sólo permitía desplazarse a pequeños saltos, motivo por el que también se optó por llamarle "jumb belt" (cinturón saltador"). Se nutría de nitrógeno a alta presión, contenido en dos pequeños bidones portados a las espaldas del piloto, permitiendo velocidades máximas de 45-50 km/h, algo nada despreciable si lo comparamos con las velocidades que alcanzaban los coches en esas fechas. Aún así, sus diseñadores sugirieron que tal vez se obtendrían mejores resultados si se sustituía el nitrógeno por peróxido de hidrógeno, la vulgar agua oxigenada. Sin embargo, no hubo presupuesto del Ejército para estos ensayos e investigaciones y el asunto quedó ahí por falta de financiación.

Por otro lado, la compañía Bell Aircraft (llamada después Bell Aerosystems y finalmente, desde 1966, Bell Aerospace) contrató en 1945 al ingeniero Wendell F. Moore. Desde 1953 comenzó a desarrollar diversas investigaciones relacionadas con cohetes. No en vano, la Bell Aircraft Corporation sería la constructora del primer aparato supersónico, el cohete Bell X-1, así como de distintos helicópteros. En la Segunda Guerra Mundial también construyó varios modelos de cazas para el Ejército Norteamericano.

Regresando a Moore, parece ser que en 1956, mientras trabajaba con su compañero Jim Powell en el cohete Bell X-2 en la Base Aérea Edwards de California, comenzó a garabatear sobre la arena del desierto diversas ideas que se le agolpaban en la mente. De regreso a la sede de la compañía, Moore se dirigió decidido, bocetos en mano, al despacho del director para convencerle de dar luz verde a la fabricación del primer prototipo de lo que sería su cinturón volador, un mecanismo que podría permitir a los soldados superar individualmente obstáculos puntuales. Era consciente del interés que "El Mando de Investigación de Transporte del Ejército estadounidense" (TRECOM, *the U.S. Army's Transportation Research Command*) podría tener en este tipo de artefacto.

Moore logró su objetivo, de forma que en poco tiempo la Bell Aircraft Corporation tenía sobre la mesa un contrato firmado con el Ejército para la fabricación de lo que llamaron *small rocket lifting device*, SRLD, "dispositivo pequeño cohete que eleva", conocido vulgarmente como *rocket belt*, "cinturón-cohete" o "cinturón volador". El SRLD se llevó a cabo por un equipo de veinte personas, manejando un presupuesto de 380.000 dólares (un dineral para los años sesenta) y consistió en un cohete adosado a la espalda de un piloto, que controlaba su empuje desde la parte delantera. El combustible elegido fue nitrógeno a elevada presión. Quiso ser el propio Wendell F. Moore quien probara el artefacto en las instalaciones de la Bell en Buffalo, con un arnés de seguridad para evitar accidentes. El artefacto pesaba unos 58 kg. Pero el primer vuelo sólo duró 20 segundos.

Poco a poco, tras diversos retoques y en distintas pruebas, se fue viendo cómo la inclinación del cuerpo de Moore permitía alcanzar cierta estabilidad. No tardó en ir controlando todas las variables del artefacto. En la demostración de vuelo que hizo en 1958 para ciertos militares, logró mantener un vuelo constante y estable durante tres minutos, alcanzando los cinco metros de altura y sorteando varios obstáculos sin esfuerzo aparente. Los militares quedaron encantados y el contrato siguió vigente un par de años más.

Pero lamentablemente para Wendell F. Moore, su contrato no fue exclusivo, ya que en 1959 el Ejército firmaba un convenio con la Aerojet General Corporation, empresa armamentística con la que ya colaboró en la Segunda Guerra Mundial, para el desarrollo del "aeropack", un cinturón volador que, por el tamaño de sus bombonas de combustible, se vendía como "mochila voladora" más que como "cinturón". El primer vuelo de este artefacto se realizó en 1960 con Richard Peoples como piloto. A pesar de que las demostraciones lograron el objetivo de mostrar cómo el artefacto podía hacer volar a su portador, sin embargo, el Ejército finiquitó su contrato con la compañía Aerojet ese mismo año.

Por su parte, hacia fines de dicho año 1960, en una de las pruebas tras haber realizado una veintena de despegues y saltos, Moore (de la Bell Aerosystems) detectó varios defectos que subsanar, así que se efectuaron algunos cambios que decidieron usar como combustible agua oxigenada. Al consumirse desprendía oxígeno y vapor de agua a elevada temperatura y presión, eliminando rastros y no dejando tras de sí olor alguno de combustión. Se reducían increíblemente, sobre todo, los riesgos de explosión o toxicidad derivados de la manipulación del artefacto.

El 17 de febrero de 1961, durante una de las pruebas, parte de los enganches del artefacto se rompieron haciendo que la bombona con el combustible se desplazara a la izquierda y arrastrara consigo el peso del cuerpo de Moore. El arnés de seguridad superó su peso máximo, rompiéndose, de manera que el ingeniero, que estaba en pleno salto, aterrizó contra el suelo desde casi 3 metros de altura, sin la frenada que le otorgaba el arnés. Moore se fracturó una rótula. Con una de sus rodillas fuera de juego (otras fuentes apuntan a que fue el tobillo lo que se fracturó) hubo de buscar otro piloto para las pruebas. Harold Graham, también ingeniero en nómina de la Bell Aircraft Corporation, tomó el relevo en las pruebas, realizando su primer vuelo con el cinturón volador el 3 de mayo de 1961.

El accidente sufrido por Moore además de propiciar el cambio de piloto también conllevó otros cambios y ajustes, así que el 20 de abril de 1961 Harold Graham efectuó el primer vuelo sin arnés, únicamente con el rocket belt, impresionando a todos al recorrer más de 32 km a una altura de 1,2 metros y una velocidad constante de 10 km/h.

Los cambios experimentados obtuvieron un éxito apabullante. Graham parecía tener mejores dotes para el vuelo con el rocket belt ya que pronto se hizo con el aparato superando sus marcas en cada nuevo vuelo. Complicaba de forma creciente sus trayectorias, realizando círculos, superando ríos cada vez más anchos o girando varias veces en su vuelo. Para mayo de ese año 1961 ya era capaz de alcanzar una altura de 10 metros y una velocidad de 55 km/hora.

Figura 3.5.- Harold Graham sorprende a los militares de la base militar de Fort Bragg en su exhibición de vuelo superando obstáculos tan notables como camiones militares (en la imagen) o árboles.

Así las cosas, el 8 de junio de 1961 se llevó a cabo el primer vuelo demostrativo público con el cinturón volador, sin arnés, mostrando las habilidades del vuelo con el rocket belt, en la Base militar Fort Eustis. Más tarde se hizo ante tres mil funcionarios del Pentágono en el patio de dicho edificio.

Tal era la acogida y éxito que tenían estas exhibiciones, que el 12 de octubre se efectuó una demostración ante el presidente de Estados Unidos, el recordado John F. Kennedy, en la base militar de Fort Bragg, en Carolina del Norte.

Figura 3.6.- Al finalizar la demostración del rocket belt, Harold Graham saludó al presidente JFK.

Aunque la demostración fue todo un éxito, una vez que el rocket belt se puso en manos de los militares, éstos constataron que cada piloto requería más de 15 vuelos con arnés de seguridad para ir haciéndose con las peculiaridades del aparato, antes de intentar sus primeros vuelos con el cinturón volador únicamente, sin protección alguna. Había que sumar que, el hecho de tener que utilizar ambas manos para manejar el aparato, imposibilitaba portar armas.

Tampoco podría añadirse carga alguna al soldado que usara el cinturón volador porque aumentaría el peso e impediría alcanzar la altura deseable. El tiempo y esfuerzo necesarios, unido a lo caro que resultaba cada rocket belt (380.000 dólares, más 19 litros de agua oxigenada por cada 21 segundos de funcionamiento), hicieron que el Gobierno se desinteresara del proyecto, apostando por otras opciones más baratas y fáciles de usar. Aún así, hoy día la fábrica TAM es la única que produce y vende rocket belts.

Los tres ejemplares que tuvo el Ejército se encuentran actualmente expuestos en el Museo Smithsonian del Aire y del Espacio en Washington, en el Museo de Ciencias de Nueva York y en el museo de la Armada, ya mencionado en otros capítulos.

A título anecdótico, uno de estos artefactos apareció en manos de un doble de Sean Connery en una de las películas de 007, así como en la clausura que Michael Jackson hizo en cada uno de sus conciertos de su gira "Dangerous".

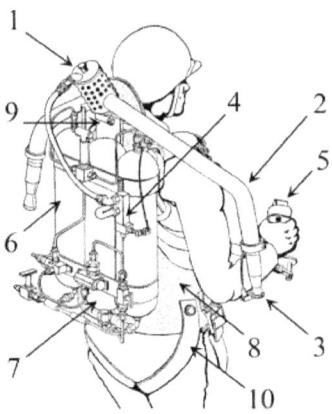

Figura 3.7.- Esquema indicando los componentes de uno de estos ingenios. A saber: 1.- Cámara de reacción 2.-Tubo de vapor caliente 3.-Tobera de Laval (Propulsor) 4.-Válvula dosificadora de combustible 5.-Controles de elevación 6.-Cilindro de Peróxido de Hidrógeno (agua oxigenada) 7.-Cilindro con Nitrógeno a alta presión 8.-Soporte anatómico 9.-Unión articulada 10.- Arnés-cinturón de ajuste para piernas.

El prototipo más antiguo se conoció con el sobrenombre de "Bell Textron Rocket Bell". Le sucedió el "RB-2000 Rocket Belt", cuya pelea por los derechos de propiedad del prototipo entre los 3 socios, Brad Barrer, Joe Wright y Larry

Stanley, acabó en la concesión a Stanley por sentencia judicial. Este último modelo, cuyo prototipo se encuentra en paradero desconocido, evolucionó a una versión para dos personas, el "Bell Pogo", que tampoco progresó debido a su precio.

El interés del Ejército pareció girar hacia el minihelicóptero uniplaza portátil RH-1 o *Pinwheel*, ("molinillo") diseñado en 1954 por Gilbert W. Magill en Glandale (California), que funcionaba también con peróxido de hidrógeno que alimentaba dos motores similares a los usados en cohetes.

Figura 3.8.- El "rocket helicopter Pinwheel" durante unas pruebas de vuelo en El Alamito. Se accionaba mediante los mandos a la altura del pecho y de los pies, si bien una vez en vuelo podía funcionar relativamente independiente, sin necesidad de accionar nada (dcha).

La idea era otorgar individualmente a los soldados un artefacto ligero y fácil de manejar que les permitiera esquivar obstáculos, huir por el aire si fuera preciso y aterrizar de pie. El invento de Magill fue una auténtica revolución. Logró obtener el récord mundial de velocidad en ascenso vertical

(161 km/h o 100 mph), alcanzando una altura máxima de 4.570 metros sobre el suelo, con dos depósitos que sumaban 20 litros de agua oxigenada que le otorgaban 32 km de autonomía.

Viendo el RH-1 a distancia ¿cómo se vería al piloto? ¿Alguien podría pensar que era un extraño humanoide volador? ¿Tan descabellada parece la idea de esta posible confusión? Y estamos hablando de cinturones voladores y helicópteros portátiles de la década de los 60. Los diseños y prestaciones han ido evolucionando de tal forma que hoy día en los distintos parques temáticos de Disney se puede ver la exhibición de un piloto que, enfundado en un extraño traje, vuela a la manera del personaje de animación Buzz Lightyear, famoso por su frase "*¡Hasta el infinito y más allá!*" (figura 3.9).

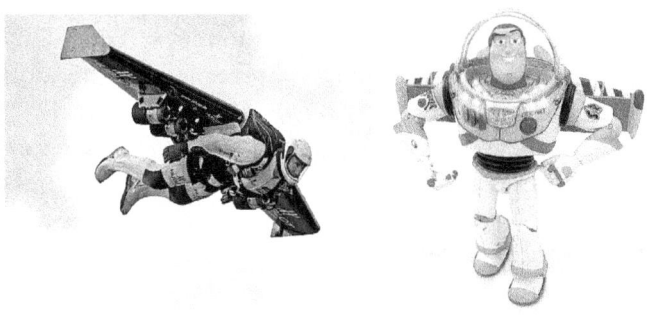

Figura 3.9- El experimentado piloto Jetman Yves Rossy volando como el personaje de Disney Buss Lightyear, para un espectáculo de Dinsneyland (USA).

Insisto. ¿Qué pensaría alguien que en medio del campo viera esta extraña forma sobrevolando los árboles?

Actualmente son varias las compañías que comercializan estos cinturones voladores y que trabajan o colaboran con distintos organismos de renombrado prestigio, como AEE,

NASA o AEC, por citar algunos. De entre estas compañías que venden cinturones voladores, me gustaría mencionar la compañía TAM (acrónimo de "Tecnología Aeroespacial Mexicana"). En su web dice ser la única que se dedica a ello, lo que no es cierto. Su director, Juan Manuel Lozano Gallegos, de nuevo en la página web, dice ser el verdadero inventor del cinturón volador o "rocket belt", sin acreditar prueba alguna sobre tal afirmación. Lo menciono porque en México también se han producido numerosos casos de avistamientos de "humanoides voladores" ¿Son en realidad distintas personas con alguno de estos cinturones voladores de tecnología mexicana?

No son los últimas caprichosos "juguetes" para millonarios excéntricos, a la venta por un módico precio. Recientemente, la NASA ha presentado ante diferentes medios de comunicación su prototipo de avión individual conocido como "Puffin" ("Frailecillo") monoplaza, autónomo unos 80 km y evolucionado a partir de los "jet packs" o "aeropacks" de los años cincuenta. El inventor de este mini-avión es el ingeniero Mark D. Moore, del Centro de Investigaciones Langley (NASA). El prototipo opera con baterías eléctricas y pesa 136 kg. Posee una envergadura de aproximadamente 4,5 metros y ha logrado llegar a una altura de 9.150 metros sobre el suelo. No obstante, Mark D. Moore ha mencionado que se está trabajando en un nuevo motor operativo en unos cinco años, que permitiría al Puffin tener una autonomía de 320 km y posiblemente alcanzar alturas mayores.

Su curioso nombre lo toma de una bonita ave regordeta y de alas cortas que da la impresión de ser incapaz de volar, precisamente por su aspecto. También este miniavión o jet pack, si bien no consiste en una mochila voladora propiamente dicha, presenta alas que parecen ser a simple vista demasiado cortas para poder volar.

Figura 3.10.- Dos imágenes del Puffin de la NASA, como luciría en la pista de aterrizaje y en pleno vuelo.

También de los jet packs ha derivado el llamado "Martin`s Jetpack" (figura 3.13), una auténtica mochila con alas, desarrollado y comercializado por la empresa de Nueva Zelanda Martin Aircrft Company. O incluso los "parajets" o parapentes con motor.

Como la industria armamentística en Estados Unidos es una de las más poderosas, rápidamente le han salido rivales al Puffin.

Por ejemplo, el miniavión fabricado por la Synergy Aircraft, fabricado por la empresa homónima y aún en fase experimental, que promete ser una alternativa a los futuros aviones privados ya que contará con mayor autonomía y capacidad para alcanzar mayores alturas, con un coste energético posiblemente menor, y más económico al estudiarse motores eléctricos para su funcionamiento, si bien el prototipo operaba con un motor DeltaHawk DH200 refrigerado por líquido V-4 de dos tiempos y motor diesel de 200 CV (150 kW). Posee una envergadura de 6,4 m , un peso de 1.406 Kg con el depósito lleno y 748 Kg con el depósito vacío.

Figura 3.11.- Detalle de una prueba de vuelo con el "Martin`s Jetpack" y parapente con motor, en pleno vuelo.

A finales de 2012 John McGinnis, el ingeniero director del proyecto, informaba que el coste de este programa ascendía a los 80.000 dólares, un gasto que pocas compañías pueden permitirse.

No obstante, creo que todos los modelos mostrados en este capítulo, así como otros muchos diseñados posiblemente por otras industrias armamentísticas de diversos países, son en realidad lo que muchos testigos han visto cuando afirmaron contemplar extraños humanoides voladores. De hecho, los casos aquí mostrados son tan sólo un porcentaje muy bajo del total de proyectos militares que deben estar desarrollándose –y se han desarrollado- en todo el mundo, a espaldas de sus ciudadanos, que contemplan atónitos cómo extrañas aeronaves o humanoides voladores surcan los cielos de las zonas donde habitan estos testigos, con frecuencia anónimos.

Figura 3.12. – Synergy Aircraft diseñados por el ingeniero John McGinnis, con capacidad para dos persona (arriba) o incluso para hasta cinco tripulantes (abajo).

CAPÍTULO 4

EL CHUPACABRAS SALE A ESCENA

Uno de los hechos más desagradables que a mi parecer se vienen asociando a los extraterrestres son las mutilaciones de ganado y en general de todo tipo de animales, que con frecuencia suelen hallarse por parte de los granjeros, tras observar fuertes y cegadoras luces en el cielo de la noche e incluso ver a algún animal ascender hacia los objetos a través de un rayo de luz. Generalmente no suelen percibirse ruido de motores, o si acaso todo lo que se oye es algún extraño zumbido.

A medida que estas mutilaciones se fueron extendiendo fue aumentando el número de testigos que decían haber presenciado alguno de estos supuestos ovnis, así como los adornos que se fueron añadiendo. Por ejemplo, comenzo a crecer la cantidad de gente que decía encontrar marcas circulares cerca de los cadáveres de los animales afectados, así como de hallazgos de los llamados "círculos de las cosechas" en zonas más o menos próximas adonde se encontraban las víctimas mutiladas. Con la extensión del fenómeno, los hechos se fueron "perfeccionando" y adquiriendo nuevos agregados conforme iban siendo más frecuentes.

Desde 1974 comenzó a surgir en el imaginario colectivo un extraño ser extraterrestre de cuatro patas, amplias garras y prominentes colmillos conocido mediante el sugestivo nombre de "chupacabras" por considerar que se alimentaba del fluido vital de cabras y otros animales, extrayéndoles la sangre y determinados órganos.

Figura 4.1.- Descripción de algunos supuestos testigos que narran cómo un haz de luz elevó a una vaca hacia un ovni antes de ser extrañamente mutilada.

Numerosos testimonios de personas que aseguran haberlo visto en acción, le atribuyen los miles de muertes de animales mutilados y sin resto alguno de sangre en el cuerpo o cercanías, encontrados en Estados Unidos (Colorado, Dakota del Sur, Iowa, Kansas, Minnesota, Nebraska y Oklahoma), Costa Rica en 1975, a la vez que comienzan los avistamientos asociados a aeronaves, y en México el 1 de mayo de 1996. A partir de 1995 se inicia el aluvión de noticias de ganado mutilado por el chupacabras en prácticamente todo América: México, Costa Rica, El Salvador, Guatemala, Brasil, Florida, Massachussets, Nueva Jersey, Argentina, Nueva York, Chile, San Antonio y San Francisco. Europa tampoco se libra, habiéndose extendido a España, Portugal, Francia y Moscú, por citar los casos más conocidos. De la misma forma, comenzaron a proliferar desde 1995 por diferentes redes sociales de Internet, fotografías y vídeos de extraños animales encontrados muertos o a los que dieron muerte, anunciando a bombo y platillo que eran evidencias definitivas de este extraño alien. Pero que resultaron ser manipulaciones, animales enfermos (perros salvajes), muñecos realizados a partir de diferentes animales reales o incluso imágenes de diferentes películas de terror, más o menos conocidas.

Tal como Scott Corrales (1997) y Benjamin Radford (2011) consideran, las descripciones del chupacabras dadas por los testigos de Costa Rica se ajustan perfectamente, siendo además posteriores, a la criatura "Sil" de la película "Species" dirigida por Roger Donaldson en 1995, que es un híbrido entre el ser humano y un alienígena, iniciándose así la idea estándar no sólo del aspecto del extraño chupacabras, sino también la creencia de que es un alienígena.

Como tónica general, común a todos los avistamientos de este supuesto extraterrestre o al hallazgo de las mutilaciones por él realizadas, al día siguiente de la observación de estas luces en el cielo nocturno, suelen aparecen algunos animales desprovistos de ciertos tejidos blandos como labios, lengua, ojos, mamas, aparatos sexuales y ano. Lo más extraño de todo este fenómeno es que parecen estar mutilados con una precisión quirúrgica. No se encuentra en todo el cuerpo ni en las inmediaciones una sola gota de sangre del animal y las heridas están cauterizadas, mostrando la utilización de algún tipo de instrumento con tecnología láser.

Tanto el instrumental requerido para hacer estas extracciones de tejidos como la sofisticación tecnológica necesaria descartan a posibles sectas de corte satánico como autoras de estas mutilaciones. Tampoco se observa marca alguna de pisadas o huellas de vehículos junto al cadáver, que únicamente presenta dos pequeñas marcas en el cuello por donde se supone que se le extrajo la sangre, y si hay determinados huesos fracturados en el animal, claramente son producto de la caída a gran altura una vez que fue mutilado.

Aunque las imágenes puedan resultar desagradables, muestro algunas de ellas (figura 4.2) con el fin de que quede constancia gráfica de las afirmaciones realizadas por distintos granjeros, propietarios de los animales mutilados.

Debemos recordar también que cuando en el primer capítulo hablamos del expediente X ruso más famoso, el de los nueve excursionistas jóvenes que fueron hallados muertos en la falda de la conocida como "montaña de la muerte" y que a varios de ellos les extrajeron ojos, labios y lengua, con precisión quirúrgica, se habló de este supuesto alien, el "chupacabras", precisamente por la extracción de órganos blandos asociados a extrañas luces en la noche sobre el mismo lugar del incidente.

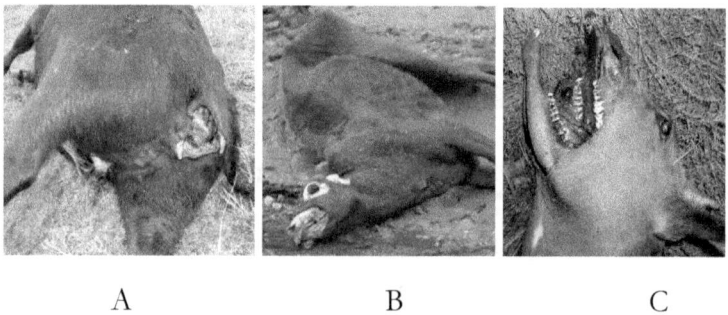

A   B   C

Figura 4.2.- Mutilación de animales en USA. A- Tejido anal y órganos sexuales arrancados. B- Ternera a la que le han quitado los labios, ojos y orejas. C- Ciervo desprovisto de uno de sus labios, lengua y tejido blando del hocico.

Pues bien, una de las primeras cuestiones que vienen a la mente al momento de observar imágenes de supuestas víctimas de este extraterrestre de nombre tan repulsivo es plantearse por qué escoger esos tejidos y no otros.

La sorpresa surge cuando al consultar a un patólogo, nos informa de que concretamente estos tejidos blandos resultan cruciales para analizar determinadas enfermedades. Fundamentalmente envenenamientos por consumo (ingesta), por acumulación de metales pesados o elementos tóxicos (el propio humor vítreo o líquido del ojo resulta muy útil en estos casos, como podrá confirmar cualquier forense)...o por haber estado expuestos a radiactividad. Sin olvidar que el análisis de la sangre aporta una información definitiva sobre la salud del individuo. De ahí que las víctimas del Chupacabras aparezcan también desangradas.

Figura 4.3.- Mapa de la ubicación de los diferentes reactores nucleares (tanto en bases militares como en centrales nucleares energéticas) de EE.UU, en activo (aros grises) y desmantelados (amarillo, aros blancos).

Revelado esto, es notable constatar cómo algunos "hechos paranormales" coinciden con maniobras militares importantes. Observemos la anterior imagen en la que se muestra un mapa con las distintas bases militares y estaciones nucleares existentes en los Estados Unidos (figura 4.3) y comparémosla con el mapa resultante de ubicar las observaciones de OVNIS notificadas durante quince años en Estados Unidos (tomada del UFO-blogger o base de datos de estos avistamientos, figura 4.4). Igualmente, sería aconsejable compararlo con la localización de las mutilaciones de ganado registradas en 2012. El hecho de elegir este año no atiende a ninguna intención peculiar ya que, salvo leves modificaciones, prácticamente todos los años desde que comenzaron las extrañas mutilaciones de ganado vienen a dibujar la misma distribución sobre el mapa general de los Estados Unidos.

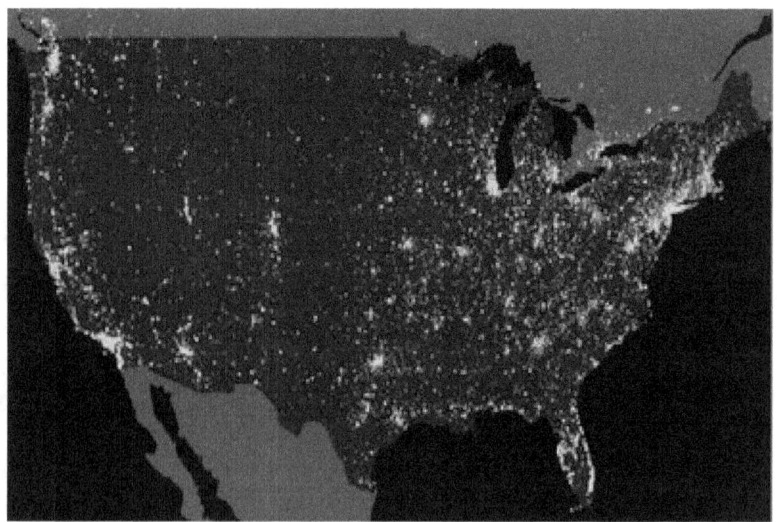

Figura 4.4.- Mapa de Norteamérica mostrando la distribución de avistamientos de objetos voladores no identificados (ovni) registrados a lo largo de quince años.

Como ya supondrá el lector, a su vez estas distribuciones coinciden con las localizaciones de las distintas bases militares distribuidas en Norteamérica y hechas públicas por numerosas páginas web (figura 4.5)

http://www.ufo-blogger.com/2011/01/last-15-year-ufo-sighting-in-us-get.html.

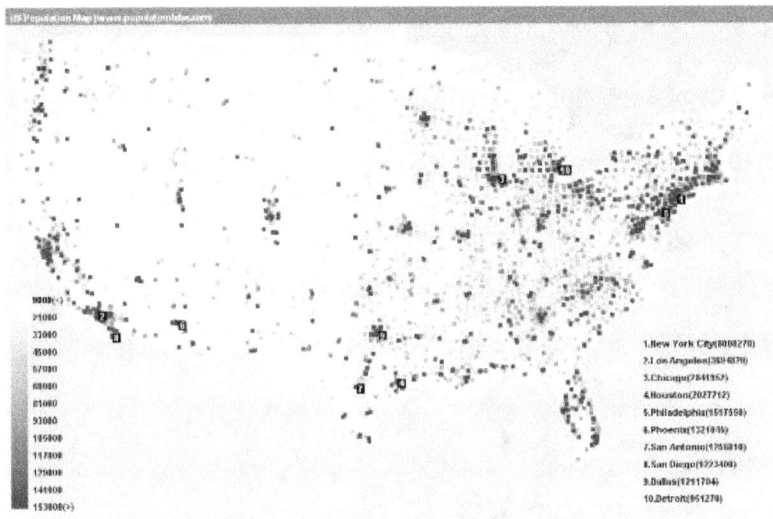

Figura 4.5.- Mapa mostrando la distribución de mutilaciones de animales registrada en el año 2012 (me interesa básicamente la distribución general, el patrón de "la nube de puntos" que señalan cada uno de estos lamentables casos de amputaciones sobre piezas de ganado).

Resulta sorprendente cómo el que desea creer se aferra a los argumentos más variopintos. Los partidarios de la existencia real del extraterrestre chupacabras esgrimen que el hecho de que las mutilaciones se ajusten tan bien a las áreas con centrales nucleares de Estados Unidos responde a la curiosidad que estos seres de otros mundos tienen por conocer nuestros sistemas de abastecimiento energético.

Observada la coincidencia en la distribución de centrales y reactores nucleares, avistamientos ovni y mutilaciones de ganado sobre los Estados Unidos, comparto la opinión de muchos investigadores del fenómeno, que lejos de mirar hacia las estrellas en busca del autor o autores de las mutilaciones, aconsejan mirar hacia el gobierno y las instalaciones militares cercanas. No encuentro mejor manera de testar cada cierto tiempo la potencial salubridad de una zona más o menos amplia y más o menos densamente poblada que analizando la acumulación de elementos nocivos, así como de radiactividad en los tejidos blandos del ganado y de otros animales de la fauna propia de ese área. Más aún teniendo en cuenta que la dieta norteamericana es principalmente carnívora (hamburguesas de ternera, filetes, barbacoa de buey y alitas de pollo se encuentran entre los elementos más frecuentes en ella).

Figura 4.6.- Mapa mostrando la distribución de las principales bases militares de las Fuerzas Aéreas norteamericanas.

De hecho, uno de los aspectos que más sorprende en este asunto del chupacabras es que las primeras mutilaciones de ganado documentadas en Estados Unidos ocurrieron a los pocos años de las primeras pruebas atómicas en Nevada.

Parece como si, una vez que las instituciones fueron plenamente conscientes del peligro invisible que suponen las armas radiactivas y sobre todo el contacto con ellas y la exposición a éstas, el gobierno norteamericano hubiera procedido a evaluar la radiactividad existente en el amplio territorio del país (figura 4.7).

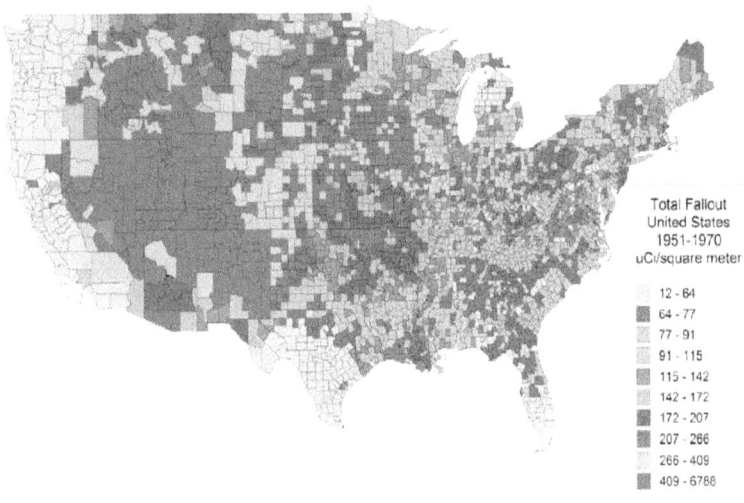

Figura 4.7.- Mapa mostrando la radiactividad remanente existente en los Estados Unidos, en 1997, consecuencia de los ensayos atómicos atmosféricos realizados durante 19 años.

Todo el mundo conoce ya el llamado *"Proyecto Manhattan"*, cuyo objetivo era adelantar a los alemanes nazis en la fabricación de la primera bomba atómica (Stephane Groueff, 2000). Estados Unidos lo logró, haciendo denotar una bomba de 19 kilotones en las instalaciones militares de Alamogordo en Nuevo México. Fue la primera prueba nuclear de la historia, el 16 de julio de 1945. Aproximadamente un mes más tarde, los EEUU lanzaron las bombas atómicas sobre las ciudades japonesas de Hiroshima y Nagasaki, fulminando al instante a 200.000 personas.

Sólo entre 1951 y 1992 se realizaron 925 pruebas de armamento nuclear, y dado que en un principio se tenía un gran desconocimiento de los efectos de estas armas, militares y civiles gozaban del espectáculo de verlas vestidos normalmente y observándolas a simple vista o incluso empleando prismáticos. Desconocían que el viento del desierto se convirtió en una auténtica bomba de relojería, al arrastrar las partículas y el polvo radiactivos a varios kilómetros desde el lugar en el que había estallado la bomba. Hasta que las autoridades sanitarias advirtieron un considerable aumento de mortandad civil entre los habitantes de ciertas zonas, no se había tomado medida alguna para protegerse de la radiactividad. Cuando el Gobierno constató la existencia de un nexo causa-efecto entre estas pruebas nucleares en determinadas áreas y el desarrollo de ciertas enfermedades y tumores, sólo entonces, comenzó una batería de medidas paliativas y de prevenciones. En un capítulo de mi libro *"Reclutemos a los nazis"* me centro en esta cuestión, así que permítame el lector curioso que le remita a dicha obra y prosigamos aquí con otras cuestiones no analizadas, con el fin de evitar repetirme.

Así pues, parece bastante legítimo considerar que las mutilaciones de tejidos blandos entre el ganado doméstico atribuidas al sádico alien chupacabras en ciertas zonas, pudo ser la tapadera perfecta para que militares y otros elementos del sistema que dirige tales países testase la salud de sus ciudadanos, sin asustarlos ni confesarles los riesgos a los que fueron expuestos, consciente o inconscientemente, cuando se creían seguros en sus casas. También en el caso del expediente X ruso de los senderistas muertos en la falda de la "montaña de la muerte", encajaría la sustracción de sus ojos (para el análisis del humor vítreo), lengua, labios y tal vez otros tejidos blandos de su cuerpo así como la sangre de al menos una de ellos, con los elevados índices de radiación que mostraban algunas de las víctimas. Posiblemente se usaron para estudiar cómo de expuestos a la radiación se encontraban, ya fuera porque se adentraron sin saberlo en un campo de pruebas de armamento radiactivo o bien porque los militares que hallaron los cuerpos se sorprendieran de la radiactividad emitida por algunos cadáveres y quisieron llegar a conocer sus causas.

Es por ello que el hecho de que el Gobierno norteamericano haya usado la excusa de ataques extraterrestres a todo tipo de animales domésticos en zonas afectadas por las pruebas nucleares que en su día realizaron, para evaluar la contaminación "latente" que aún persista, me resulta una idea totalmente viable. Posteriormente, otros países imitarían este proceder. De ahí que el supuesto chupacabras acabara afectando a animales domésticos y a alguna que otra víctima humana, personas en el lugar equivocado en el momento más improcedente, en prácticamente cualquier lugar del mundo. Ya sentenció Santiago Camacho en su obra *"20 grandes conspiraciones de la historia"* (2003) que cuando las razones de la seguridad nacional imponen su ley, los gobiernos no necesitan andarse con demasiados tapujos para conculcar impunemente los derechos más elementales de sus ciudadanos. Desgraciadamente es algo que venimos corroborando desde los atentados de las Torres Gemelas y posteriormente en Francia, Reino Unido, Bélgica, Alemania y España. Desde entonces, escudándose en la seguridad nacional, el ciudadano ha tenido que ceder parte de sus derechos fundamentales como ocurre cuando registran sus búsquedas on-line, se graban sus conversaciones y mensajes telefónicos o incluso cuando son cacheados y escaneados como vulgares delincuentes cada vez que tratan de salir de su país mediante avión o AVE (tren de alta velocidad), entre otras acciones. Similares argumentos han sido esgrimidos por los distintos gobiernos para someter a sus soldados e incluso a civiles, sin tener conocimiento de ello, a múltiples experimentos.

Tristemente en este asunto, Estados Unidos se lleva la palma pues basta analizar las distintas enfermedades que tanto los militares que participaron en la Guerra del Golfo como su descendencia, por herencia de las mutaciones genéticassufridas por sus padres, han desarrollado. También en la Segunda Guerra Mundial aconteció un vergonzoso hecho que ha sido ignorado durante décadas y que creo que es necesario sacar ya a la luz.

Extraterrestres ¿japoneses?

Una parte de las teorías conspirativas con respecto al supuesto vídeo de la autopsia de un alienígena tiene un argumento realmente curioso, con parte de información verídica, como buena teoría "conspiranoica" que así se precie La premisa de la que parte es la afirmación de los realizadores del falso vídeo de la autopsia alienígena, Ray Santilli y su equipo londinense (entre otros, Gary Shoefield), de que en realidad existió el vídeo de esta autopsia. Que fue visionado por ellos pero que, lamentablemente, terminó perdiéndose, por lo que trataron de reconstruirlo, lo más verídicamente posible (Javier Sierra, 2013, reeditado). Pues bien, para los partidarios de esta versión, la autopsia visionada por Santilli sí habría sido real, como siempre manifestó a todo el que le preguntaba al respecto, sólo que el ser de la camilla, objeto de la autopsia, no procedería de otro mundo, sino de éste.

Ubiquémonos en los Estados Unidos, en el periodo de tiempo comprendido entre 1942 y 1948. Ha tenido lugar el desastre de Pearl Harbor, provocando que Estados Unidos entre en la Segunda Guerra Mundial. Aunque en los últimos años ha trascendido que una hora antes del ataque japonés a la flota norteamericana, los estadounidenses hundieron un submarino japonés en aguas internacionales, falleciendo toda su tripulación, sin justificación y sin dar parte a nadie (lo que lleva a cuestionarse si realmente fue por casualidad que los portaaviones norteamericanos estuvieran fuera de Pearl Harbor o si fue una maniobrasimilar al autohundimiento del Maine, acusando entonces a los españoles).

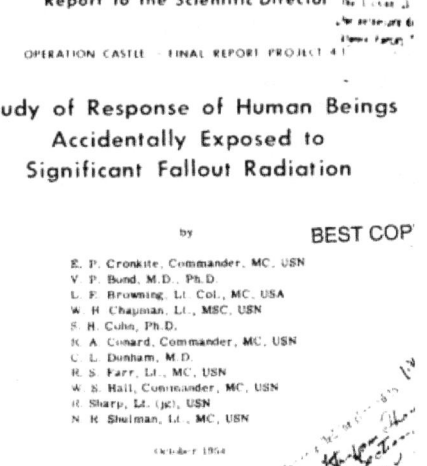

Figura 4.8- Documento desclasificado correspondiente a las conclusiones finales del "Proyecto 4.1", de la Operación Castle (Castillo), concerniente a la radiación intencionada de población civil durante la prueba de una bomba

atómica en las islas Marshall con el objetivo de estudiar las consecuencias en el cuerpo humano.

Pero regresemos a los hechos. Se han generado tantas bajas de jóvenes soldados estadounidenses que la población ha reaccionado duramente contra los habitantes asiáticos afincados en los Estados Unidos. El Gobierno, tras sopesar la idea, ha terminado confinando a estos habitantes en campos de detenidos, conformados por numerosos barracones de madera, rodeados de alambradas y fuertes medidas de seguridad. Están alejados de poblaciones y en ocasiones hasta se dispara a los inquilinos que tratan de abandonarlos. Son, por tanto, campos de concentración.

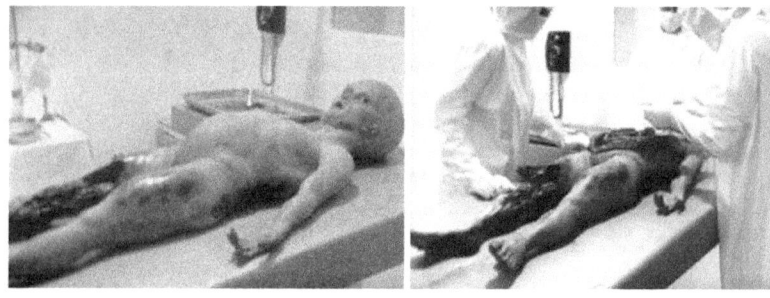

Figura 4.9- Distintas tomas del vídeo de 17 minutos de la autopsia del alienígena de Roswell dada a conocer en 1995 y realizada por Ray Santilli y su equipo londinense.

Están emplazados en zonas áridas de la costa Pacífica, California, Washington, Oregón y Arizona, con temperaturas muy bajas en invierno y muy elevadas en verano, con escasa cantidad de alimentos y en unas condiciones diarias que causan que las personas que no fallecen por enfermedades, lo hacen por hambre e incluso por suicidio. La mortandad es elevada y las condiciones demenciales (Tetsuden, 1997; Burton et al., 2002; Tajima, 2004; Jeanne y James Houston, 2012).

Figura 4.10- Distintos aspectos de campos de concentración estadounidenses para ciudadanos asiáticos, con gélidas temperaturas en invierno e insoportablemente elevadas en verano.

El 19 de febrero de 1942, mediante la firma del presidente Franklin Delano Roosevelt de la orden 9066, los campos de concentración para japoneses y asiáticos, comenzaron a funcionar eficazmente. La ubicación de éstos concernió al Secretario de Guerra, Henry Stimson. Más de 120.000 japoneses acabarían habitando en ellos.

Las instrucciones eran precisas, no sólo debía internarse a los ciudadanos japoneses sino también a sus descendientes, buena parte de ellos con la ciudadanía estadounidense en su haber, lo que llevó en ocasiones a encontrarse casos de soldados que estaban combatiendo en Europa para defender los intereses de USA en el conflicto, mientras sus padres o familiares eran internados en alguno de estos campos de "reubicación". Estas y otras injusticias motivarían que numerosos ciudadanos, vía distintos organismos de defensa de los Derechos Humanos, apelaran ante La Corte Suprema. Sin embargo, tras considerar las argumentaciones, la Corte terminó rechazando casi todas las denuncias. Animados por este proceder, Estados Unidos aceptó además para su confinamiento en estos campos a ciudadanos japoneses o con ascendencia asiática de toda América Latina, con excepción de Argentina, Chile y Paraguay. Medidas similares serían seguidas por otros países como México, que creó campos de prisioneros japoneses en Guanajuato, Celaya y el Estado de Querétaro que echarían a andar a la par que los norteamericanos (Tishio Yanaguida y Taeko Akagui, 1995).

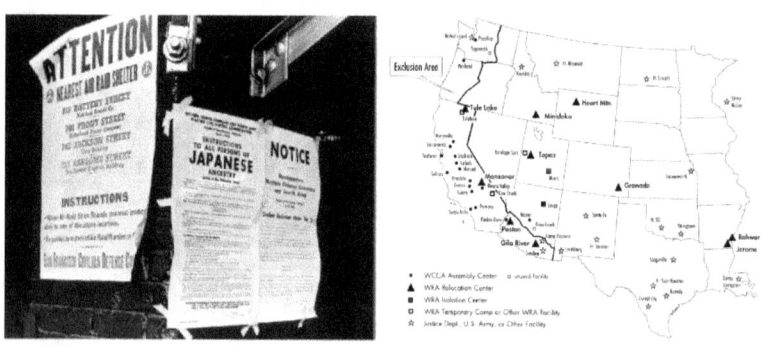

Figura 4.11- A partir de 1942, los lugares públicos se llenaron de hojas que informaban a los ciudadanos japoneses de instrucciones que debían cumplir a rajatabla. De esta manera, no tardaron en proliferar los "campos de reubicación" de estos ciudadanos asiáticos, un eufemismo para referirse a los distintos campos de concentración en territorio norteamericano.

A partir de 1951, una vez conocidos los horrores del Holocausto judío, el Gobierno norteamericano comenzó a ofrecer compensaciones a las víctimas japonesas o a familiares de éstas. No obstante, hubo que esperar a 1988 para que el presidente estadounidense Ronald Reagan se disculpara por esa deplorable conducta, según él motivada por la histeria bélica, los prejuicios raciales y una deficiencia de liderazgo político. Se aprobaron ayudas de hasta 20.000 dólares a las víctimas o sus familiares directos, que dejaron de abonarse en 1991.

Figura 4.12- Imágenes de distintos campos de concentración para "japoneses y otros sujetos subversivos".

Los campos de "reubicación" japoneses en Estados Unidos y México estuvieron operativos hasta 1945. Cuando se clausuraron estos campos en EE.UU, a los supervivientes se les dio un billete de tren y veinticinco dólares.

Pues bien, el giro de estos hechos se da cuando Estados Unidos comienza sus ensayos con armas nucleares en el desierto de Nevada. Se ha calculado que entre 1951 y 1992, se llevaron a cabo 925 pruebas nucleares, algunas de ellas a 105 kilómetros de la ciudad de Las Vegas.

El 16 de julio de 1945 se realizó la primera prueba nuclear, de 20 kilotones, dentro del "Proyecto Manhattan". Había varios campos ubicados en zonas próximas al lugar donde se probó la nueva arma de destrucción masiva. Y recordemos que los efectos de la exposición humana a este tipo de arma aún se desconocían.

Es por ello que para algunos investigadores, los japoneses más afectados por la radiación pudieron ser aislados en la base militar cercana conocida como "El Rancho" (el área 51). Una vez fallecidos, pudieron hacerles la autopsia para analizar las consecuencias que sobre el cuerpo humano tenía la radiación. De acuerdo con esta teoría, sería precisamente una de dichas grabaciones, de la autopsia a un ciudadano japonés afectado por una nube radiactiva, la archiconocida autopsia a un cuerpo deforme de ojos almendrados, el vídeo visionado por Ray Santilli, en 1945.

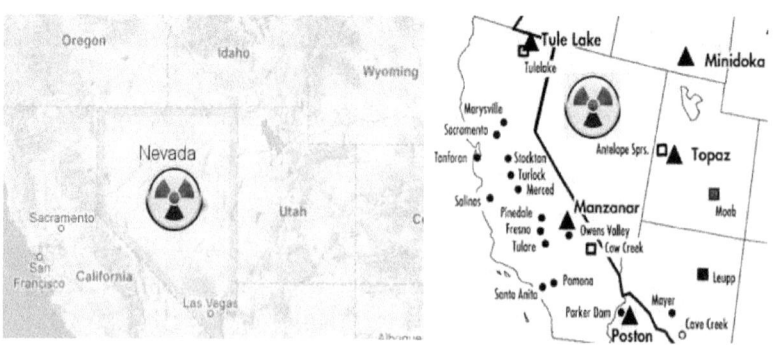

Figura 4.13- Ubicación de la zona de pruebas nucleares de Nevada y algunos campos de confinamiento de japoneses en las proximidades.

Aunque extraña, la idea no es tan inusitada si tenemos en cuenta el trágico destino de los veintitrés tripulantes japoneses del barco pesquero "Lucky Dragon" (dragón afortunado) que, pese a su nombre, tuvo la desgracia de encontrarse faenando cerca de las islas Bikini cuando Estados Unidos hizo detonar una de sus bombas atómicas. Ajenos a ello, los pescadores japoneses se sorprendieron al ver caer una fina capa de ceniza blanca sobre el barco, como estuviera lloviendo en esa zona tropical de alta mar. La sorpresa se tornó en desgracia cuando al rato comenzaron a sentir mareos, ganas de vomitar, escozor en ojos y piel y pérdida del cabello. Se sabe que uno de ellos falleció antes de llegar a puerto. De los otros no hay noticias aunque se les debe suponer un fin parecido. El Gobierno norteamericano se desentendió del incidente.

La batalla de los Ángeles ¿La guerra de los mundos?

Otro extraño incidente aún no bien explicado tuvo lugar en fechas posteriores al ataque de Pearl Harbor (7 de diciembre de 1941) por los nipones. Temiendo que la aviación japonesa con sus letales kamikazes atacara suelo norteamericano, la madrugada del 24 al 25 de febrero de 1942 la ciudad de los Ángeles se vió sorprendida por numerosas aeronaves que la sobrevolaron. La histeria se adueñó de los ciudadanos mientras los militares abrían fuego sobre esa flota de objetos voladores que, aunque se movían a la pasmosamente baja velocidad de 300 km/h, siendo un blanco perfecto, parecieron sin embargo ser inmunes al infierno que se desató sobre ellos: más de un millar de balas y mil cuatrocientos obuses disparados por distintos elementos antiaéreos, numerosos focos apuntando al "escuadrón" por toda la ciudad, más de doce mil efectivos movilizados y las alarmas antiaéreas atronando en la noche. Con todo, no hubo desperfectos que lamentar –salvo un apagón de cinco horas que asoló la ciudad- a pesar de que hubiera testimonios de personas que habían contado ¡hasta 27 naves enemigas! e incluso los que defendían que solamente hubo una, esférica. El Gobierno trató de echar tierra sobre el asunto, esperando que se olvidara cuanto antes, a la par que aplicaba el máximo secreto a la cuestión. No será hasta 1974 cuando se desclasifique el informe que realizó el entonces comandante en jefe de las Fuerzas Aliadas, general George C. Marshall, al entonces presidente Franklin Roosevelt, que dice:

(División de Archivos Militares) General George C.Marshall. Informe breve del Jefe del Estado Mayor del día 26 de febrero, dirigido al presidente Franklin D. Roosevelt, sobre la misteriosa alarma aérea de Los Ángeles. INFORME PARA EL PRESIDENTE: Lo siguiente es la información de la que disponemos en este momento, referente a la alarma aérea ocurrida en la madrugada de ayer en Los Ángeles, con los detalles disponibles a esta hora: 1. Aviones no identificados que no pertenecían ni a la Marina ni al Ejército americanos, probablemente sobrevolaron Los Ángeles, siendo disparados por elementos de la 37 CA Brigada (AA) entre las 3:12 y 4:15 AM. Estas unidades emplearon en total 1.430 balas de munición. 2. Puede haber habido hasta quince aviones, volando a varias velocidades que pueden ser calificadas de «muy lentas», hasta a 200 millas por hora, y a alturas que oscilaban entre 9.000 y 18.000 pies (de tres mil a seis mil metros de altura). *3. No se lanzó bomba alguna. 4. No hubo ninguna baja en nuestras tropas. 5. No se derribó ningún avión. 6. No intervino ningún avión del ejército ni de la marina americana. La investigación continúa. Parece razonable concluir que, si se hallaban implicados aviones sin identificar, debían de ser aviones comerciales, pilotados por agentes enemigos con el fin de crear situaciones de alarma, descubrir la posición de los antiaéreos y disminuir la producción con los apagones. Esta conclusión tiene el apoyo de la diversidad de velocidades de los aviones y del hecho de que no se lanzó ninguna bomba. Firmado: G.C. Marshall - Jefe del Estado Mayor*

Lo más curioso de todo es que algunos testigos describieron a los artefactos flotantes como "extrañas bolsas que flotaban en el aire", lo que sin duda me trae a la mente el recuerdo de los numerosos y variados globos-espía que durante años desarrollaron los norteamericanos, a espaldas de la opinión pública. Otros hablaban de luces rojas en el cielo, algunos decían que no vieron aeroplano alguno, mientras que otros hablaban de un único objeto cilíndrico grande.

Figura 4.14- Distintos periódicos se hicieron eco de "la Batalla de los Ángeles" y lo que dejó tras de sí la madrugada del 25 de febrero de 1942.En la primera imagen se pueden observar diversas luces.

El hecho de que el almirante Frank Knox, portavoz de las Fuerzas Armadas, calificara el incidente a las pocas horas de sucedido como un caso de histeria colectiva suponiendo un ataque de la aviación nipona cuando no había nada en realidad, hace suponer en una posible manipulación de los ciudadanos para buscar el apoyo civil a la reclusión de ciudadanos asiáticos en los campos de concentración, o para poner a la población a su favor para entrar a formar parte de los Aliados en la Segunda Guerra Mundial.

En 1983 se respaldó la idea de la histeria propia de una guerra ante lo que resultó ser un globo meteorológico, mostrando imágenes de éste. El hecho es que, de acuerdo con algunas fuentes, el curioso incidente se saldó con la muerte por infarto cardíaco de hasta siete civiles. Finalizada la Segunda Guerra Mundial, Japón aclararía que esos días no efectuó operativo alguno contra el territorio de los Estados Unidos. Numerosos exsoldados que aquella noche accionaron los aparatos antiaéreos, cuestionados por distintos periodistas años más tarde, admitirían no haber visto esa madrugada ninguna aeronave sobre la ciudad de Los Ángeles.

Durante la Guerra Fría la situación no fue distinta y la experimentación con armas nucleares usando a gente que desconocía su uso como ratones de laboratorio, fue un proceder común en ambas superpotencias implicadas.

Abducciones, ¿malas jugadas de nuestra mente?

Pero que nadie se deje llevar por la indignación ya que, tristemente, no serán las zonas de ataque de estos supuestos alienígenas las únicas que parecen esconder un comportamiento recriminatorio hacia las Fuerzas Armadas y el Gobierno de los países donde operaron. Por desgracia existen otros hechos, tradicionalmente asociados a platillos volantes y tripulantes de otros mundos, que parecen esconder en realidad las malas artes de militares. Científicos al servicio del Ministerio de Defensa y de diversos gobiernos utilizando a ciudadanos civiles como cobayas de sus más retorcidos experimentos en busca de soldados más resistentes o armas más efectivas. Me estoy refiriendo a las supuestas abducciones o secuestros de humanos por parte de extraterrestres para someterlos a numerosos experimentos e incluso insertarles diferentes elementos metálicos en sus cuerpos. Hay quien considera que estos secuestros contra su voluntad fueron reales, pero que no los llevaron a cabo seres de otros planetas, sino terrestres que deseaban utilizar a civiles de determinadas características como conejillos de laboratorio para sus experimentos. De ahí que las piezas extraídas de sus cuerpos siempre hayan sido fabricadas con elementos presentes en nuestro planeta.

En otras ocasiones, es posible que las alteraciones durante las diversas fases del sueño lleven a las personas supuestamente abducidas a suponer que han sido inmovilizadas por alguna fuerza externa y sometidas a observación por extraños seres, cuando en realidad ha sido algún tipo de pesadilla en el que han aflorado temores propios y recuerdos de determinadas películas visionadas. En este sentido interpretan muchos médicos el aumento de casos de abducciones conforme aumentaban las películas sobre alienígenas malvados y proliferaban los testimonios de personas que dijeron ser víctima de estos secuestros, en revistas, programas de televisión y de radio. En otros casos, el recuerdo de una gran luz blanca y cegadora mientras eran sometidos a diversos experimentos se puede explicar por algún tipo de disfunción que priva al cerebro durante un tiempo de oxígeno suficiente. En ese caso, se sufriría un episodio similar al de aquellas personas que han estado a punto de fallecer y han descrito, al ser reanimadas, el famoso túnel con la luz al final, debido a una disfunción en ciertos músculos de los ojos o del cerebro que provoca este tipo de visiones. De hecho, cuando una persona está sumamente cansada y se encuentra conduciendo, es frecuente que experimente una sensación como de avanzar por un túnel, con esa sensación de agobio por falta de espacio hacia los laterales.

También son varios los médicos y psicólogos que consideran que la gran mayoría de estas experiencias traumáticas pueden explicarse por un episodio de parálisis del sueño, e incluso que presenten sensibilidad en su lóbulo temporal, como defiende Michael Persinger (Laurentian University, Canadá), de manera que pequeñas radiaciones electromagnéticas generan un tipo de alucinación en el cerebro, que cree estar viviendo cierta experiencia cuando realmente no es verdad. Si encima este fenómeno ocurre durante un sueño, es muy difícil llegar a separar lo imaginado de lo sentido realmente.

Finalmente hay otro argumento de muchos escépticos que consideran que la hipnosis, empleada generalmente para obtener los hechos experimentados durante el supuesto secuestro, es muy susceptible de generar falsos recuerdos, haciendo creer a la persona que ha vivido una experiencia que realmente ha sido introducida, ajena. Sería una manera de manipulación mental, consciente o no, del supuesto especialista que realiza la hipnosis. Los partidarios de esta argumentación muestran como ejemplo el hecho de que casi el 90 % de todos los testimonios de las abducciones siguen el mismo patrón, algo sumamente sospechoso, como evidenció Thomas E. Bullard tras haber analizado 308 testimonios. Parece marcar este modelo la considerada primera abducción conocida, sufrida en 1961 por el matrimonio estadounidense

Barney y Betty Hill mientras viajaban en coche una noche. Su supuesta abducción posee todos los elementos que pasarán luego a ser constantes: la luz cegadora del cielo, fallos en el sistema electrónico del vehículo, pérdidas de tiempo, sensación de estar en una camilla con extraños seres observándoles, con luz cegadora y sin poder moverse, e incluso portando "pruebas" de su abducción real. En el caso del matrimonio Hill, Betty dibujó un mapa que supuestamente le mostró uno de los aliens para indicarle su lugar de procedencia y que muchos ufólogos vieron como la representación indudable de determinadas constelaciones. Ahora bien, el científico y divulgador Carl Sagan nunca aceptó como real este supuesto contacto extraterrestre pues para él el Universo es tan enorme y posee tal cantidad de estrellas que prácticamente se pueden encontrar cinco galaxias que coincidan con la dibujada por Betty en cada lugar que se mire.

Hasta aquí las posibles explicaciones "involuntarias" o "normales" de falsas experiencias que han sido calificadas como de abducciones. Sin embargo se pueden crear los mismos efectos si se administra a las víctimas, sin que ellas lo sepan, determinadas sustancias similares a los neurotransmisores que nuestro organismo genera para mantener a la mente activa y en funcionamiento óptimo. De hecho, el psiquiatra Rick Strassman, a comienzos de la década de 1990, investigó en el hospital de Alburquerque, con el conocimiento y aprobación de diversas instituciones americanas, cómo el aporte de diversas cantidades del neurtransmisor N, N-dimetiltriptamina,coloquialmente, DMT, que de manera natural produce nuestra glándula pineal, es rápidamente asimilada por el organismo y especialmente por los receptores de nuestro cerebro, activando más vívidamente determinadas fases del sueño, de manera que se experimentan ilusiones que serán posteriormente descritas como muy similares a las experiencias cercanas a la muerte y a las abducciones. Lo más importante es que los individuos que las experimentan estarán convencidos de haber sufrido en realidad esas sensaciones y no cuando estaban durmiendo, como consecuencia de manipulaciones mentales por terceras personas.

Los resultados fueron tan satisfactorios que incluso uno de los psiquiatras decidió autoadministrarse una dosis, con tan mala suerte que durante su experiencia una persona sufrió un ataque de pánico pronunciado y él fue requerido para tratarlo, debiendo inyectarle un calmante intravenoso. El psiquiatra relataría después lo mal que lo pasó ya que veía a su paciente ¡como una enorme serpiente!. Llegados a este punto es inevitable mencionar a "los reptilianos", esa raza de extraterrestres que según ciertas teorías se encuentran camuflados bajo la apariencia de seres humanos cuando en verdad son reptiles humanoides bípedos. Todos los datos sobre estos experimentos, así como sus conclusiones, los recogería Rick Strassman en su libro *"DMT: la molécula del espíritu"*, donde destaca su rapidez (efectos prácticamente instantáneos), su escasa persistencia (entre 5-30 minutos) y sobre todo su transparencia, ya que no deja resaca y no puede ser detectada, salvo que se analicen expresamente los niveles de los neurotransmisores que genera nuestro organismo de manera natural.

Pero hay otro aspecto a destacar y es que la administración externa de altas dosis de DMT genera una sensación sumamente placentera en el cerebro, a la vez que se desconecta de cualquier experiencia corpórea. Los pacientes se describían como "conciencia pura", coincidiendo con las sensaciones que han descrito muchas personas en su lecho de muerte de experimentar regocijo, calma sin igual y la desaparición de todo el sufrimiento que hasta entonces tuvieran. De hecho, Kenneth Ring (Universidad de Connecticut) analizó en 1980 las experiencias cercanas a la muerte que 102 personas le contaron personalmente, asombrándose al ver cómo coincidían los testimonios, al margen de credos, edades o sexos. Encontró cinco estadios comunes a todos ellos: a) sensación de paz, b) percibir que la mente y el cuerpo se separan, c) viaje a través de un oscuro túnel, d) visión de una cegadora luz al final del túnel, e) llegada, en la luz, a un lugar grato y luminoso, con familiares y amigos fallecidos o con seres angelicales.

Sin embargo, diversos científicos españoles (Alberto del Arco, Gregorio Segovia, Alberto Porras-Charino y Rodrigo Martínez), tras analizar los síntomas de las llamadas "experiencias cercanas a la muerte" concluyeron que nada tenían de paranormal, si se considera que el hecho de fallecer conlleva un cese irreversible de todas las funciones vitales de nuestro organismo. Por ello es normal que los ojos se dilaten (disfunción de los músculos oculares) y que se generen más o menos hormonas que las que operan de manera rutinaria conllevando la sensación de sufrir experiencias anormales.

Por otra parte, mientras el organismo va colapsando se daría esa percepción de que el cuerpo se separa de la mente. Por tanto no es nada paranormal, sino completamente normal. Se acaba desembocando, de hecho, en la muerte cerebral, que imposibilita la percepción de estímulos externos.

Tal es así, que de acuerdo con las estadísticas, uno de cada siete estadounidenses encuestados ha admitido haber sufrido alguna situación próxima a la muerte y, de ellos, un veinte por ciento experimentó esta placentera situación ajena a estímulo externo corporal alguno (Jorge Alcalde, 2009).

Drogas al servicio del Gobierno: surge el terrorismo de Estado

Pero si lo que se trata es de control mental, de nuevo el Ejército estadounidense y diversas agencias gubernamentales norteamericanas se ponen a la cabeza con sus ensayos de dudosa moralidad. Lo más paradójico de todo es que en cierto sentido este tipo de ensayos con soldados tendrá su origen en la Unión Soviética, en los múltiples proyectos que se realizaron durante la Guerra Fría con el fin de poder aventajar a su oponente logrando un "supersoldado". Para ello no se dudó en someter a jóvenes soldados, voluntarios o no, a miles de prácticas que podrían calificarse como torturas, tales como la alteración y privación del sueño, el sometimiento a descargas eléctricas, al visionado de ciertas imágenes de manera ininterrumpida, de alteración de sus realidades, abusos sexuales e incluso al empleo de determinadas drogas.

Ahora que se han desclasificado numerosos documentos comprometedores, no es un secreto que en Estados Unidos se estuvo experimentando con drogas como el LSD para el control mental. De hecho, son varios los autores que defienden que, posiblemente, los asesinatos de Robert Kennedy, John Lennon y Martin Luther King respondan a un tipo de "asesino de diseño" generado en las cloacas del gobierno norteamericano, ya que en todos los casos fueron personas carismáticas pero incómodas para determinados sectores. Los tres personajes defendían el fin de la guerra de Vietnam y fueron asesinados por un individuo solitario, que incluso no supo decir por qué lo hizo. Las muertes de Luther King y de Robert Kennedy se produjeron además en los dos meses que van de abril a junio de 1968, lo que para algunos fue una señal de las intenciones. Es decir, John F. Kennedy había sido asesinado en Dallas cuando, entre otras cosas, se planteaba seriamente acabar con la guerra de Vietnam. De hecho en su muerte también participó (versión oficial) un único asesino, oportunamente eliminado antes de que declarara, y se mencionó la presencia de un hombre con paraguas el soleado día del asesinato del presidente, que casualmente lo cerró al paso del coche presidencial, instantes antes de que Kennedy recibiera los dos disparos en la cabeza. Estos elementos son comunes a los demás sospechosos asesinatos que estamos comentando, con personajes que realizan algo llamativo, que para algunos es el activador mental de las tareas del asesino latente manipulado.

A pesar de la muerte de su hermano, el Fiscal Robert Kennedy prosiguió con el mensaje pacificador de JFK, que compartió con el reverendo Martin Luther King Jr., así que Earl Lay (versión oficial) asesinó a Luther King para advertir al fiscal de lo peligroso de su mensaje. Sin embargo, Robert F. Kennedy, que fue el encargado de notificar a los estadounidenses el asesinato de Luther King, no modificó su actitud hacia la guerra de Vietnam, de manera que finalmente fue asesinado, durante una charla en el hotel Ambassador, por un estudiante palestino de nacionalidad jordana llamado Sirhan Bashara Sirhan. En este caso, se menciona a una mujer que vestía un ceñido y vistoso vestido de lunares paseando por la sala, que podría haber activado las instrucciones asesinas del joven. Sandra Serrano, voluntaria en la campaña de Kennedy declaró haberse cruzado con un hombre y una mujer con un vestido de lunares, que tras escuchar los disparos salieron a la carrera, gritando: "Le hemos disparado, le hemos disparado". Y el matrimonio Bernstein declaraba ante el sargento de policía Paul Sharaga lo que vieron durante el asesinato, mencionando a una mujer con un vestido de lunares y un joven acompañante, que iban junto a Sirhan Sirhan. De hecho, se culpa al joven de haber disparado trece balas sobre Robert Kennedy, cuando tal como resalta el amigo del fallecido, Paul Schrade, el arma del crimen únicamente tenía capacidad para ocho. Schrade, que recibió un disparo en la cabeza, hecho por Sirhan, defiende que hubo otro pistolero en la sala que fue el verdadero asesino de Robert Kennedy, senador por el estado de Nueva York, y desde hacía pocas horas candidato a la Presidencia por el Partido Demócrata. Este verdadero asesino huyó impunemente, dejando a Sirhan como autor de un crimen que no cometió. Schrade, que actualmente cuenta con 90 años, precisó que ya dos horas después de haber sido tiroteados Robert Kennedy y el propio Paul Schrade, entonces director del personal de la campaña del senador Robert Kennedy, tanto el Departamento de Policía (LAPD) como la Oficina del Fiscal del Condado de los Ángeles sabían de la existencia de un segundo tirador y aún así optaron por usar a Sirhan como cabeza de turco, haciéndole respondable de todo lo que pasó aquel fatídico día. Schrade afirmaría: «*El acta oficial muestra que la fiscalía nunca tuvo un solo testigo -ni evidencias físicas ni balísticas- para probar que Sirhan disparó a Robert Kennedy. Las evidencias, guardadas bajo llave durante 20 años, muestran que el LAPD destruyó las pruebas físicas y escondió las evidencias balísticas que exoneraban a Sirhan, encubriendo la existencia de un segundo pistolero, que fue el que hirió fatalmente a Robert Kennedy*» A pesar de ello, a Sirhan se le ha denegado continuamente la libertad condicional, posiblemente para tenerlo bajo control y evitar que pudiera decir si participó en determinados experimentos de manipulación mental.

A raíz de la decimocuarta solicitud de Sirhan de libertad condicional (y su consecuente denegación), el autor del libro "*Who killed Bobby? The unsolved murder of Robert F. Kennedy*" ("*¿Quién asesinó a Bobby? El asesinato no resuelto de Robert F. Kennedy*"), el médico Shane O'Shullivan, publicó un artículo llamado "*Who What Why?*" ("*¿Quién, Qué, Por qué?*") en el que citaba todas las incoherencias del caso y respaldaba las afirmaciones de Paul Schrade evidenciando que es imposible que el asesinato y tiroteo de las trece balas, cuatro en el cuerpo de Robert Kennedy y otras que hirieron a cinco personas más, fueran obra de un único pistolero. De hecho, el doctor O'Shullivan cuenta cómo los investigadores, para poder justificar que Sirhan disparara todas las balas, recurrieron de nuevo a la bala mágica que ya emplearan para explicar la muerte de JFK. Así, el criminalista del LAPD, Dewayne Wolfer, optó por señalar que la misma bala que entrara a Robert F. Kennedy por su hombrera derecha giró 80 grados, siguiendo su avance hacia arriba e impactando en la frente de Paul Schrade que iba tras él. Esto sólo podría ser factible si Schrade midiera 2,70 metros de altura o hubiera tenido su cabeza apoyada en el hombro de Kennedy, algo que no ocurrió. A pesar de usar una sola bala para justificar dos "toques", quedaban sin explicar otros dos casquillos más que encontró en la escena del crimen el agente del FBI William Bailey y que de nuevo rebasaban la capacidad del arma de Sirhan.

Dos testigos y trabajadores del hotel declararon que, aunque el palestino no dejó de disparar hasta agotar su munición, ellos sujetaron el brazo del tirador evitando que apuntara hacia Robert K, de manera que es imposible que sus balas le alcanzaran. Otros testigos fiables añaden otro dato vital: Schrade cayó abatido antes que Robert Kennedy, así que mal pudo alcanzarle una de las balas disparadas al senador. Son sólo algunas de tantas cuestiones que siguen sin encajar en el asesinato del hermano de JFK. Está además el hecho de que a pesar de que la Policía obtuviera una confesión de culpabilidad del palestino, tan sólo cuatro días después del asesinato del senador, se retractaba de ella diciendo que no sólo no era consciente de haberla hecho, sino que no recordaba absolutamente nada de la noche del crimen. Y en la libreta que se encontró durante el registro de la casa del asesino, estaba garabateada la curiosa sentencia: *"RFK… RFK… RFK debe morir el 5 de junio de 1968"* (cuando realmente fue abatido). El propio abogado defensor de Sirhan esgrimiría como defensa del acusado que fue sometido a algún tipo de manipulación mental, bien fuera por hipnosis o bien por el empleo de determinadas drogas, pues aunque el palestino no aprobara la política que Estados Unidos seguía respaldando al estado israelí, tampoco mostró nunca una mentalidad tan fundamentalista como para llevarle a empuñar un arma y matar a un político norteamericano por ello. Incluso numerosos testigos del asesinato afirmaron que Sirhan se encontraba a varios metros de distancia del senador Kennedy por delante de él, mientras que para el coronel Thomas Noguchi, que dirigió la autopsia, las heridas de Kennedy evidenciaban que se le había disparado a quemarropa y por detrás. Es más, cuando se recuperaron las balas que disparó el palestino, estaban tan deformadas que los analistas de balística declararon en el juicio no poder afirmar si sus proyectiles coincidían con los que mataron a Robert Kennedy.

Estos asesinatos constituirán para muchos analistas políticos los primeros casos de terrorismo de Estado. John Lennon recibiría a las puertas de su casa cinco disparos de manos de Mark David Chapman el 8 de diciembre de 1980, en Nueva York, aparentemente porque el cantante no firmó un autógrafo al enloquecido fan. Lo curioso es que ese día el asesino había comprado un ejemplar del libro de E. Michael Mitchell llamado *"The Chatcher in the Rye"* (*"El guardián entre el centeno"*). Cuando hubo asesinado a John Lennon aguardó junto al cadáver a que llegara la policía para detenerlo, entregando el libro como declaración suya. Diría además: *"Estoy seguro que la mayor parte de mí es Holden Culfield, el personaje principal del libro; el resto debe ser el diablo"*. Unos meses más tarde, en 1981, John Hinckley Jr. intentaría asesinar al presidente Ronald Reagan, que logró sobrevivir, declarándose en los interrogatorios un apasionado de la novela "*El guardián entre el centeno*". También el asesino de la actriz Rebecca Schaeffer, Robert John Bardo, cuando fue detenido en julio de 1989 llevaba encima una copia de la obra. Lo más relevante es que son muchos los críticos que ven un representativo instigador de masas en el personaje de la novela, Holden Caulfiel.

También se dice de la muerte del guitarrista afroamericano Jimi Hendrix (Johny Allen Hendrix) el 18 de septiembre de 1970 que, a pesar de haber muerto por intoxicación etílica y ahogarse en su propio vómito durante una borrachera en la que mezcló barbitúricos, poseía en sangre una cantidad tal de alcohol que es imposible que la hubiera consumido sin perder antes la conciencia. Además, para haberse ahogado sus pulmones estaban limpios, lo que indica que posiblemente estuviera ya muerto cuando le añadieron el alcohol, inyectado probablemente. En fechas recientes, uno de los técnicos de sonido de Hendrix, James Tappy Wright, ha publicado un libro titulado "*In Rock Roadie*" en el que informa cómo el manager del guitarrista, Michael Jeffrey, le confesó durante una borrachera haber asesinado al músico porque le hacía benefactor de una jugosa póliza de seguros a su muerte, así que le asesinó haciéndole ingerir numerosas pastillas de barbitúricos con vino tinto. Lo extraño de esta teoría es que nadie toma todo ese cóctel por la fuerza sin presentar resistencia, y el cuerpo del guitarrista no mostraba señales de violencia.

La teoría oficial dice que tomó nueve pastillas Vesperax, cuando la dosis normal era media, así que Eric Burdon, amigo del guitarrista, dijo al día siguiente que se había suicidado dejando una nota. Jimi llevaba siempre encima servilletas y papeles donde improvisaba letras de canciones, pero en ninguna hablaba de suicidio ni se despedía.

Burdon no tenía buen recuerdo del manager Michael Jeffrey, al que acusaba de quedarse con su dinero y de "tener pinta de agente de la CIA". También menciona otro aspecto que me resulta más revelador. El bajista de Hendrix, Billy Cox, poco antes de la muerte del guitarrista había decidido dejarle para regresar a Menphis, agobiado por continuas pesadillas y una gran depresión. Compañero de Hendrix en el Ejército, Cox era adicto al LSD. Hendrix había sido paracaidista en la 101ª División Aerotransportada, pues fue detenido antes de cumplir 19 años conduciendo un coche robado y, para evitar ir a prisión, tuvo que enrolarse. A pesar de contar con el apoyo de Cox, formando un conjunto y tocando en clubs de la base, sus superiores destacaron su escaso interés por el Ejército, haberle encontrado durmiendo en varias ocasiones en las que debía estar activo, y ser un tirador poco cualificado. El 29 de junio de 1962 le licenciaron, al año siguiente. Según Hendrix cuando fingió la fractura de uno de sus tobillos. ¿Pudo Hendrix consumir LSD durante su estancia en el Ejército, conociendo su afición por las drogas?

La Operación MK-Ultra, la búsqueda del supersoldado

Tras la desclasificación de ciertos documentos se ha llegado a conocer "La Operación MK-Ultra", que consistió precisamente en el aporte de LSD a los soldados. El fin último era lograr militares que pudieran tolerar el dolor, la privación de sueño y otras torturas. Lideraba esta operación la CIA, "Central de Inteligencia norteamericana". Destaca en esta empresa el perverso doctor Louis J. West, responsable entre otras barbaridades de la muerte de un elefante de un zoológico de Oklahoma al administrarle una desmesurada cantidad de LSD (José Manuel García Bautista, *"Conspiración: las conjuras del poder"*). Cuando comenzaron a salir a la luz pública, las malas artes empleadas por la Administración del

Gobierno norteamericano, empleando en muchas ocasiones como conejillos de indias de sus crueles experimentos a personas que no eran conscientes de estar sometidas a este tipo de abusos, simplemente se hizo un gesto a la galería y el Proyecto MK-Ultra pasó a transformarse en el Proyecto Monarca, para continuar con sus "investigaciones". Ya se hicieron antes experimentos verdaderamente deleznables, como la "Operación Whitecoasts", consistente en infectar a propósito a soldados durante la Segunda Guerra Mundial con virus manipulados genéticamente, observando la evolución de los pacientes. Todas estas perversas pruebas se basaban en un hallazgo casual realizado por el doctor Albert Hofmann cuando estaba trabajando en el desarrollo de un fármaco en los laboratorios Sandoz, para combatir la migraña. Durante su trabajo para la obtención de un milagroso remedio a partir del cornezuelo del centeno, había logrado sintetizar dietilamida a partir del ácido D-lisérgico cuando de pronto comenzó a experimentar visiones extrañas así como a sentir una euforia mezclada con ciertas dosis de paranoia que no eran normales. Pasados los efectos, comprobó que uno de sus guantes poseía una diminuta rotura por la que parte de la sustancia había entrado en contacto con la piel de uno de sus dedos. Había descubierto el LSD. Poco tiempo después, en la década de los años sesenta, diversas revistas y periódicos de gran tirada en los Estados Unidos invitaban a sus lectores a probar esa mágica sustancia, que era capaz de despertar los niveles más insospechados de conciencia y percepción sin ningún miedo a sus posibles secuelas, pues se obtenía de un producto natural.

A día de hoy, parece existir consenso entre los diversos investigadores del asunto. No dudan en señalar a la CIA como responsable de estas generosas invitaciones a probar el LSD. Santiago Camacho llegará a tildar a la Agencia de "camello" (fig. 4. 16) de los adictos a la nueva droga, escogiendo a personajes con gran capacidad de influir en

miles de seguidores, desde periodistas hasta escritores o
músicos, a los que regalaba la sustancia en generosas
cantidades.

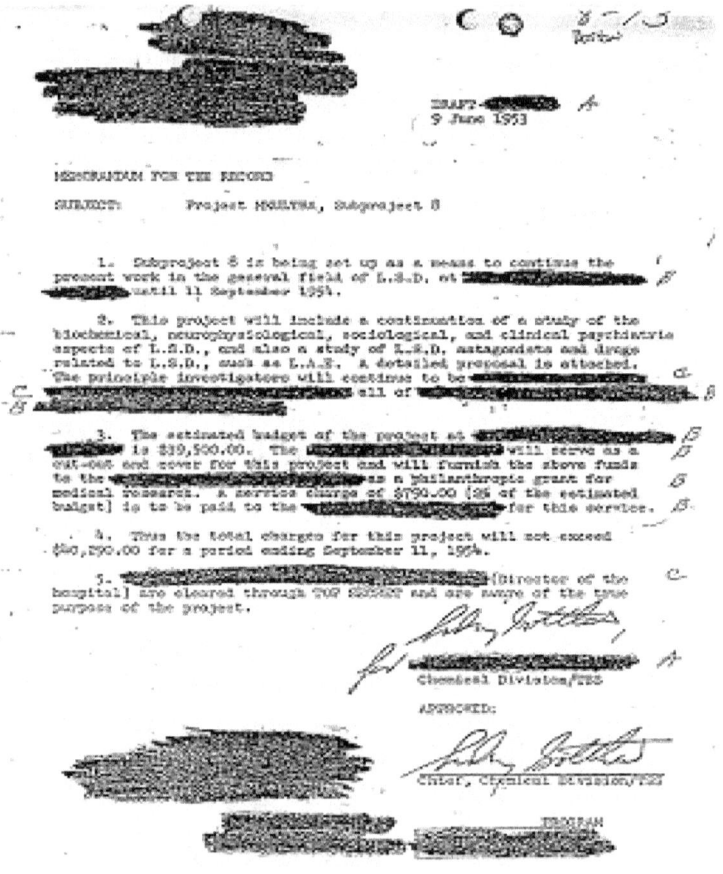

*Figura 4.15- Vista de uno se los documentos desclasificados en los que se
menciona el empleo de drogas como LSD en el Proyecto MK-Ultra llevado a
cabo por la CIA. MK corresponden a las iniciales de Mind Kontrol, control
mental.*

Con el fin de no depender de la compañía farmaceútica
Sandoz, extranjera, en 1954 la farmacéutica norteamericana

Eli Lilly Company obtendría de manera misteriosa la receta para fabricar LSD, convirtiéndose en el principal suministrador de la CIA (Santiago Camacho, *"20 grandes conspiraciones de la historia"*).

Figura 4.16- Noticia del 11 de junio de 1975 divulgando un dossier desclasificado en el que se detalla cómo agentes infiltrados de la CIA distribuyeron LSD en 17 puntos diferentes.

Cathy O'Brien (coautora de *"Trance Formation of America"*), Arizona Wilder y Cisco Wheeler, son tres de las varias mujeres que se han decidido dar un paso al frente y decir bien alto que desde niñas fueron usadas como esclavas sexuales por los gobiernos de Gerald Ford, Ronald Reagan,

George Bush (recordemos que fue director de la CIA) y Bill Clinton, empleándolas ahora como vulgares pasadoras de droga a los Estados Unidos, a la vez que hacen labores de información.. En los últimos tiempos han empezado a salir a la luz documentos y declaraciones comprometedoras que hacen patente el negocio que la CIA realizó con diversas drogas, de las que obtenía el dinero suficiente para financiar sus actividades de intervención o desestabilización política en determinados países, fundamentalmente de Latinoamérica y de Oriente Próximo.

Yendo más allá, según muestran varios documentos desclasificados, la CIA llegó a sopesar seriamente el suministro de este alucinógeno de manera masiva a países en los que interesaba la desestabilización social. Se consideró actuar de esta manera en la comunista Cuba de Fidel Castro, añadiendo la sustancia al suministro de agua potable de la población. Posteriormente se sabría que incluso se plantearon actuar de esta manera en determinadas áreas de Norteamérica, en poblaciones "rebeldes" (Gordon Thomas, 1989). Adicionalmente, el 18 de noviembre de 1997 se desclasificaron documentos en los que se hablaba de la "Operación Northwoods" de la CIA, un proyecto de tipo "falsa bandera", con el objetivo de dar motivos al gobierno norteamericano para intervenir militarmente en Cuba. Una operación de falsa bandera es una acción militar que se comete por fuerzas armadas de un país contra objetivos militares o civiles de esa misma nacionalidad, haciéndolo pasar por un ataque realizado por otra nación. Un buen ejemplo es el (auto)sabotaje del buque militar norteamericano Maine, en Cuba, que se atribuyó a los españoles y justificó la entrada de EEUU contra España en la guerra que este país mantenía con Cuba. Posteriormente se demostró que fueron los mismos norteamericanos los que hundieron su propio buque militar, conllevando la muerte de varios soldados suyos, pero para entonces ya Cuba había sido "descolonizada" y los EEUU actuado impunemente en los sectores productivos de la isla, que finalmente se sacudió ese yugo e hizo su "revolución", sin duda bien conocida por los lectores. Volviendo al tema, en la operación Northwoods se trataba de atentar contra algún ciudadano célebre, algún grupo de civiles u objetivo militar norteamericano, haciendo creer que el atentado lo habían cometido rebeldes cubanos, con el fin de justificar una intervención armada norteamericana contra la isla caribeña comunista. Este conjunto de atentados de falsa bandera que conformaban la operación fue rechazado por la administración de John F. Kennedy.

El objetivo de la Operación MK-Ultra era el de traumatizar a sus víctimas con el fin de crear mentes totalmente inestables, activables a distancia mediante determinados estímulos visuales o inducidos, para que el individuo realizase una actividad para la que había sido preprogramado de manera ajena a su voluntad. Se emplearon técnicas tan sádicas que la mente atacada terminaba por activar el mecanismo de la disociación creando dos personalidades distintas: la de la persona que era de cara a su trato social, y la del frío y maquinal asesino que estaba latente.

La CIA llegó a traspasar cualquier límite imaginable. El 28 de noviembre de 1953 los periódicos del país mostraban una noticia sospechosa: el científico del Ejército norteamericano Frank Olson se había suicidado arrojándose por la ventana de su hotel, en un décimo piso, mientras se encontraba trabajando en un proyecto de guerra bacteriológica (recordemos la mencionada "Operación Whitecoasts"). Sorprendentemente, veinte años después de su inhumación salían a la luz documentos que evidenciaban cómo, el 19 de noviembre de 1953, un agente de la CIA le había suministrado en secreto una alta dosis de LSD combinada con un Cointreau, al finalizar su jornada en una de las instalaciones secretas del Departamento de Defensa en Deep Creek Lake, condado de Maryland. Al poco, telefoneaba con un evidente ataque de pánico diciendo que, mientras conducía de vuelta a donde se alojaba, los vehículos y camiones con los que se cruzaba en la carretera se convertían poco antes de llegar a su altura en gigantescos y atemorizadores monstruos de fulgurantes ojos.

Figura 4.17- Eric Olson, hijo de Frank Olson, pide justicia contra los responsables de la muerte de su padre.

Durante los ocho días siguientes, compañeros y

conocidos dijeron que tan pronto parecía estar paranoico como depresivo. Antes de que pudiera ser tratado debidamente de su intoxicación de LSD se registró en un hotel de Nueva York, saltando por la ventana de su habitación (Walter Bowart, 1994). La duda no tarda en aparecer ¿Realmente trataron de curarle de la intoxicación deliberada a la que le sometieron o fue "suicidado" para evitar que esta historia saliera a la luz?.

Por su parte, la "Operación Monarca" se basa en técnicas ya empleadas por el doctor Joseph Mengele, uno de los nazis más desequilibrados, que no dudó en realizar atroces experimentos con internos de los campos de concentración alemanes. Pretende alienar a la población mediante el empleo del ocultismo, del control de masas y su influencia en los medios de comunicación, así como el uso de técnicas psicológicas, con el fin de lograr que en determinados momentos surja "espontáneamente" una revuelta, un alzamiento, una determinada tendencia... que tendrá su efecto en las bolsas económicas o en la política de determinados países sobre los que se desea intervenir. Un buen ejemplo de ello es la reacción en cadena de las distintas "primaveras árabes" que desembocaron en un clima de inestabilidad que propició la extensión del autodenominado Estado Islámico.

Sobre esta cuestión y la manipulación externa que se hizo en la población de países como Túnez, Egipto, Irak o Siria, remito al lector interesado a mi obra *"Isla Bermeja: conflicto geoestratégico. La isla fantasma que encadenó a México y el aleteo de la mariposa"*.

Tanto el doctor Mengele como más de cinco mil nazis de alto rango fueron contratados por los Estados Unidos, dándoles una nueva identidad y un buen salario para que continuaran haciendo aquello que mejor se les daba (ver mi libro "*Reclutemos a los nazis*"). De acuerdo con datos y estimaciones recientes, se cree que dos millones de norteamericanos han sido sometidos, voluntariamente o no, a algún tipo de cruel experimento que formó parte del Proyecto MK-Ultra. Con respecto a la continuación de las actividades del doctor Mengele en EEU con su nueva identidad, doctor Green, una persona que dice ser superviviente a sus prácticas, Ken Adachi, escribiría un libro relatando sus experiencias, titulado "*Mind Control the Ultimate Terror*". Narra entre otras cosas, que los hombres al servicio del Doctor Green, agentes de la CIA, se dedicaron a raptar niños huérfanos o no, entre las familias que vivían de la mendicidad. Por respeto al lector, prefiero omitir todos los escabrosos detalles que se narran.

Este proyecto abarcó desde la década de 1950 hasta la de 1960, posiblemente más allá, afectando a civiles y militares tanto norteamericanos como canadienses. Entre los contínuos atropellos que sufrían estaba el suministro de drogas potentes como el LSD no sólo a los pacientes, sino también, y sin que lo supieran, a doctores, enfermeras, agentes de la CIA, así como a mendigos, prostitutas y otros civiles, para estudiar sus reacciones bajo determinadas circunstancias provocadas externamente. Fue el caso del sargento mayor Jim Stanley, que llegaría a denunciar ante los tribunales al Ejército, tras conocer décadas después que intencionadamente intoxicaron el agua de su cantimplora con LSD, lo que le provocó paranoias y alucinaciones que le llevaron a perder todo cuánto tenía, desde su trabajo y posibilidad de promoción, hasta amistades y familia, por su propensión a la violencia física y verbal. Su denuncia fue rechazada en los tribunales, que no encontraron motivo suficiente para la demanda al Ejército de los Estados Unidos.

Paralelamente a estos proyectos, la CIA echaría a andar el "Proyecto Bluebird" (1950), llamado "Proyecto Artichoke" a partir de 1951. A fin de cubrirse las espaldas comenzó una efectiva campaña, encabezada por el periodista y agente secreto de la CIA, Edwad Hunter, de intensos rumores sobre la existencia de numerosos proyectos militares de manipulación mental desarrollados por países comunistas, por lo que necesariamente había que emularles, con el fin de adelantar al enemigo en sus intenciones.

Considero oportuna una observación, llegando a este punto. La potencia de esas drogas y sustancias químicas, que suministraron a todo tipo de personal que estaba interviniendo en los ensayos ¿podrían llegar a distorsionar la realidad en esas personas hasta creer ciegamente que estaban tratando con extraterrestres cuando en realidad manipulaban a soldados y civiles, voluntarios o no? Si realmente gente altamente cualificada fue drogada sin saberlo, podrían haber creído cierta cualquier historia que les contasen, desde la existencia de una élite terrestre confabulada con extraterrestres que secuestraba (abducía) gente para someterla a mil experimentos, hasta que estaban manipulando material procedente de naves extraterrestres estrelladas, o cualquier otro tipo de teoría conspirativa.

Convencidos de la veracidad de sus experiencias sensoriales, defenderían tales ideas –por muy excéntricas que sonaran- hasta su muerte. De esta forma podría explicarse la gran cantidad de funcionarios, doctores y otros científicos que han salido a los medios de comunicación relatando las historias más increíbles, jurando y perjurando acerca de su veracidad, y escribiendo libros sobre el tema para respaldar sus afirmaciones.

Los psicólogos y médicos en general coincidirán conmigo en que la ingesta de drogas de manera continuada aumenta la psicosis y la sensación de ser objeto de persecución por otras personas, es decir, la manía persecutoria que muestra cualquier defensor de las crecientes teorías conspirativas, que se basan en la idea de que el Estado les espía, aún cuando se limiten a llevar una vida de lo más anodina. De ahí que haya una vuelta a los teléfonos móviles sin Internet incorporado o se tienda a tapar con papel las cámaras de nuestros ordenadores portátiles, tabletas electrónicas y teléfonos.

Según la teoría oficial, el proyecto MK-Ultra inició su declive cuando diversas comisiones –entre ellas, la Comisión Rockefeller- analizaron determinadas denuncias de ciudadanos que hablaban de experimentos vejatorios en esta supuesta operación de la CIA, en la década de los años 1970. Tal fue la recurrencia de esta causa que finalmente se terminó por exigir a la CIA que diera por finalizado este proyecto, cosa que hizo. No obstante, desde entonces no han cesado de alzarse voces indicando que fue un montaje, y que simplemente se clandestinizó este proyecto, pasando a denominarse "Proyecto Monarca". Tomaba su nombre de una especie de mariposa de las más bellas que hay, que tras sufrir un periodo de letargo, el gusano sale de su cápsula. Lo verdaderamente extraordinario de esta especie, al margen de su belleza, es que cada ejemplar recuerda el lugar de nacimiento y lo transmite genéticamente a su descendencia.

En estas comisiones salieron a la luz realidades capaces de indignar al más escéptico, como que entre los años 1949 y 1969 diversas organizaciones estatales habían efectuado hasta 239 ensayos con agentes biológicos al aire libre, con la intención de analizar cómo se dispersaban, el porcentaje de ciudadanos infectados y cómo se desarrollaba la enfermedad, si era capaz de encontrar su equilibrio e incluso desaparecer, o si por el contrario requería de una intervención externa para controlar el avance de la infección. Estos datos se manifestaron en las diversas audiencias efectuadas por el

Comité de Inteligencia del Senado de Estados Unidos en 1977. Posteriormente, en 1994, el senador John Rockefeller admitiría que el Pentágono no sólo expuso deliberadamente a civiles y militares a enfermedades más o menos peligrosas, sino que también empleó radiaciones de diversa magnitud, sustancias alucinógenas y gases de dudosa reputación, con el fin de analizar el desarrollo de diversas enfermedades mentales o de psicosis colectiva.

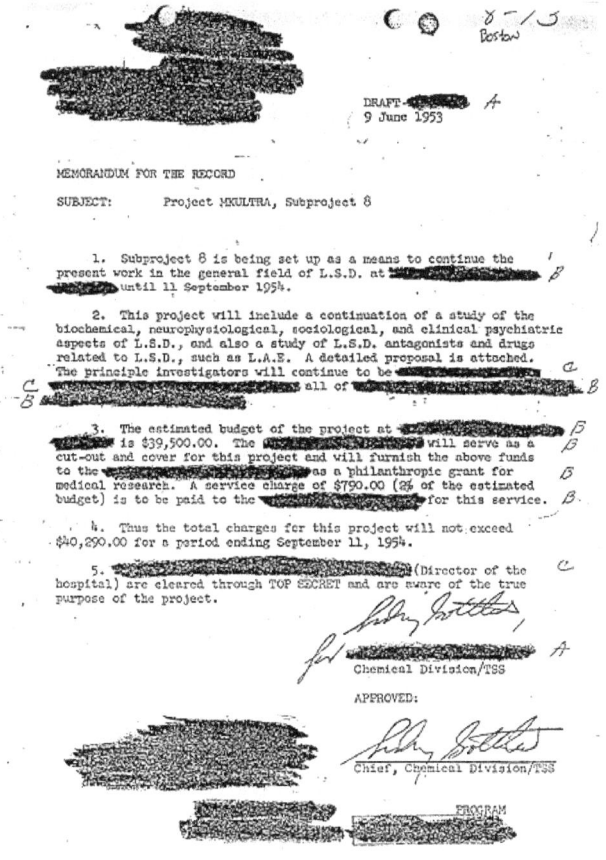

Figura 4.18- Documento desclasificado sobre el Proyecto MK-Ultra, subproyecto 8 al que se destinan 40,290.000 dólares, hasta el 11-09-1954,

para proseguir investigando con L.S.D.

Entre los nombres de diversos programas que han salido a la luz, a pesar de que se destruyeran infinidad de archivos que pudieran confirmar su realidad, están: MK-Chapter, MK-Stargate, MK-Delta, MK-Pandora, MK-Bluebird, MK-Monarch, MK-Search, PSYOP, MKAtichoke, e incluso HAARP, asociada a algún tipo de ensayo para el control meteorológico, entre otros.

El profesor de psiquiatría y neurología, Ewen Cameron, que llegó a ostentar el cargo de director del Instituto Allan Memorial, en Montreal (Canadá) durante la década de 1950, admitiría que estuvo trabajando para la CIA con la finalidad de lograr dar con un "suero de la verdad" más efectivo que la mezcla de drogas que hasta entonces se suministraba a los interrogados. Mediante las técnicas de electroshock llevarían a varios pacientes al estado vegetativo durante diversos experimentos que acabaron mal, debido a que Cameron no dudaba en combinar el electroshock con el aporte de potentes drogas (barbitúricos, nembutal, tetradoxina, thorazina, entre otras) y alucinógenos, con el fin de vencer la resistencia mental del interrogado.

Además del científico escocés Ewen Cameron, otro peso pesado de la CIA en su Proyecto MK-Ultra fue el español José Delgado, neurofisiólogo de la Escuela de Medicina de la Universidad de Yale. Inventó el "Stimoceiver", un aparato de estímulo neuronal eléctrico que se implantaba en el cráneo de sus pacientes y que, como él mismo definiría, actuaba como *"un estimulador transdermal de tres canales, implantado dentro del cerebro".* Al carecer de batería o fuente de energía alguna, se garantizaba su uso ininterrumpido en cualquier momento. En 1969, Delgado llegó a profetizar adelantos que hoy día estamos presenciando. Señaló que su stimoceiver podría lograr el acoplamiento perfecto entre el cerebro del hombre o de un animal y una máquina. En los últimos años se está logrando mediante este tipo de procedimiento, que personas con parálisis en casi todo su cuerpo sean capaces de mover máquinas conectadas a sus extremidades o incluso de hacer que un ordenador responda "sí" o "no" por ellos, basándose en ciertos patrones de la actividad eléctrica de sus cerebros. Delgado también llevó a cabo numerosos experimentos dirigidos a demostrar que mediante el implante en el cerebro humano de determinados receptores, a los que enviaba ciertas ondas eléctricas como si de un mando a distancia se tratara, podría llegar a provocar en el paciente determinadas sensaciones: hambre, frío, deseo sexual, ira, coraje o miedo. Sin duda estos logros eran muy buenas noticias para los dirigentes de la CIA, que se habían propuesto hacer de cualquier persona un supersoldado. Si era posible lograr que, mediante determinadas emisiones electromagnéticas, el paciente pudiera desterrar sus miedos y ser un ejemplo de coraje, se estaría muy cerca de obtener soldados-robots dispuestos a actuar en cualquier misión, bajo cualquier circunstancia. Incluso si era herido, podrían llegar a anularse sus sensaciones de dolor.

Tal ha sido la conmoción creada entre los ciudadanos estadounidenses al conocer la magnitud de estas atrocidades y el comportamiento impune de los funcionarios para con los civiles a los que usaban como cobayas de sus traumáticos experimentos, que se han rodado varias películas con este tema, destacando *"El mensajero del miedo"* ("The Manchurian candidate", basada en la novela de Richard Condon de título homónimo, con Liev Schreiber, Maryl Streep y Denzel Washington) o *"Conspiración"* (con Julia Robert y Mel Gibson como protagonistas principales).

El problema es que no fue únicamente la CIA quién llevó a cabo estos experimentos, ya que también el Cuerpo Químico del Ejército norteamericano estuvo sometiendo a soldados voluntarios a distintas mezclas de drogas, alucinógenos y fármacos retirados del mercado por sus efectos secundarios, con el fin de poder diseñar algún tipo de arma química que rociar sobre el enemigo para neutralizarlo sin disparar un solo tiro ni matar a nadie. Fue el caso del llamado "agente colocón" (BZ) o "gas de la risa".

A este respecto, el investigador Lukasz Kamienski menciona en su libro *"Las drogas de la guerra"*, cómo cada guerra se caracterizó por el empleo de un narcótico determinado. Así, los soldados nazis comenzaron a usar sistemáticamente desde 1940 la denominada Pervitina (metanfetaminas), como divulgará Norman Ohler en su obra *"El gran delirio"*, mientras los norteamericanos y otros ejércitos aliados emplearon la Benzedrina (anfetaminas), cuyo uso se generalizó entre los estadounidenses a partir de la Guerra de Corea. Durante las guerras del Golfo y de Afganistán han sido la heroína y el opio las drogas más empleadas por los combatientes norteamericanos, mientras que los yihadistas son adictos al Captagon (fenetilina). De hecho, Kamienski no duda en establecer una relación directa entre la epidemia de consumo de drogas que vive actualmente Estados Unidos y la reinserción de los miles de combatientes de Afganistán, Irak y Siria, dejando un saldo de muertes por sobredosis que triplica el número de los caídos en la guerra de Vietnam.

Desarrollo de la visión remota

Entre los distintos proyectos y subproyectos que han ido aflorando a la opinión pública desde que en la década de los años setenta se hablara de la Operación MK-Ultra, destaca el centrado en desarrollar la visión remota (RV, sus iniciales en inglés), para el que escogen videntes civiles y soldados con una predisposición especial hacia la clarividencia. Parece ser que el proyecto se inició hacia 1971, inspirado en una operación similar que venía efectuando la URSS. Consistía en mostrar una imagen o dar unas determinadas coordenadas terrestres a los "visionarios", que mediante sus dotes mentales eran capaces de obtener palabras, sensaciones e incluso la visión de lo que allí había, que solían ser objetivos militares. El objetivo era visualizar bases de armas enemigas u otras en las que se estaban diseñando distintos armamentos de última tecnología que eran incapaces de fotografiar, pero que podrían descifrar mediante estas visiones. Se sabe que en 1972 la CIA ofreció bastante dinero a uno de los físicos del Instituto de Investigación de Stanfort, que echó a andar el proyecto. Trabajaban en dos edificios de la Primera Guerra Mundial que se suponía que iban a ser demolidos en 1945 y que emplearon como base de las operaciones que realizaban de manera secreta, sin tener curiosos investigando en el trajín de tanta gente que entraba en esas construcciones, en teoría abandonadas.

El proceso era similar siempre. Se aportaban al vidente unas coordenadas geográficas. El vidente se relajaba, dejando a su mente divagar hasta que decía recibir una especie de descarga eléctrica, que era la primera fase. Entonces recibían una respuesta nerviosa que activaba los músculos que transmitían al folio que tenían delante dibujos, palabras, impresiones, … en lo que era la segunda fase. La tercera fase consistía en una apreciación tridimensional, una visión remota de aquello que se encontraba buscando. Desafortunadamente esta tercera fase no todos podían alcanzarla, pero suele ser tan efectiva que aún a día de hoy son varios los visionarios que trabajaron en este proyecto de la CIA, que siguen colaborando con la Policía e investigadores con el fin de encontrar el paradero de piezas de arte robadas, personas secuestradas o gente desaparecida.

Es el caso, por ejemplo, de Paul H. Smith y su esposa.

Ambos colaboraron en el incidente de Beirut, el secuestro de personal de la embajada norteamericana en lo que se ha dado en llamar "el Irangate de Ronald Reagan", quién ganó las primeras elecciones presidenciales pagando a los iraníes para que no liberasen a los rehenes, cuando ya su rival y entonces presidente norteamericano la había negociado, tal y como explico en mi libro *"Isla Bermeja: conflicto geoestratégico. La isla fantasma que encadenó a México y el aleteo de la mariposa"*.

La manipulación prosigue

Sin embargo, a pesar de todos los despropósitos que han salido a la luz sobre los diversos proyectos realizados por agencias gubernamentales saltándose derechos humanos y todo tipo de cuestiones éticas y filosóficas, el hecho es que este tipo de estudios continua en la actualidad, bajo diversos nombres según la institución que los desarrolla. Así, se menciona el proyecto Phoenix II, iniciado en 1983 por la USAF y la NSA, el proyecto Trident, iniciado en 1989 por la ONR y la NSA, el proyecto RF MEDIA, echado a andar por la CIA en 1990, el programa EI TOWER, también desde 1990 por la CIA y la NSA y el proyecto CLEAN SWEEP, iniciado en 1997 por la CIA, ONR y NSA. Entre otros, centrados en el control de las masas mediante distintas técnicas.

En la actualidad, por ejemplo, se están efectuando ensayos con ratas de laboratorio para ver la forma de incitar su ira. Los investigadores del Instituto Tecnológico de California, en Pasadena, identificaron un conjunto de neuronas en el hipotálamo del cerebro de los ratones que parece corresponderse con la agresividad de los roedores. Desarrollaron una técnica conocida como "octogenética" para activar las neuronas mediante impulsos de luz, incitando instantáneamente la violencia en los ratones.

La doctora Heather Berlin, profesora de Neurociencia en la Facultad de Medicina del Monte Sinaí, explica que existen muchas formas de influir en el funcionamiento del cerebro, manipulándolo. La más novedosa es precisamente la octogenética, que a pesar de no haberse experimentado aún sobre seres humanos, está dando buenos resultados con las ratas de laboratorio. Consiste en manipular un virus y convertirlo en un sistema para administrar un gen extraído de un alga fotosensible, que cuando se introduce en ciertas neuronas provoca que se activen ante el fuego, usando la luz. De esta forma se puede controlar la conducta de la rata a distancia, activando los distintos receptores que tiene en el hipotálamo para el fuego, a pesar de que no exista. Si se estimula el córtex prefrontal haremos actuar con agresividad a los animales inoculados con el virus que porta el gen del alga fotosensible. En otras palabras, mediante la estimulación a distancia de determinados receptores en el cerebro de estas ratas con fotosensibilidad, lograremos tener ratones agresivos.

Llevando más allá estos estudios, el equipo del neurocientífico español, Joseph LeDoux en el Centro de Neurología de la Universidad de Nueva York, trabaja en los últimos años en la reacción paralizante que el miedo provoca en ciertos individuos, en determinadas circunstancias o incluso tras un shock traumático. LeDoux explica que el cerebro tiende a crear recuerdos relacionados con situaciones traumáticas y que, tras el estudio de laboratorio con animales, han logrado ver que cuando un animal recuerda el miedo, reviviendo situaciones que le paralizaron y traumatizaron, se activan simultáneamente dos neuronas que multiplican por cien sus conexiones. Basándose en esta observación se desarrolló la técnica de la octogenética, permitiendo activar o desactivar en la amígdala, en cuestión de milisegundos, esas neuronas concretas para permitir que se den esas conexiones neuronales que traen como consecuencia la paralización por miedo, o bien suprimiéndolas. De esta manera, mediante la repetición de este proceso se llegará a borrar ese recuerdo paralizante. De manera que las personas traumatizadas por guerras, secuestros, violaciones o accidentes, acaben recuperándose de ese mal que sufren.

Ahora bien, si se pudiera llegar a aplicar la técnica de la ontogenética en soldados, mediante el visionado o recreación de determinadas situaciones límite se podría llegar a detectar qué miedos pueden afectar a estas personas, actuando sobre su cerebro y neutralizando sus activadores. De esta forma se crearía un ejército sin miedo a nada y, en consecuencia, sumamente peligroso y efectivo. Por otro lado, también podría llegar a crearse algún tipo de señal que, emitida sobre ejércitos enemigos, desencadenase sus peores temores, paralizándolos totalmente y dejándolos fuera de combate sin apenas disparar una bala, es decir, sin tener que matar o luchar cuerpo a cuerpo.

¿Se ha llegado a algún tipo de logro en este sentido, por parte de la CIA o de alguna otra agencia gubernamental estadounidense, mediante diversos proyectos secretos? Aunque se carezca de pruebas concluyentes, debemos responder afirmativamente si consideramos que existen dos denuncias internacionales que van en esta dirección. Una de ellas procede de México, efectuada por José Octavio López Presa en la Procuraduría General del Gobierno de dicho país. Exige que se investiguen manipulaciones que los norteamericanos están realizando en este sentido sobre ciertas poblaciones mexicanas. Suponemos que alguna base han debido encontrar en sus argumentaciones, cuando ha sido aceptada a trámite. La otra procede de Mansur Abdussalam Escudero, denunciando en la web "Islam Verde" cómo en 1981 pudo comprobar el empleo de armas psicotrónicas en

Afganistán por parte de tropas norteamericanas.

Aún podemos apuntar una anécdota más, que aparentemente puede no tener relación con todo esto, si bien opino que no está de más analizarla. Para ello debemos trasladarnos al espacio, concretamente a unas de las misiones desarrolladas por astronautas soviéticos. Resulta que han sido varios astronautas los que han declarado que, estando en el espacio exterior orbitando a la Tierra, escucharon en sus mentes a modo de mensaje telepático que esa persona que les hablaba, que ha sido llamado "el susurrador del espacio", les contaba que era un antepasado muy lejano de ellos, dándoles detalles personales de sus familias en los Urales que nadie podría haber sabido. En su mensaje mental les pedía regresar a Rusia porque aún no estaba preparada esa nación para hacer lo que estaba desarrollando, aconsejándoles que se prepararan con más calma. Pensando que podrían ser tachados de locos, optaron por guardar silencio sobre esta experiencia, hasta que al fin uno de los astronautas, conocido como "cosmonauta X", compartió esta vivencia con otros. Para su sorpresa, fueron varios los que admitieron haber recibido un mensaje telepático similar en el espacio cuando iban en distintas naves y misiones, dándoles detalles personales de sus familias o de experiencias suyas de la infancia o adolescencia.

Este caso ha sido empleado por varios ufólogos como prueba de la existencia de algún tipo de seres extraterrestres que siguen con atención a los diversos pueblos de nuestro planeta. Sin embargo yo me planteo si en verdad estos astronautas fueron sujetos de diversos programas de control mental, sometidos a manipulaciones e hipnosis para ver cómo responderían en determinadas circunstancias, si con fidelidad a la Unión Soviética guardando el secreto, o bien acabarían relatando al mundo hasta las cosas más inverosímiles, dejando al Ejército ruso en ridículo (recordemos que los cosmonautas son militares de élite). De hecho, admitiendo esta posibilidad se podría entender cómo "el susurrador del espacio" pudo llegar a conocer detalles personales de cada uno de los "contactados", posiblemente porque ellos mismos los habrían contado en sesiones de hipnosis o en diversas entrevistas.

CAPITULO 5

Majestic 12 y Valiant Thor: ¿el gobierno en la sombra?

Rizando el rizo de las conspiraciones urdidas por el gobierno estadounidense, finalmente se acabó afirmando la existencia de un conjunto de científicos, militares destacados y funcionarios gubernamentales, que se habían organizado en una asociación o comité conocido con el nombre de "Majestic 12" . Habría sido creado el 24 de septiembre de 1947 por el mismísimo presidente norteamericano Harry S. Truman para investigar la tecnología alienígena recuperada en Roswell e incorporarla al armamento norteamericano. En el colmo de la paranoia conspirativa, hay quién afirma que una vez que se desvelaron documentos de este comité señalando a personajes influyentes, éstos murieron en extrañas circunstancias sin poder confirmar la existencia o no de dicho comité. Posiblemente Majestic 12 no deje de ser otra "leyenda urbana" más, sin fundamento alguno.

Posteriormente, en la década de los ochenta, el astronauta Edgar Mitchell, que voló en el Apolo 14, se descolgaba afirmando que había visto expedientes secretos donde se hablaba del platillo alienígena de Roswell y que creía en la existencia de una organización gubernamental paralela e independiente del gobierno visible norteamericano y que lleva a cabo experimentos con tecnología extraterrestre. Sin aportar prueba alguna y concluyente con la que respaldar sus curiosas afirmaciones. En ellas se basará la exitosa serie "Expediente X" en la cual el protagonista, agente del FBI Fox Mulder, se encuentra traumatizado desde la abducción de su hermana por extraterrestres que trabajan con ciertos sectores del Gobierno norteamericano realizando experimentos, desarrollando una raza híbrida y dirigiendo el gobierno del mundo de manera conjunta.

Según como se mire, el astronauta Mitchell estaba colaborando con su extraño relato a que se mantuviera la cortina de humo de la nave alienígena, para no poner en peligro el estrecho seguimiento del armamento soviético que el Ejército estadounidense estaba realizando a través del Proyecto Mogul.

El dudoso "documento Eisenhower"

El nombre de Majestic-12 salía a la opinión pública a raíz de que el productor de cine e investigador del fenómeno ovni recibiera en su casa, en diciembre de 1994, en un sobre acolchado tamaño folio, un carrete fotográfico conteniendo las imágenes de ocho páginas del denominado "documento Eisenhower", un memorando presuntamente redactado en 1952 por el primer director de la CIA, Roscoe H. Hillenkoetter.

Este documento, en el que se llama a sí mismo "MJ-1", está encabezado como "*subject: Operation Majestic-12 Preliminary briefing for president-elect Eisenhower*", traducible al castellano como "*Asunto: Operación Majestic-12 Resumen preliminar para el presidente electo Eisenhower*".

```
          TOP SECRET / MAJIC                    002
          EYES ONLY
             * TOP SECRET *
             ***************

   EYES ONLY                          COPY ONE OF ONE.

   SUBJECT: OPERATION MAJESTIC-12 PRELIMINARY BRIEFING FOR
       PRESIDENT-ELECT EISENHOWER.

   DOCUMENT PREPARED 18 NOVEMBER, 1952.

   BRIEFING OFFICER: ADM. ROSCOE H. HILLENKOETTER (MJ-1)


   NOTE: This document has been prepared as a preliminary briefing
   only. It should be regarded as introductory to a full operations
   briefing intended to follow.


                        * * * * * *


   OPERATION MAJESTIC-12 is a TOP SECRET Research and Development/
   Intelligence operation responsible directly and only to the
   President of the United States.  Operations of the project are
   carried out under control of the Majestic-12 (Majic-12) Group
   which was established by special classified executive order of
   President Truman on 24 September, 1947, upon recommendation by
   Dr. Vannevar Bush and Secretary James Forrestal.  (See Attachment
   "A".)  Members of the Majestic-12 Group were designated as follows:


               Adm. Roscoe H. Hillenkoetter
               Dr. Vannevar Bush
               Secy. James V. Forrestal*
               Gen. Nathan F. Twining
               Gen. Hoyt S. Vandenberg
               Dr. Detlev Bronk
               Dr. Jerome Hunsaker
               Mr. Sidney W. Souers
               Mr. Gordon Gray
               Dr. Donald Menzel
               Gen. Robert M. Montague
               Dr. Lloyd V. Berkner

   The death of Secretary Forrestal on 22 May, 1949, created
   a vacancy which remained unfilled until 01 August, 1950, upon
   which date Gen. Walter B. Smith was designated as permanent
   replacement.

                        ***************
                         * TOP SECRET *
          TOP SECRET / MAJIC
   EYES ONLY
                         EYES ONLY          T52-EXEMPT (E)
                                                  001
```

Figura 5.1- Primera página del "documento Eisenhower". En la web **http://www.roswellfiles.com/FOIA/MJ12Brief.htm** *es posible leer varias hojas del memorando en detalle.*

En este memorando se informa que el todavía presidente Harry Truman ha creado un grupo secreto, compuesto por militares de alto rango, agentes de la CIA y científicos de prestigio, para examinar naves extraterrestres estrelladas y recuperadas por el Ejército, ya antes del célebre incidente de Roswell, recomendando al nuevo presidente electo, Eisenhower, que aún no había tomado posesión, que continuara manteniendo el asunto en el mayor de los secretos. En el documento mostrado en la figura 5.1 se explica que Truman fundó Majestic-12 el 24 de septiembre de 1947, bajo la recomendación del Dr. Vannevar Bush y el Secretario James Forrestal, otorgándole el máximo grado de confidencialidad y citando la identidad de los doce miembros de esta sociedad secreta, considerada por los ufólogos un gobierno en la sombra en temas exoplanetarios y relegando a Eisenhower al papel de mera marioneta al servicio de ellos en estas cuestiones. Tal y como se detalla en el citado documento, son:

(MJ-1) Adm. Roscoe H. Hillenkoetter
(MJ-2) Dr. Vannevar Bush
(MJ-3) Secy. James V. Forrestal
(MJ-4) Gen. Nathan P. Twining
(MJ-5) Gen. Hoyt S. Vanderberg
(MJ-6) Dr. Declev Bronk
(MJ-7) Dr. Jerome Hunsaker
(MJ-8) Mr. Sydney W. Souers
(MJ-9) Mr. Gordon Gray
(MJ-10) Dr. Donald Menzel
(MJ-11) Dr. Robert M. Montague
(MJ-12) Dr. Lloyd V. Berkner

Cuando se hizo "el proyecto Eisenhower" era entonces esta persona el Jefe del Estado Mayor del Ejército de los Estados Unidos, durante la primera presidencia de Truman.

Acababa de ocurrir el caso Roswell, en el cual estaba directamente implicado el general Nathan Twining para hacerlo pasar por un incidente relacionado con un globo meteorológico, mientras sus hombres confiscaban todos los restos recogidos y, según algunas personas, amedrentaban a los testigos. Ya se ha visto en capítulos anteriores cómo ha sido desclasificado un documento en el que se habla del hallazgo de tres naves en el paraje de Roswell y que se recuperaron varios extraterrestres, algunos muertos y otros aún con vida. Creo que fue un documento elaborado por la CIA o el FBI con el objetivo de que trascendiera a la opinión pública para hacer más sólida la cortina de humo de los visitantes extraterrestres. Es lo que se dice "desinformación" en los círculos ufológicos, consistente en dar falsa información para desviar la atención y hacer creer que sucedió algo erróneo. De hecho, la bisnieta de Eisenhower, Laura Eisenhower, confirma como hechos reales todo el memorando y el incidente, con ovnis incluidos, de Roswell.

Aún no se habían acallado los rumores y debates levantados con los folios dados a conocer de este supuesto memorando ultrasecreto, cuando en marzo de 1994 apareció un segundo carrete de fotografías con documentos relacionados con Majestic-12, enviado anónimamente a un grupo ufológico de Maryland. En este segundo carrete fotográfico se incluían documentos como el "*SOM1-01: Extraterrestrial entities and technology recovery and disposal*" hablando sobre un análisis militar de los ovnis y la aplicación de la tecnología recuperada, conocida como "tecnología inversa", consistente en lograr una determinada tecnología mediante el desmonte de un objeto y su montaje de nuevo.

Entre los documentos que salieron a la luz del supuesto "proyecto Eisenhower" se incluye el mostrado en la figura 5.2, que habla de las supuestas naves recuperadas en el paraje de Roswell. Se pide en él, traduciéndolo al castellano:

"*La necesidad de tanta información adicional como sea posible sobre estas naces, sus características de rendimiento y su propósito llevó a la operación conocida como US Air Force Project SIGN en diciembre de 1947. Con el fin de garantizar la seguridad, el enlace entre SIGN y Majestic-12 se limitó a dos personas dentro de la División de Inteligencia del Comando de Materiales Aéreos (…). SIGN pasó a ser el Proyecto GRUDGE en diciembre de 1948. La operación se está llevando a cabo bajo el nombre en código BLUE BOOK, con enlace mantenido a través del oficial de la Fuerza Aérea, que actúa como Jefe del Proyecto.*

El 6 de diciembre de 1950, un segundo objeto, probablemente de origen similar, impactó en tierra a alta velocidad en el área El Indio –Guerrero en la frontera texano-mexicana tras seguir una trayectoria atravesando la atmósfera. Para cuando llegó el equipo de búsqueda, lo que quedaba del objeto se había incinerado casi totalmente. El material que pudo recuperarse fue transportado a la instalación de A.E.C. en Sandía, Nuevo México, para su estudio.

Las implicaciones para la Seguridad Nacional son de importancia extrema ya que los motivos y las intenciones últimas de estos visitantes permanecen completamente desconocidos. Además, un aumento significativo en la actividad de vigilancia de estas naves comenzando en mayo y continuando hasta otoño de este año ha causado el convencimiento de que nuevos desarrollos puedan ser inminentes. Es por estas razones, así como por las obvias consideraciones internacionales y tecnológicas, así como por la necesidad última de evitar el pánico público a toda costa, que el Grupo Majestic-12 mantiene la opinión unánime de continuar imponiendo las más estrictas precauciones de seguridad, sin interrupción, en la nueva administración. Al mismo tiempo, el plan de contingencia MJ-1949-04P/7B (Top Secret – Confidencial) debe mantenerse en disposición continua en caso de que se realice un anuncio público (ver el adjunto "G")."

Pues bien, como se observa, este "proyecto Eisenhower" se centra en la recuperación de tres naves aéreas desconocidas en los alrededores de Roswell, hablándose de los adelantos tecnológicos que está generando su estudio.

```
EYES ONLY TOP SECRET / MAJIC T-52 EXEMPT (E)

EYES ONLY 004

-----------------------------------------------------------------------------

TOP SECRET / MAJIC

EYES ONLY

*******************

* TOP SECRET *

*******************

EYES ONLY COPY ONE OF ONE

A need for as much additional information as possible about these craft, their performance
characteristics and their purpose led to the undertaking known as U. S. Air Force Project SIGN
in December, 1947. In order to preserve security, liaison between SIGN and Majestic-12 was
limited to two individuals within the Intelligence Division of Air Material Command whose role
was to pass along certain types of information through channels. SIGN evolved into Project
GRUDGE in December, 1948. The operation is currently being conducted under the code name BLUE
BOOK, with liaison maintained through the Air Force officer who is head of the project.

On 06 December, 1950, a second object, probably of similar origin, impacted the earth at high
speed in the El Indio -Guerrero area of the Texas - Mexican border after following a long
trajectory through the atmosphere. By the time a search team arrived, what remained of the
object had been almost totally incinerated. Such material as could be recovered was transported
to the A. E. C. facility at Sandia, New Mexico, for study.

Implications for the National Security are of continuing importance in that the motives and
ultimate intentions of these visitors remain completely unknown. In addition, a significant
upsurge in the surveillance activity of these craft beginning in May and continuing through the
autumn of this year has caused considerable concern that new developments may be imminent. It is
for these reasons, as well as the obvious international and technological considerations and the
ultimate need to avoid a public panic at all costs, that the Majestic-12 Group remains of the
unanimous opinion that imposition of the strictest security precautions should continue without
interruption into the new administration. At the same time, contingency plan MJ-1949- 04P/78
(Top Secret - Eyes Only) should be held in continued readiness should the need to make a public
announcement present itself. (See Attachment "G".)

*******************

* TOP SECRET *

*******************

TOP SECRET / MAJIC
```

Figura 5.2- Otra de las supuestas hojas del "documento Eisenhower" hablando de la recuperación de un platillo en Roswell, cerca de la base conocida como Walker Field, en 1947.

El capítulo tercero del memorando se centra en la recuperación de tecnología ovni, diciendo en ocasiones expresamente que se hizo por vías no autorizadas, y otro de sus capítulos se centra en la destrucción (*disposal*) de este tipo de tecnología no terrestre.

Los análisis de estos papeles llegaron a la conclusión de haber sido realizados hacia 1954, basándose en detalles indirectos, como el tipo de sello o membrete que aparece en los folios. La datación escrita que figura en estas hojas habla de abril de 1954. Ahora bien, las dudas sobre su verdadera autenticidad son notables en diversos foros de debate ¿Se trata de documentos reales o estamos ante un montaje elaborado con cuidado con la intención de desinformar?

En mi opinión, resulta curioso que en cierta parte del memorando se clasifiquen hasta cinco tipologías de aeronaves extraterrenas, estando entre ellas la que tiene forma de cigarro de hasta 300 metros de longitud, la que posee morfología de bombilla ¿la "campana" nazi? y la de forma triangular, como los aviones-espías de la Guerra del Golfo. Es decir, no aparece ninguna morfología que no tenga su equivalencia con un tipo de aeronave norteamericana desarrollada a partir de prototipos nazis recuperados al final de la Segunda Guerra Mundial. Es como si desearan seguir fomentando en los observadores espontáneos de estos prototipos ultramodernos y secretos, la creencia de estar presenciando una nave de otro mundo.

Más sorprendente aún encuentro que entre los supuestos miembros de Majestic-12 estuviera el reputado físico Donald Menzel, célebre entre otras cosas por publicar tres o cuatro libros negando todo tipo de explicación extraterrestre a estas naves y otra tecnología aparentemente no terrestre, aportando explicaciones científicas de hechos y materiales terrestres a todo tipo de anomalías observadas. Por ello son muchos los investigadores que le otorgan un decisivo papel de desinformador de renombre para evitar que la población conozca la existencia real de extraterrestres en nuestro planeta, otorgándole el papel de agente de contrainteligencia del MJ-12. No obstante ¿podría ser posible que en realidad conociera todo el montaje para crear la gran cortina de humo de tecnología extraterrestre, tras la que ocultar el nuevo armamento que estaban desarrollando, y decidiera mostrar a su manera cómo todo tenía una explicación lógica y terrestre, sin destapar el secreto en torno a las verdaderas armas norteamericanas? Ni que decir tiene que la postura oficial es que se trata de documentos falsos, tal como se asegura desde el FBI, que niega la autenticidad de tal memorando.

Tecnología inversa extraterrestre

Paul Blake Smith, en su obra *"MO41, The Bombshell Before Roswell"* , acerca del incidente en Cape Gerardeau, Missouri (USA), en el que aparentemente se recuperó un platillo volante y tres cadáveres de extraterrestres, comenta que el Dr.Vannevar Bush, miembro de Majestic-12, examinando el mecanismo del ovni discoidal llegó al descubrimiento de un sistema de propulsión nuclear, de naturaleza neutrónica, y sopesó la posibilidad de aplicarlo al "Proyecto Manhattan", que trataba de desarrollar una bomba atómica antes de que lo hicieran los enemigos: la Alemania nazi y Japón.

Paul B. Smith considera el desarrollo de de las bombas atómicas lanzadas sobre Japón, gracias a la tecnología nuclear hallada en distintos ovnis extraterrestres , que también aportaron las naves extraterrestres guardadas en la Base Aérea Minot, en Dakota del Norte, analizadas desde 1964. Pero Smith va más allá cuando relaciona el lanzamiento de las bombas sobre Japón con la muerte del presidente norteamericano Franklin Roosevelt, que era uno de los masones con el orden más alto de los Estados Unidos. Ese día, Roosevelt fue sacado de la misa dominical en la que estaba para pedirle que se desplazara a Washington para una aparición pública.Smith recuerda que exactamente cuatro años más tarde, un 12 de abril, el presidente se suicidaba disparándose a la cabeza. A nadie se le permitiría ver su cadáver y por supuesto, ningún francmasón de los muchos que ocupaban altos cargos en la Administración norteamericana acudió a su funeral, puesto que tienen totalmente prohibido rendir honores a alguien que se ha suicidado (al igual que en la iglesia Católica estricta, que niega enterramiento en suelo sagrado a los suicidas).

En marzo de 1994 se hizo público otro documento fechado el 4 de julio de 1947, firmado por IPU, la "Unidad de Fenómenos Interplanetarios". Corresponde a una directiva del entonces Jefe del Estado Mayor del Ejército de los Estados Unidos y futuro presidente Eisenhower, al teniente general Nathan P. Twining (el supuesto MJ-4 de Majestic-12) diciendo: *"You will proceed to the Whote Sands Proving Ground Command Center without delay for the purpose of making and appraisal of the reported unidentified objects being kept there. Part of your misión there will deal with the military, political and psychological situation, current and projected. In the course of your survey you will maintain lialson with the military officials in the area. (…)"*, que se traduce al castellano como: *"Se presentará en el puesto de mando en el Centro de Pruebas White Sands sin demora para realizar la evaluación de los supuestos objetos no identificados que se custodian allí"*. Habla de supuestas naves extraterrestres, que por esas fechas sólo pueden corresponder a las tres que según otro documento se encontraron en Roswell, o a la de Roswell y el platillo de Cape Gerardo. Más adelante, añade el texto: *"Al analizar el interior de la nave se encontró un compartimento que mostraba un posible motor atómico, al menos eso es lo que opina el Dr. Oppenhaimer (...)*". Esta frase corroboraría lo afirmado por Paul B. Smith en su libro. Recordemos que Robert Oppenhaimer está considerado como el padre de las bombas nucleares que pusieron fin a la Segunda Guerra Mundial, como colofón del "Proyecto Manhattan". Y prosigue: *"Existe la posibilidad de que una parte de la propia nave contenga el sistema de propulsión, lo cual haría que el reactor funcionase como intercambiador de calor y permitiría el almacenamiento de energía en una sustancia para su uso posterior (...)*".

En teoría, no será Estados Unidos el único país que experimente un cuantitativo impulso al beneficiarse de la tecnología extraterrestre pues, si hacemos caso a los supuestos documentos reales desclasificados por la CIA, encontramos uno que habla de un incidente ocurrido en territorio de la entonces Unión Soviética. El documento salió a la luz pública el 27 de marzo de 1993, cuando fue publicado por un periódico ucraniano llamado *Ternopil Vechirniy*, que informaba cómo gran cantidad de archivos soviéticos cayeron en manos de la CIA a partir de 1991, cuando Mikhail Gorvachev perdiera el poder, anunciando su dimisión el 25 de diciembre de 1991, en Moscú a las siete de la tarde.

El documento de la CIA (figura 5.3) habla del incidente ocurrido en la URSS, en el que un ovni atacó a un escuadrón ruso desplazado al lugar en el que se estrelló la nave alienígena después de que el piloto de un caza soviético la derribara en Astrakhan Oblast, el 19 de junio de 1948. Cuando los extraterrestres, aún con vida, vieron acercarse a los soldados rusos, transformaron el ovni en una inmensa bola de luz (figura 1.14) que convirtió en piedra instantáneamente a 23 soldados soviéticos. Según diversas fuentes, en la base de Kapustin Yar, "el área 51 soviética", se guardaron y analizaron tanto los restos de la nave extraterrestre como los cadáveres de varios de sus tripulantes.

```
SERI SERIAL:    AO3003152893
PASS PASS:
COUN COUNTRY:    AFTN BBC SD
SUBJ°SUBJ:       RUSSIA INTERNATIONAL
SOUR SOURCE:     PAPER REPORTS ALLEGED EVIDENCE ON MISHAP INVOLVING UFO
TEXT TEXT:       KIEV BOLOS UKRAYINY IN UKRAINIAN 27 MAR 93 P 5
         ///(REPRINT FROM THE NEWSPAPER TERNOPIL VECHIRNYY: "COSMIC
REVENGE" -- FIRST PARAGRAPH PUBLISHED IN BOLDFACE](
    ((TEXT)) AFTER MIKHAIL GORBACHEV DISSOLVED, IN 1991, THE RGB TOP
SECRET INTELLIGENCE ADMINISTRATION, A LOT OF MATERIAL FROM THAT
DEPARTMENT FOUND THEIR WAY ABROAD, IN PARTICULAR TO THE CIA. AS
REPORTED BY THE AUTHORITATIVE MAGAZINE CANADIAN WEEKLY WORLD NEWS,
"U.S. INTELLIGENCE OBTAINED A 250-PAGE FILE ON THE ATTACK BY A UFO ON
A MILITARY UNIT IN SIBERIA.
    THE FILE CONTAINS NOT ONLY MANY DOCUMENTARY PHOTOGRAPHS AND
DRAWINGS, BUT ALSO TESTIMONIES BY ACTUAL PARTICIPANTS IN THE EVENTS.
ONE OF THE CIA REPRESENTATIVES REFERRED TO THIS CASE AS "A HORRIFIC
*PICTURE OF REVENGE ON THE PART OF EXTRATERRESTRIAL CREATURES, A
PICTURE THAT MAKES ONE'S BLOOD FREEZE."
    ACCORDING TO THE RGB MATERIALS, A QUITE LOW-FLYING SPACESHIP IN
THE SHAPE OF A SAUCER APPEARED ABOVE A MILITARY UNIT THAT WAS
CONDUCTING ROUTINE TRAINING MANEUVERS. FOR UNKNOWN REASONS,
SOMEBODY UNEXPECTEDLY LAUNCHED A SURFACE-TO-AIR MISSILE AND HIT THE
*UFO. IT FELL TO EARTH NOT FAR AWAY, AND FIVE SHORT HUMANOIDS WITH
"LARGE HEADS AND LARGE BLACK EYES" EMERGED FROM IT.
    IT IS STATED IN THE TESTIMONIES BY THE TWO SOLDIERS WHO REMAINED
ALIVE THAT, AFTER FREEING THEMSELVES FROM THE DEBRIS, THE ALIENS
CAME CLOSE TOGETHER AND THEN "MERGED INTO A SINGLE OBJECT THAT
ACQUIRED A SPHERICAL SHAPE." THAT OBJECT BEGAN TO BUZZ AND HISS
SHARPLY, AND THEN BECAME BRILLIANT WHITE. IN A FEW SECONDS, THE
SPHERE GREW MUCH BIGGER AND EXPLODED BY FLASHING UP WITH AN
EXTREMELY BRIGHT LIGHT. AT THAT VERY INSTANT, 23 SOLDIERS WHO HAD
WATCHED THE PHENOMENON TURNED INTO... STONE POLES. ONLY TWO
SOLDIERS WHO STOOD IN THE SHADE AND WERE LESS EXPOSED TO THE
LUMINOUS EXPLOSION SURVIVED.
    THE RGB REPORT GOES ON TO SAY THAT THE REMAINS OF THE UFO AND THE
"PETRIFIED SOLDIERS" WERE TRANSFERRED TO A SECRET SCIENTIFIC
RESEARCH INSTITUTION NEAR MOSCOW. SPECIALISTS ASSUME THAT A SOURCE
OF ENERGY THAT IS STILL UNKNOWN TO EARTHLINGS INSTANTLY CHANGED THE
```

Figura 5.3- Detalle del documento de la CIA desclasificado y publicado por un periódico de Ucrania. A la derecha, detalle de uno de los pasillos de la base rusa de Kapustin Yar.

De hecho en Internet se puede ver un vídeo y una fotografía que se asegura que son reales (¿), mostrando el hallazgo del platillo volante y de uno de los cuerpos de los extraterrestres recuperados (figura 5.4) que se conservan en Kapustin Yar.

Figura 5.4- Uno de los fotogramas de un supuesto vídeo auténtico mostrando un ovni y fotografía del cadáver de un alienígena supuestamente conservado en el Área 51 rusa.

Por eso son numerosos los ufólogos que ven una relación directa entre la presencia en dicha base de distintos platillos voladores recuperados por el Ejército Rojo y la cantidad de cohetes y aeronaves que allí se han diseñado prolíficamente, en los últimos años.

También los australianos tienen su particular Área 51, en la base militar Pine Gap, en el centro de la isla. Numerosos testigos hablan de fenómenos ufológicos frecuentes en la zona, mientras otros informan que la base consta de instalaciones subterráneas que llegan hasta los 8 kilómetros bajo tierra, donde se guardan restos de diversos ovnis y desde 1960 se experimenta con la propulsión electromagnética.

En Reino Unido se cita a Rudloe Manor, una base aérea ubicada en el condado de Wiltshire, que esconde en sus entrañas diversos ovnis recuperados desde la década de 1950. En China su peculiar Área 51 se encontraría en pleno desierto del Gobi, donde se han hallado en los últimos años geoglifos que recuerdan a los peruanos de Nazca, proliferando los partidarios que los consideraran evidencias de antiguas pistas de aterrizaje usadas por extraterrestres en la remota antigüedad.

Sacando rentabilidad a estas creencias, en julio de 1997 se editaría el libro *"The Day after Roswell"* (*"el día después de Roswell"*), escrito por el coronel estadounidense retirado, Phillip Corso. En él no sólo confirma que el Ejército norteamericano recuperó una nave extraterrestre en Roswell sino que él mismo tuvo acceso a los restos, consistiendo parte de su trabajo en el departamento de "Tecnología Extranjera" del Ejército estadounidense en la difusión de la tecnología extraterrestre incautada en Roswell, sin revelar su origen, a diversas empresas del país. De esta manera facilitó materiales e información a diversas empresas de tecnología punta bajo la apariencia de que era tecnología extranjera obtenida recientemente. Su trabajo consistía en acudir a las empresas que estaban innovando en determinadas áreas, proporcionándoles una inspiración estratégica para llevarles indirectamente hacia la obtención de tecnología extraterrena. Así, por ejemplo, la empresa IBM obtuvo un impulso vital mediante el acceso y análisis de los tableros de mandos de los platillos volantes, pidiéndole que replicara la tecnología encontrada.

Rozando la ciencia ficción, Corso afirmará en su libro que los circuitos integrados se desarrollaron a partir del estudio del panel de control del ovni, la ropa ignífuga se obtuvo a partir del análisis de los trajes que vestían los alienígenas y que las lentes del ojo de estos visitantes espaciales permitieron la elaboración de las gafas de visión nocturna, lo cual choca frontalmente con las evidencias históricas que señalan que fueron inventadas en la década de los años 1930, antes del incidente de Roswell, en Alemania y usadas por sus militares. Aunque se sabe que también los soviéticos poseían otro dispositivo de visión nocturna denominado "Dudka" para favorecer la precisión de sus tanques en condiciones climatológicas adversas.

Figura 5.5- En la década de 1930, los pilotos de los tanques rusos usaban un curioso sistema de visión nocturna por infrarrojos.

No acabarán aquí los desarrollos logrados por los estadounidenses a través de la tecnología inversa, según Corso, que añadirá la fibra óptica, el rayo láser y otros descubrimientos cuya obtención y desarrollo puede explicarse prescindiendo de la supuesta nave extraterrestre recuperada en Roswell. El hecho de que esa tecnología se haya logrado décadas después del supuesto incidente de Roswell, que por otra parte ya hemos visto que encaja perfectamente con un incidente con globos espía del Proyecto Mogul, es tanto como admitir que el cambio de milenio nos ha dado unos avances tecnológicos como premio, simplemente porque todos los aparatos tecnológicos que ahora usamos se han fabricado después del 2000. Es una idea simplemente errónea. Todo desarrollo tecnológico se produce por la suma de aportes proporcionados por diversos investigadores, hasta hacerlos desembocar en distintos diseños. Porque, de creer a Corso, ¿deberíamos suponer que los alienígenas emplean en sus paneles de control, obsoletos ordenadores como los primeros diseños comercializados por IBM, en lugar de cómodas y ligeras "tabletas"? Es tan sólo un ejemplo disuasorio.

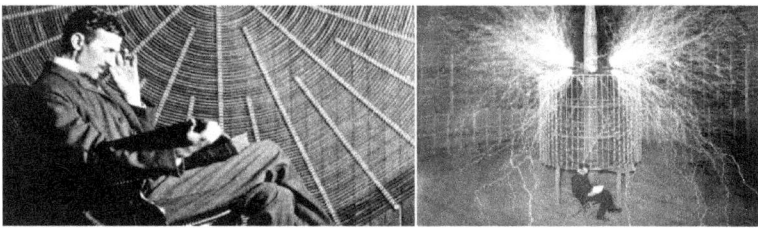

Figura 5.6- Aunque el rayo láser se inventara oficialmente en 1960, el genio Nikola Tesla desarrolló entre los años 1920 y 1930, antes del incidente de Roswell (1947) un rayo capaz de concentrar la energía en un haz de partículas, al que llamó "Teleforce". Además fue de los primeros en hacerse una radiografía de su mano con rayos X. Los documentos sobre su rayo "Teleforce" fueron confiscados por el FBI, recién fallecido el inventor.

A pesar de lo fantasioso de sus ideas, son varios los ufólogos que las consideran reales, por el simple hecho de haberse demostrado que lo eran muchos nombres y cargos que daba el autor en su libr . Bueno, cualquiera puede escribir un libro en el que use como personajes a diversos políticos actuales, con los mismos cargos que hoy ostentan y añadir un aporte fantasioso a cuánto hacen.

No se quedará ahí, ya que en el colmo de sus afirmaciones, Philip J. Corso llegará a afirmar que la Guerra Fría fue únicamente una invención acordada por los gobiernos de ambas superpotencias para desviar la atención mediática de las naves extraterrenas, que aportaron a países de todo el mundo avances tecnológicos prestados. La finalidad no era simplemente ocultar esa nueva tecnología adquirida por unos y no por todos, dándoles así cierta supremacía con respecto al resto de naciones más atrasadas tecnológicamente, sino evitar la histeria masiva de la población al constatar que naves superdesarrolladas estaban cayendo por toda la superficie del planeta, pudiendo invadirlo si así lo hubieran querido. De igual opinión era el piloto jubilado empleado por la CIA, John Lear, defendiendo que la Guerra Fría y la Carrera Espacial, con "la guerra de las galaxias" del presidente Ronald Reagan, eran en realidad tapaderas para ocultar tecnologías derivadas de artefactos extraterrestres.

Permítame el lector que dé un giro de tuerca a todas estas fantasiosas afirmaciones que distorsionan la realidad, haciendo reparar en los trabajos de todos estos personajes, todos ellos funcionarios de agencias gubernamentales estadounidenses ¿Estaban realizando un último servicio al Gobierno de su país, ayudando a sostener la novela de la continua visita extraterrestre, para evitar que se reparase en los miles de millones de fondos públicos que se estaban destinando al desarrollo de un armamento cada vez más avanzado y demoledor, basado en la realización de todo tipo de siniestros ensayos sobre la población civil, a la que usaban sin ningún tipo de ética como vulgares cobayas, privándoles de sus derechos humanos más elementales, siempre que lo requiriera el avance armamentístico, que enriquecía a las privilegiadas y escasas familias de la jet set norteamericana? Como bien dicen diversas películas de Hollywood, no hay un negocio más rentable que el armamentístico.

El suicida suicidado

Cuando hablamos de Majestic-12 se mencionó como primer miembro a James Forrestal, Secretario de la Armada de los Estados Unidos durante la Segunda Guerra Mundial y el Primer Secretario de Defensa posteriormente. Visitó numerosas bases y hangares militares nazis en los territorios que ocupó la Alemania de Hitler, como las instalaciones donde se había desarrollado el V-2 y especialmente una industria en Silesia conocida como "Planta de Caucho", en la que los alemanes desarrollaban una tecnología enormemente avanzada relacionada con la física y sistemas de armamento como los "platillos voladores nazis". También visitaría diversos hangares con tecnología alemana incautada tras la Segunda Guerra Mundial. Kick Pope, que fue funcionario del Ministerio de Defensa Británico entre los años 1985 y 2006, afirma que existen investigadores que consideran que James Forrestal creía que los nazis habían conseguido tecnología extraterrestre durante la Segunda Guerra Mundial. Que por eso el presidente Harry Truman lo puso al frente de una organización, encargada de recopilar estas evidencias y la tecnología alienígena, que se denominó Majestic-12 y que parece haberse constituido el 24 de septiembre de 1947.

La sorpresa llega cuando, ojeando periódicos de la época, encontramos una noticia pasmosa publicada el 23 de marzo de 1949 con titulares como: *"Forrestal sufre una caída mortal"* . Según informa la prensa, James Forrestal se encontraba ingresado en el Hospital Naval de Bethesda, en Maryland, parece ser que tratando de recuperarse de una profunda depresión. Tenía 44 años y su habitación estaba en la planta 16 de dicho hospital. Según la versión oficial, saltó por la ventana para poner fin a su vida, si bien hay ufólogos que sostienen que "lo suicidaron" al amenazar con la divulgación de los numerosos datos de loas que disponía acerca de elementos y tecnología extraterrestre en su país.

No obstante, circula otra versión del motivo por el que se podía haber vuelto un personaje incómodo, que sin duda me convence más. Forrestal llegó a denunciar la relación que había entre los banqueros internacionales, estadounidenses, europeos y de otros países, con las grandes corporaciones, de manera que por propio interés económico de no más de doce familias que conformarían el auténtico Poder en la sombra, que movían hilos provocando conflictos y dirigiendo así el devenir de todas las naciones, se provocaban conflictos, se alzaban dictaduras y se derribaban gobiernos. En este sentido, Forrestal consideraba que las dos guerras mundiales habían sido creadas por estas grandes familias con el único fin de enriquecerse aún más, sin atender a los millones de vidas que se llevaban por delante. Consciente de ello, Forrestal trató de convencer al presidente Roosevelt, así como a sus allegados, entre los que estaban los creadores de la cumbre de Yalta, Marshall, Harriman y Hammer, para que se juzgara la responsabilidad de estas grandes y poderosas familias, desvinculando las finanzas de las corporaciones comerciales, de los gobiernos y de la realización de acuerdos internacionales. ¡Si Forrestal levantara la cabeza, ahora que el empresario millonario Donald Trump es presidente de la

Casa Blanca¡ De esta manera, firmó su sentencia de muerte, enfrentándose un pobre peón a las familias más poderosas del mundo.

Figura 5.7- Carta del presidente Harry Truman a James Forrestal (en la fotografía, con traje de rayas) dándole orden de crear Majestic-12.

Los Marcianos al servicio de su Majestad

Afirma el escritor francés Jacques Vallé que existió un grupo denominado "Los Marcianos" que constituían un grupo de contraespionaje dedicado a crear conflictos, batallas y problemas ficticios con el fin de provocar que los nazis dieran un paso en falso, para poder derrotarlos. Su cuartel general residía en Londres y su máximo jefe era el Primer Ministro británico, Winston Churchill, si bien a nivel más básico el mando de este grupo de élite recaía en el Jefe de la Sección de Control Londinense (LCS), coronel John Henry Bevan. Según Vallé, también formaban parte de "Los Marcianos" el primo de Lawrence de Arabia, Sir Wingate; el empresario millonario, mayor Harold Peteval; el experto en ocultismo y criminalista, comandante Dennis Wheatley y el científico Edward Neville da Costa Andrade, entre otros. Se cree que siguieron operativos hasta 1945. Recordemos que entre el círculo de amistades de Dennis Wheatley se encontraba el famoso ocultista Aleister Crowley y el espía Ian Fleming, director del departamento de Guerra Psicológica durante la Segunda Guerra Mundial y relacionado con el entrenamiento y salvación de Adolf Hitler. (Sobre este particular, ver mi libro *"Reclutemos a los nazis"*).

Figura 5.8- Componentes de la LCS (London Controlling Section) en 1944, web del museo Dennis Wheatley:

http://www.denniswheatley.info/museum/room.asp?id=8&exhib=17

De acuerdo con otras fuentes, este grupo se denominaría Ops B (dentro de COSSAC, la Comandancia de las Fuerzas Aliadas), en lugar de Los Marcianos. Entre sus misiones se incluyó la Operación Cockade, cuyo objetivo era retener a las tropas nazis en Europa Occidental bajo las ficticias invasiones de las tropas aliadas en Noruega, procedentes de Escocia. Tendrían en su haber dos invasiones a Calais, con los planes de engaño Tidall, Wadham y Starkey, respectivamente, la Operación Bodyguard (Guardaespaldas), facilitando a los espías dobles que informaban a Hitler, información falsa sobre el lugar y punto de desembarco de las tropas aliadas, con el fin de facilitar el Desembarco en Normandía.

El Jefe de la Sección de Control Londinense, conocido como "controlador de los embaucadores", coronel John Henry Bevan, tenía reconocida fama como embaucador al haber trabajado ya en la Primera Guerra como agente desinformador y que escribiría: *"Me divertí mucho con esto en la Primera Guerra Mundial"*. En 1939 fue reclutado por el MI5, participando en la Campaña de Noruega, en la que conocería a otro hábil tramposo, Peter Fleming. La pareja daría rienda suelta a sus dotes embaucadoras realizando sus primeros pequeños engaños (Holt, 2004; Rankin, 2008), a pesar de los cuales la campaña británica en Noruega resultó ser un completo fracaso. Tras esto, Bevan regresó a su trabajo como Oficial de Inteligencia en el Comando Occidental y hacia finales de mayo de 1942 pasaría a ocupar un puesto de subordinado en el cuartel general de Londres (LCS).

El entonces Primer Oficial de Control, coronel Oliver Stanley, solicitó un permiso para poder cuidar a su esposa en su enfermedad terminal. Simultáneamente Winston Churchill recibía del general Archibald Wavell una carta personal haciendo hincapié en la necesidad de enfatizar el engaño en la organización estratégica desde Londres. No pudo llegar en mejor momento, pues estando el puesto de mando vacante y requiriéndose una persona especializada en el engaño o desinformación, el puesto de trabajo le venía a Bevan como diseñado para él. Varios autores han cuestionado si pudo haber manipulación en la adjudicación de este puesto, teniendo en cuenta que cuando Bevan no trabajaba como espía se dedicaba a seguir los pasos de su padre, prestigioso banquero que contaba sin duda con buenos contactos. Sea como fuere, Bevan se hizo cargo de la dirección del London Controlling Section, donde formaría un buen equipo con Dennis Wheatley, presente en el LCS, que contaba con todavía mejores contactos sociales que el propio Bevan (Campbell, 2004; Crowdy, 2011).

¿Sabía Forrestal de los tejemanejes de este grupo para crear falsas guerras por el interés de unos pocos bien posicionados socialmente en el panorama empresarial mundial? Sobre este particular, remito al lector a mi libro complementario *"Reclutemos a los nazis"*, en el que se exponen las teorías que defienden que unas pocas familias de gran relevancia, no sólo pudieron manipular a Hitler para que terminara convirtiéndose en el megalómano dictador que fue, sino incluso que se permitieron fabricar el Sionismo ¡¡desde la Alemania nazi!!

Los Hombres de Negro entran en acción

Uno de los elementos frecuentes en cualquier complot conspiracionista de carácter ufológico es una pareja de agentes uniformados vistiendo frac negro y gafas de sol opacas, que aparecen para eliminar pistas, amedrentar a testigos e incluso asesinar.

Este popular apelativo es obra del ufólogo Albert K. Bender, cuando relató cómo en 1953 tres de estos agentes le visitaron, amedrentándole de tal forma que acabó dejando de investigar asuntos relacionados con platillos volantes extraterrestres y de publicar sobre ellos ¿Corría el peligro de sacar a la luz armamento tecnológico puntero que estaba desarrollando Estados Unidos? También son varios los supuestos testigos del "hombre polilla" que han señalado la presencia de esta pareja de agentes, que se personan para llevarse pruebas relevantes o "aconsejar" a los testigos que lo mejor para seguir con su estilo de vida, familia y conocidos es que guarden silencio sobre lo que han visto. Esto parece encajar bien con mi idea de que los humanoides voladores observados no son tanto alienígenas como militares haciendo diversas pruebas con sensible armamento que se está desarrollando y sobre el que interesa que continue el secretismo.

Se cree que pudieran ser agentes de desconocidas organizaciones, posiblemente gubernamentales, de los Estados Unidos, con la misión especial de proteger secretos de estado, tecnológicos o armamentísticos, si bien algunos ufólogos han llegado incluso a tildarles de extraterrestres o híbridos, descendientes de mujeres huanas abducidas y de alienígenas. Para el afamado ufólogo Bill Moore, los Hombres de Negro son agentes de la Oficina de Investigaciones Especiales de la Fuerza Aérea de los Estados Unidos, AFOSI, creada en 1948 con el fin de investigar todos los delitos relacionados con la Fuerza Aérea, evitando fugas de información, ya fuera de manera oral o documental y empleando los métodos necesarios para neutralizar cualquier amenaza. Posiblemente, de la AFOSI nacería el FBI.

Entre los asesinatos que se atribuyen a los Hombres de Negro, en su gran mayoría de investigadores del tema ovni o de testigos de avistamientos, se menciona siempre el del meteorólogo y ufólogo James E. McDonald, Universidad de Tucson en Arizona, hallado muerto con un disparo en la cabeza. Aunque la versión oficial de los hechos tildaba la muerte de suicidio, han sido legión los ufólogos que consideran que fue "suicidado" por saber demasiado. Habría que esperar hasta noviembre de 2014, cuando el FBI desclasificó gran cantidad de documentos y el investigador John Greenwald se dedicó a rebuscar archivos que pudieran arrojar luz sobre esta dudosa muerte, encontrando una realidad distinta de la considerada hasta entonces.

Lo cierto es que el FBI sí había investigado al

científico por sus contactos con otros colegas de la Unión Soviética durante la Guerra Fría. Temían que pudiera revelar información vital sobre el armamento norteamericano, especialmente sobre los proyectos de los globos meteorológicos-espía del proyecto Mogul y sus derivados. Los documentos desclasificados muestran cómo pronto se despreocuparon, al comprobar que las indagaciones de McDonald se centraban únicamente en lo relativo a posibles avistamientos de naves extraterrestres en la URSS, así que lo calificaron como "individuo inocuo".

Lo importante del material desclasificado es que permite comprobar cómo poco a poco el investigador va sumiéndose en una depresión cada vez mayor a causa de sus continuos roces por el tema ovni, que le llevan incluso a pelearse y enemistarse con otros investigadores, partidarios de la certeza de los incidentes extraterrestres y de la posible conspiración del gobierno norteamericano por ocultarlos. Eso le llevará a un primer intento de suicidio que le dejará ciego. A pesar de ser hospitalizado rápidamente, poco pudieron hacer los médicos para curar su ceguera. Este hecho le sumirá más aún en la depresión, incapacitándole para leer, conducir o ver vídeos y fotografías. A ello se sumará la creciente implicación de su esposa en las protestas contra la Guerra de Vietnam. De hecho, John Greenwald recoge varios documentos del FBI que se centran en la actividad de Betsy McDonald, militante en un grupo de izquierdas propenso a las manifestaciones violentas. Todo este descontento llevará al investigador James E McDonald a adquirir un arma y a dispararse en la cabeza en junio de 1971, en el puente del Cañón de Oro en Arizona. Uno de los documentos desclasificados por el FBI, fechado el 26 de mayo de 1969 recogía: "(el informante) *recibió recientemente información de que el profesor James E. Mc Donald está "desencantado" con las constantes actividades de __* (seguramente, su esposa) *en "Nueva Izquierda" y* *planean separarse. Además dijo haber oído que __ esta información no ha sido confirmada por otras fuentes.*"

Así las cosas, parece ser que verdaderamente el meteorólogo y ufólogo James McDonald acabó suicidándose, sin necesidad de recurrir a los "hombres de negro" para explicar su muerte.

¿El secreto sobre los ovnis mató a JFK?

Sobre la identidad de los supuestos asesinos del presidente John F. Kennedy y los motivos que pudieron causar la necesidad de eliminado, por cierto sector del Gobierno estadounidense, o determinadas agencias, se han barajado las más diversas hipótesis. Ya hemos visto algunas, como la de considerar que su único asesino, Lee Harvey Oswald según la teoría oficial, fuera víctima del proyecto MK-Ultra, o la partidaria de considerar que era su escasa "mano dura" durante el incidente de los misiles rusos en Cuba (el 22 de octubre de 1962, un año después sería asesinado) y la Bahía de Cochinos, o que su intención de hacer regresar a las tropas en Vietnam fue la que firmó su sentencia de muerte, de cara al sector más radical norteamericano, amante de las armas y de creerse los reyes absolutos del mundo, respaldados por las empresas armamentísticas.

Como era de esperar, también hay una teoría relacionada con el asunto ovni de una supuesta causa que llevara a la muerte del presidente. Para ello, no dudan en utilizar uno de los documentos desclasificados, Alguno, por tener, tiene hastas manchas presuntamente causadas por el fuego, cuando fue salvado *in extremis* de la destrucción. Se encabeza, como no, de la siguiente manera:

TOP SECRET/ MJ 12
Central Intelligence Agency
From: Director of Central Intelligence (MJ-1)

Ahí es nada, más perfecto imposible, con todos los ingredientes necesarios para la mejor de las teorías conspirativas: máximo secreto, Majestic 12, la CIA y su director, Alan Dalen entre los años 1960 y 1963, durante la presidencia de John F. Kennedy. Más ingenuo imposible, por no hablar de ese toque del fuego, totalmente novelero al más puro estilo Hollywood.

Para no decepcionar, el documento sigue manteniendo alto el listón pues en él podemos leer: *"You must know LANCER has some ingeiries regarding our activities which we cannot allow"*, que traducido al castellano significa: *"debe saber que LANCER ha hecho algunas preguntas sobre nuestras actividades y no podemos permitirlo"*. Lo más relevante para estos partidarios de la conspiración es que Lancer era el nombre en clave que usaba el Servicio Secreto para referirse al presidente JFK y el que escribe la carta es precisamente el director de la CIA durante la presidencia de este mediático personaje. Para mayor golpe de efecto, la misiva concluye diciendo que por favor comunique su parecer al respecto (supuestamente Dalen se opone a los deseos de JFK por saber más sobre el grupo Majestic-12), a más tardar en octubre (*"Please submit your view so later tan october. Your action to this matter is critical to the continuance of the gruop"*). Si esta nota es real, al mes siguiente de haber sido escrita el presidente estadounidense moría en Dallas, en 1963. Tras desclasificarse, el periodista y productor de la CNN Thom Patterson publica el lunes 18 de noviembre de 2013 que se trata de la única prueba, por el momento, que señala o sugiere la posible muerte de JFK. La misma opinión es compartida por el exdirector de Proyectos Espaciales, Robert M. Wood, quien entiende que en el memorando semiquemado de Majestic-12 se indica explícitamente que si el presidente seguía indagando en ellos podría convertirse en un problema, señalando distintas acciones que se podrían llevar a cabo para disuadirlo. La última de ellas decía que si Washington no respondía a lo que querían hacer, JFK "debería acabar mojado", usando el argot soviético que se refería a muerto, por terminar mojado en su propia sangre.

A este sospechoso documento (personalmente dudo mucho de su veracidad, más me parece diseñado para fomentar la paranoia de los ufólogos "conspiranoicos") lo complementa la declaración del exabogado de Washington, Douglas Coddy, amigo íntimo de Howard Earth, acusado por el Watergate en 1942 y al que defendió en los juicios.

El letrado admitió que la última noche que se vieron antes de abandonar los dos Washington, el abogado preguntó a su amigo y defendido, Earth, la razón de la muerte de JFK (me preguntó qué le haría pensar al letrado que Earth contaba con la certeza del motivo por el que fue asesinado el presidente, cuando más 55 años después del atentado todavía lo desconocemos). Sin dudarlo, le respondió que el presidente había sido asesinado porque tenía intención de revelar a los soviéticos el mayor secreto de estado: la presencia de alienígenas. Lo sabía porque Earth había trabajado para la CIA durante la presidencia de Kennedy.

En este memorando, aparecían además seis esquemas de una nave, firmados por Nathan C. Price y datados el 23 de junio de 1953 (el documento estaba redactado supuestamente el 10 de septiembre de dicho año), con todas las partes y funciones señaladas perfectamente.

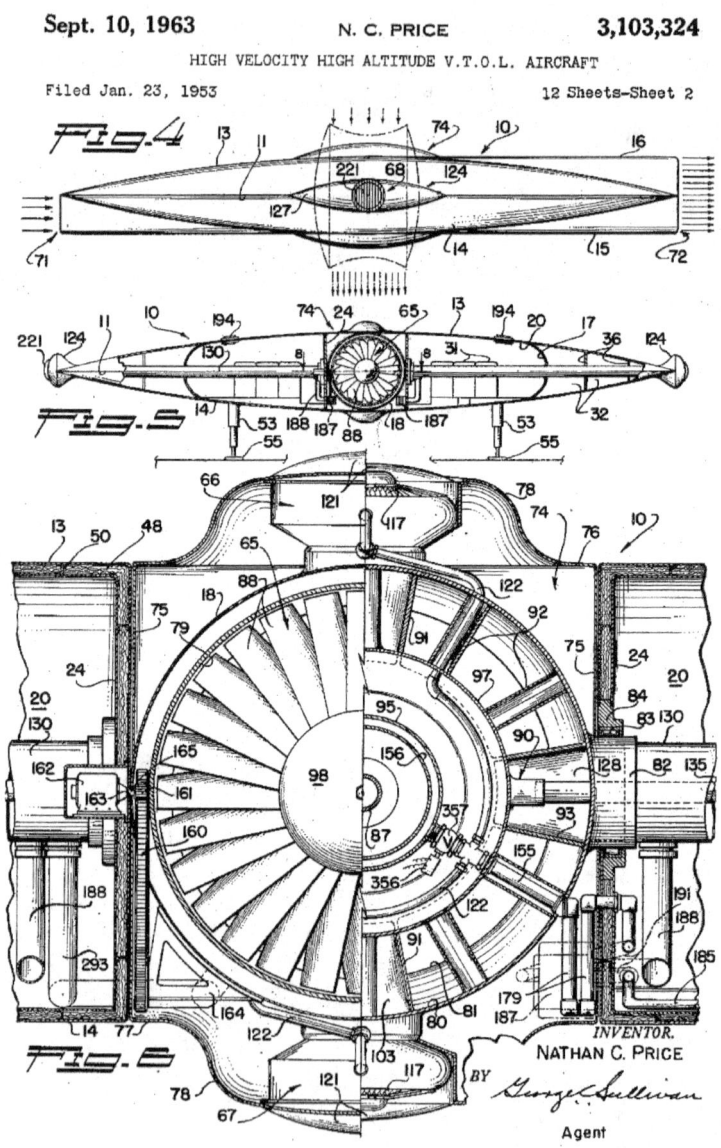

Sept. 10, 1963   N. C. PRICE   **3,103,324**

HIGH VELOCITY HIGH ALTITUDE V.T.O.L. AIRCRAFT

Filed Jan. 23, 1953   12 Sheets—Sheet 2

INVENTOR.

NATHAN C. PRICE

BY

Agent

Figura 5.9- Patente US313324, de un avión de alta velocidad.

Es un ejemplo claro de aplicación de la tecnología por la técnica inversa. El nombre que aparecía no podía ser más ilustrativo: "High Velocity high altitude V.T.O.L. Aircraft". Esta nave de alta velocidad y alta altitud correspondía a la patente 3, 103, 324 (figura 5.9) que Nathan C. Price había registrado de un supuesto ovni alienígena.

Para los partidarios de considerar que los documentos de Majestic-12 son ciertos, no sólo implica suponer que Estados Unidos poseía amplios conocimientos de tecnología alienígena, sino que existía algún tipo de acuerdo entre los extraterrestres y los dirigentes políticos estadounidenses, que estaban dispuestos a todo para evitar que esta información y acuerdo interestelar se hiciera pública. Justifican el elevado número de ovnis estrellados diciendo que eran entregas deliberadas de naves extraterrestres a los militares de los distintos gobiernos con los que habían llegado a acuerdos. De ahí que se estrellasen siempre cerca de bases militares. Para otros más escépticos, entre los que me encuentro, suponía el fruto de la colaboración entre criminales nazis contra la humanidad y el gobierno norteamericano, que en este caso les contrató, dio hogar, salario y nueva identidad, a cambio de ganar la carrera armamentística a las demás naciones. Los partidarios de la verdadera existencia de Majestic12 consideran que no sólo fue real –como lo fue el motivo de su existencia- sino que continúa funcionando hoy día bajo otra denominación. Sigue siendo igual de férrea y secreta, apostando por tecnología híbrida puntera y dispuesta a todo con tal de seguir en el anonimato.

Alienígenas contactando con dirigentes de diversos países

Otro de los aspectos relevantes del "documento

Eisenhower" se localiza en su capítulo quinto, página 17, en el que habla de las relaciones entre las entidades biológicas extraterrestres, a las que denomina EBEs, y el Gobierno de Estados Unidos. De acuerdo con el documento, las reuniones se producían en bases militares norteamericanas o en otros lugares propuestos de común acuerdo entre los portavoces alienígenas y los norteamericanos. Estas reuniones y el intercambio fluido de información, bidireccional, habría sido lo que conoció John F. Kennedy, que amenazaba con hacerlo público, según los conspiracionistas.

Oficialmente los norteamericanos llegarían a la Luna el 20 de junio de 1969, seis años después del asesinato de JFK. Como no podía ser de otra forma, han aparecido supuestos documentos desclasificados que hablan del proyecto Horizon, de crear en 1965 bases militares en nuestro satélite.

Dicho proyecto Horizonte, cuyo fin y todo tipo de detalles pueden leerse, en inglés, en la página web http://www.projectrho.com/public_html/rocket/planetbas. php, fue ideado por Berner von Braun, uno de los científicos nazis reclutados durante los juicios de Núremberg, cuyo diseño de cohetes multietapas sigue estando plenamente operativo en las distintas misiones espaciales.

Los documentos del MJ-12 afirman que von Braun fue uno de los ingenieros que analizó mediante ingeniería inversa el platillo (o platillos) extrellado en Roswell, Nuevo México, copiando algunos elementos tecnológicos que añadiría a sus diseños para la NASA. Von Braun no sólo diseñaría planes "viables" para realizar una compleja estación lunar, sino que contaba igualmente con la posibilidad de llegar a Marte en la década de 1960 y desarrollar en el planeta rojo una base plenamente operativa, desde la que seguir expandiéndose a distintos astros, al más puro estilo Star Trek.

UNCLASSIFIED
~~SECRET~~

CRD/I   (S)   Proposal to Establish a Lunar Outpost (C)

Chief of Ordnance   CRD   20 Mar 1959

   1. (U) Reference letter to Chief of Ordnance from Chief of Research and
Development, subject as above.

   2. (C) Subsequent to approval by the Chief of Staff of reference, representatives of the Army Ballistic Missiles Agency indicated that supplementary
guidance would be required concerning the scope of the preliminary investigation
specified in the reference. In particular these representatives requested
guidance concerning the source of funds required to conduct the investigation.

   3. (S) I envision expeditious development of the proposal to establish a
lunar outpost to be of critical importance to the U. S. Army of the future. This
evaluation is apparently shared by the Chief of Staff in view of his expeditious
approval and enthusiastic endorsement of initiation of the study. Therefore, the
detail to be covered by the investigation and the subsequent plan should be as com-
plete as is feasible in the time limits allowed and within the funds currently
available within the office of the Chief of Ordnance. In this time of limited
budget, additional monies are unavailable. Current programs have been scrutinized
rigidly and identifiable "fat" trimmed away. Thus high study costs are prohibitive
at this time.

   4. (C) I leave it to your discretion to determine the source and the amount
of money to be devoted to this purpose.

                              Signed
                              ARTHUR G. TRUDEAU
                              Lieutenant General, GS
                              Chief of Research and Development

                              Regraded   Unclassified
                           : by authority of   Form DA 1575
                                    dtd 21 Sep 1961
                              by   Lt. Col. Donald E. Simon, CS

*Figura 5.10- Uno de los documentos, supuestamente verdaderos, que
evidenciaría que los Estados Unidos se habían propuesto crear una base lunar
en 1965.*

Hay quien considera que estos propósitos se cumplieron,

escudándose en noticias con titulares tan llamativos como *"Solar Warden: a Fully Operational, Top-Secret 'black Budget' Space Program"*, esto es, *"Solar Waden: un programa espacial secreto totalmente operativo, financiado con fondos opacos"*. Todos los conspiracionistas pusieron el grito en el cielo cuando vieron, con este nuevo proyecto y demás "pruebas circunstanciales", el respaldo definitivo a todas sus ideas sobre el desarrollo de tecnología antigravedad mediante la aplicación de tecnología inversa a las distintas naves extraterrestres, recuperadas por pura casualidad o por convenios secretos con los alienígenas mediante el supuesto Proyecto Sigma" en el que el gobierno norteamericano autorizaba a los extraterrestres "grises" a abducir y manipular como desearan a ciudadanos estadounidenses a cambio de que facilitaran tecnología puntera que permitiera a los Estados Unidos coronarse como la mayor potencia tecnológica y militar del mundo.

Entre las "pruebas circunstanciales" (añado las comillas porque dudo mucho que sean casuales) se encuentran las declaraciones del ex CEO de Lockheed Martin Skunk Works, Ben Rich, durante unas conferencias en 1993 en el centro de ex alumnos de UCLA, cuando tras explicar los avances de su empresa en ingeniería especial, producidos en las últimas cuatro décadas, dijo que ahora ya contaban con suficiente tecnología como para invadir a los extraterrestres (mientras en la pantalla podia verse una aeronave negra en el espacio).

Este golpe de efecto tuvo su complemento con la detención en el Reino Unido, en 2001, de un hacker llamado Gary McKinnon, que presuntamente había logrado piratear 97 ordenadores militares de la NASA (recordemos a título anecdótico que esta institución no es militar, sino civil, científica) y el Pentágono, logrando leer documentos que corroboraban el empleo de tecnología extraterrestre antigravedad, la existencia de una base estadounidense en

Marte y en la Luna, e incluso una lista de agentes "no terrestres" entre parte de los astronautas que habitaban estas estaciones espaciales. Se trataba de una hoja de cálculo con el simbólico nombre "oficiales no terrestres" ("Non Terrestrial Officers. xls"), consistente en un listín de personas humanas y no humanas, con su grado militar y puesto de trabajo correspondiente. Según diría luego en diversas entrevistas, trató de buscar información sobre las personas de la lista, exhaustivamente en Internet, y no encontró nada de ninguno de ellos. Demasiado obvio, no?

Figura 5.11 – El hacker Gary McKinnon rodeado de periodistas y curiosos. Extraña que nadie haya llegado a insinuar que el propio pirata informático es un alienígena camuflado.

Desde entonces, en miles de páginas de Internet de todo el mundo casi se habla de este asunto como si fuera algo totalmente verídico, cuando no existe una sola evidencia real de todo ello. Más bien al contrario, parece que estamos ante un nuevo caso de manipulación mental que da a los internautas documentos expresamente elaborados para que den rienda suelta a todas sus teorías conspirativas, por absurdas que parezcan.

Un dato sobre el que pensar: desde que Gary

McKinnon pirateó supuestamente ordenadores de la NASA y el Pentágono subiendo a la "dark net" (Internet profunda) documentos que respaldaban el trabajo conjunto de norteamericanos con extraterrestres, su popularidad ha aumentado exponencialmente, reuniendo grandes sumas de dinero entre conferencias y entrevistas en los medios de información, o desinformación, en este caso. Aunque hasta la fecha pasa por ser, que se sepa al menos, el hacker más audaz por haber logrado entrar en la inexpugnable red del Pentágono de los Estados Unidos, el corazón militar del Gobierno estadounidense y núcleo de la todopoderosa "máquina de guerra" norteamericana, no ha pasado una sola hora en una celda condenado por ello. Todos los cargos contra él fueron retirados.

La duda es inevitable ¿Fue, como creo que ocurrió realmente, sorprendido con las manos en la masa hackeando ordenadores del Pentágono, FBI y de la NASA y llegó a algún tipo de acuerdo, perdonarle ciertos años de cárcel si a cambio contribuía a declarar historias fantasiosas que dieran nuevos bríos a la conspiración de los ovnis por parte de organismos gubernamentales norteamericanos, permitiéndoles así que siguieran experimentando armamento para futuras guerras en Irak, Afganistán, Irán o Corea del Norte, mientras los ciudadanos estadounidenses seguían convencidos de la realidad alienígena y atribuyeran así a los extraterrestres cualquier nave o arma extraña?

El investigador y escritor David Wilcock da por ciertos los rumores que mencionan que hoy día al menos tres docenas de países se encuentran desarrollando elementos tecnológicos obtenidos a partir de naves extraterrestres, trabajando conjuntamente para crear una base militar en Marte. Cita como ejemplos a Ucrania, China, Estonia, Rusia, Alemania y Estados Unidos. Respalda sus afirmaciones en el hecho de que trabajasen más de 130.000 personas en el Proyecto Manhattan, en la carrera por la obtención de la bomba atómica en Estados Unidos y sin embargo no se tuvo el menor conocimiento público hasta que se hicieron las pruebas y se lanzaron las dos bombas sobre Japón. Por tanto, ese mismo hermetismo puede estar aplicándose para estos proyectos con tecnología extraterrestre. Personalmente soy bastante incrédula en todo este asunto. Recordemos que la NASA y otras empresas aeroespaciales son de carácter civil, no militar, lo que significa que depende de sus logros y de la buena opinión pública que se granjeen para obtener mayores financiaciones.

Si se hubiera, no solo contactado con extraterrestres sino obtenido tecnología puntera y estar desarrollando una base en Marte que pudiera entrar en funcionamiento en los próximos años, creo que serían los primeros interesados en divulgarlo para lograr mayor recaudación para este proyecto.

El 30 de diciembre de 2013 ocurría de nuevo una conmoción a nivel internacional, desde el noticiario "Russian Television" de un canal ruso internacional. El exministro canadiense de Defensa, Paul Hellyer (fig. 5.12dcha), afirmaba tener conocimiento de visitas extraterrestres a nuestro planeta y conocer la existencia de una federación de 'esa gente' (extraterrestres) con sus propias normas y reglas. Esta federación trabajaría en colaboración, no solo con los gobiernos de Estados Unidos, Norteamérica o China, sino con los de las principales potencias mundiales, dirigiendo el rumbo de la humanidad. Añadía además que los ovnis, considerados naves alienígenas, eran tan reales como nuestros aviones. El terremoto creado fue impresionante, contando con tanto respaldo entre partidarios de los ovnis, como rechazo de escépticos detractores, que tildaban sus palabras como propias de la demencia senil (tenía 91 años) o de la caradura para obtener un dinero extra por entrevistas y declaraciones diversas.

Figura 5.12- En 2013, tanto un antiguo primer ministro -fuera del directo (izda)- como un exministro canadiense (dcha) declaraban tener conocimiento de contactos alienígenas, por parte de sus gobiernos respectivos.

Lo sorprendente es que no ha sido el único político de peso en hacer este tipo de declaraciones. Le seguiría el diplomático chino muy cercano a Mao, Shi-Li Sun (2016) y un exprimer ministro ruso (Medvedev, 2013), además de los diversos presidentes norteamericanos que han declarado haber visto o haber sido perseguidos por un ovni.

Una nueva pieza se añadía el 17 de junio de 2014, cuando un gravemente enfermo ingeniero y físico Boyd Bushman, graba un video confesional en su lecho de muerte admitiendo haber sido un alto cargo científico de la empresa Lockheed Martin, que cuenta con 27 patentes obtenidas por tecnología inversa, habiendo "cambiado el mundo" varias veces gracias a sus contactos con personal del Área 51, que le había facilitado diversos descubrimientos e información de tecnología puntera, sin duda de origen alienígena. Además de estas afirmaciones, acompañaba sus palabras de fotografías que decía eran auténticas, mostrando seres marrones, cabezones, con grandes ojos y pequeñas bocas, dos brazos, dos piernas y cinco dedos en cada extremidad.

Según Bushman, los fotografiados eran varios de los dieciocho seres alienígenas que él vio, asistiendo y colaborando con los científicos del Área 51, con unas alturas comprendidas entre 1,30 m y 1,50 m.

Figura 5.13- El físico Bushman muestra la imagen de un burdo muñeco de goma (izda). A la derecha, el exdiplomático chino Shi-Li Sun muestra dibujos de extraterrestres en incidentes chinos de los que tuvo constancia.

Bushman decía que entre los elementos de la tabla periódica que vio en piezas de vehículos extraterrestres estaba el Telurio (^{52}Te), el Germanio (^{32}Ge) y el Paladio (^{46}Pd). Los alienígenas empleaban la antigravedad para volar.

Los partidarios de la veracidad de sus declaraciones, pues nada tenía que ganar con ellas en su lecho de muerte (personalmente creo que sí, para su familia), veían una especie de confirmación a las revelaciones de diversos periódicos de todo el mundo, cuando el 23 de diciembre de 2015 se hacían eco de la creación de un nuevo material sumamente ligero, flexible, duro y resistente por parte de científicos de la UCLA, Universidad de California. Este logro recordaba extraordinariamente al material que en su día uno de los militares que investigó el incidente de Roswell mostró a su familia en la cocina de su casa. Todos se apresuraron a señalarlo como otro elemento más de tecnología inversa alienígena obtenida en el Área 51, base que por otra parte había sido finalmente reconocida el 16 de agosto de 2013 por fuentes oficiales norteamericanas, la CIA, tras décadas de negación de su existencia. No obstante, no encuentro sorpresa alguna en ese material tan liviano y sin embargo increiblemente resistente a las extremas condiciones espaciales, si consideramos que lo estrellado en Roswell era un globo-espía de tecnología puntera, totalmente terrestre, desarrollado para elevarse hasta la estratosfera.

Un par de años antes, el 27 de agosto de 2013, científicos de la Lund University de Suecia daban a conocer la obtención de un nuevo elemento de la table periódica, el Ununpentium (^{115}Uup), a través de la fusión nuclear. Este nuevo elemento es radiactivo, como el Plutonio, con el que comparte varias propiedades. Otra vez salía el Área 51 a relucir, debido a que el controvertido Bob Lazar (volveremos a él en el ultimo capítulo de este libro), un científico que aseguraba haber trabajado durante décadas en la famosa base militar donde en teoría se guardan diversas naves extraterrestres recuperadas en territorio estadounidense, ya había hablado de este elemento 115, que era usado por los platillos volantes como combustible junto con el plutonio ya en 1951.

La duda que me asalta ante todas estas declaraciones de antiguos politicos es qué estarán tramando haciendo creer a la población en una visita frecuente de extraterrestres que nos controlan y dirigen el rumbo de las naciones ¿Es una forma más de idiotizar al personal, inundado de necesidades absolutamente prescindibles a través de la incesante publicidad comercial, sin protección infantil ni horarios, proporcionando cantidades descomunales de narcóticos (nunca antes se había alcanzado tal cantidad de drogas producidas y distribuidas por los distintos narcos en todo el mundo), incrementando la prostitución así como anuncios comerciales y video-clips con sexo crecientemente más explícito y amedrentando a la población con un aumento de células terroristas que requieren que las diversas agencias puedan acceder a nuestras conversaciones, búsquedas en internet y mensajes intercambiados, por cuestiones de Seguridad Nacional?

Lo cierto es que viendo este tipo de "declaraciones espontáneas" de diversos políticos, no puedo dejar de pensar en los proyectos de control mental de las masas.

Un extraterrestre llamado Valian Thor

Una historia más propia del cine de ciencia ficción, que da pie al guión de la película *"Ultimatum a la Tierra"*, tiene su origen en 1957. El capellán y también agente federal, Frank F. Stranges conoce en Washington D.C. a un peculiar personaje que dice ser un diplomático extraterrestre que se ha desplazado hasta esa ciudad terrestre para hablar con el presidente norteamericano (¡Qué menos!). Responde al sugerente nombre de Valiant Thor y su historia es tan confusa como su imagen, ya que hay distintas fotografías que dicen mostrar al alien, tratándose claramente de rasgos muy diferentes (figuras 5.14 y 5.15).

La rocambolesca historia aparecería en forma de best-seller escrito por Frank Strages, *"Stranger at the Pentagon"* (traducido como *"Un extraño en la Casa Blanca"*), que dijo obtenerla por su acceso a material militar con permiso del Pentágono, en cuyos archivos secretos pudo documentarse.

Según su curioso relato, Valiant Thor llegó a nuestro planeta el 16 de marzo de 1957 a bordo de una nave de exploración venusina que aterrizó en un sembrado de Alexandria (Virginia) a las ocho de la mañana. Cuando acudió una patrulla de policía se encontró con un hombre de mediana edad que vestía un impecable traje de chaqueta con corbata incluida y llevaba un portafolios.

Figura 5.14- En internet circulan estas dos imágenes como correspondientes al venusino Valiant Thor, cuando claramente ambos personajes son muy distintos. En la figura de la izquierda, mirando al supuesto venusino, Frank Stranges, New Jersey, 1959.

Pedía reunirse con el presidente norteamericano, diciendo ser extraterrestre y, como ese argumento abre muchas puertas, ¡¡asombrosamente lo llevan al Pentágono!!, donde se entrevista con el Secretario de Defensa, John Foster Dulles. Tras esto será llevado al Despacho Oval para conocer al mismísimo presidente de los Estados Unidos, Eisenhower, al vicepresidente Nixon y a los Jefes del Estado Mayor. Ahí es nada.

Este relato fantasioso sería confirmado tanto por la bisnieta del entonces presidente, Laura Eisenhower, como por el sobrino de Richard E. Byrd, almirante que trabajó en el Departamento de Defensa entre 1957 y 1963, Harley A. Byrd. Cerrando el círculo perfecto, Harley Andrew Byrd realizaría el prólogo del best-seller de Strages sobre Valiant Thor.

Según Byrd, él tendría conocimiento de Thor a través de su tío, que trabajó en el llamado "Libro Azul", centrado en cualquier avistamiento o incidente con naves desconocidas en el territorio estadounidense.

Figura 5.15 – Supuestas imágenes de Valiant Thor (en la izda, escribiendo). Claramente corresponden a personajes distintos. En la historia de este alienígena se basarían las películas "Ultimatum a la Tierra" y "The Day the Earth stood still" ("El día en que la Tierra se detuvo").

Continuando con el testimonio de Strages, trató bastante con el venusino durante los tres años que estuvo en Washington y, entre otras cosas, reparó en que carecía de huellas dactilares, tenía el pelo castaño ligeramente ondulado y ojos marrones. Cuando le preguntó sobre las condiciones de vida en Venus, que se encuentra a elevadísimas temperaturas de acuerdo con las investigaciones de nuestros astrónomos, Thor le dijo que era cierto y que por eso mismo vivían en el interior del planeta, al que se accedía por ambos polos.

De acuerdo con Strages, Thor decía ser un enviado de la Comunidad Intergaláctica, que se encontraba preocupada por nuestro reciente desarrollo de bombas nucleares y por eso había sido designado para reunirse con los máximos mandatarios mundiales, con el fin de hacerles desistir de esta carrera armamentística, cada vez más peligrosa. De seguir así, decía, la humanidad terminaría autoaniquilándose.

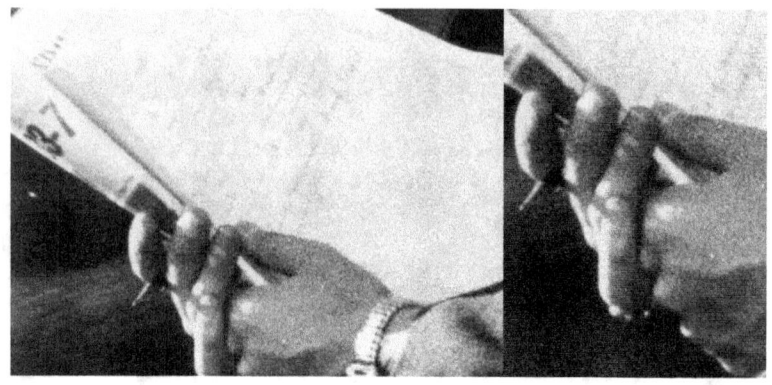

Figura 5.16- Detalle de la hoja con anotaciones que muestra el supuesto extraterrestre en la fig.5.14 izda, en perfecto inglés (nada de grabación mental ni de extraños aparatos para guardar sus notas) y detalle de sus dedos, con las uñas comidas. Se ve que los aliens también tienen malas costumbres estéticas, pero impecable reloj de pulsera y vestimenta. Habría estado bien oler su perfume de flores venusinas.

El mensaje caló al bueno de Eisenhower, que trató de concertarle una entrevista en las Naciones Unidas, que fue boicoteada por el Secretario de Defensa norteamericano, el director de la CIA y los miembros del Estado Mayor de Defensa, como afirmó la nieta del presidente Dwight D. Eisenhower.

Llegados a este punto ocurre lo más sorprendente de la historia, en mi humilde opinión, y es que el venusino con la elevada misión de reunirse con los distintos gobiernos terrestres ve que su reunión en la ONU se altera y finalmente no se produce, y no hace otra cosa que dar media vuelta y regresar a su planeta (una nave llegaría el 16 de marzo de 1960 al mismo punto donde aterrizó), dejando que la Tierra prosiguiera con su carrera armamentística, que no se ve afectada lo más mínimo. Supongo que no regresaría a Venus diciendo que misión cumplida y recibiendo una medallita por su labor…

Pero las fantasías no terminan ahí. Otro escritor, Timothy Good, relata que el presidente Eisenhower contactó en secreto con extraterrestres en tres ocasiones, concertando las reuniones en bases militares. La primera vez se produciría con un alien de aspecto nórdico llamado Plejaren (debía ser el de la figura 5.14 izda) que pertenecía a la raza de "los grises" y se comunicaba telepáticamente. La segunda reunión de Eisenhower con extraterrestres correspondería a tres venusinos llamados Jill, Donn y Valiant Thor (en teoría, las dos mujeres y el hombre que escribe en la figura 5.15 izqda, fotografiados en una supuesta reunión en el patio trasero de la mansión de Howard Mengel en High Bridge, Nueva Jersey, ocurrida en abril de 1957), siendo Thor el comandante de una nave de doscientos tripulantes, que supuestamente aterrizó sobre el lago Mead, hundiéndose bajo sus aguas una vez que Thor descendió para comenzar su fallida misión.

Una nueva pieza encaja en este raro puzle, pues será en las reuniones que este venusino tenga con diversos políticos cuando el exministro canadiense Paul Hallyer teóricamente le conozca, sorprendiéndose de los contactos entre extraterrestres y políticos mundiales. Tal debió ser su impacto, que decidió repartirlo y sorprendernos al resto de terrícolas.

En otro giro de acontecimientos de la historia de Valiant Thor, parece ser que el venusino ofreció a Eisenhower información para que la humanidad viviera libre de enfermedades, muerte y pobreza, ante lo cual el presidente norteamericano le atajó diciéndole que lo sentía pero no deseaba tal información que llevaría al traste a la economía de su país. Mensajes igualmente desalentadores le darían diversos líderes religiosos, que le hicieron ver que la humanidad no estaba preparada para conocer que era visitada por diferentes razas aleinígenas y que tal conocimiento podría suponer una desestabilización social tremenda que terminaría en la anarquía y muerte de miles de millones de seres humanos.

De acuerdo con Strages, en ese momento de 1959, en la Tierra había sesenta y siete venusinos cohabitando con los terrestres, si bien el número podría variar "pues van y vienen continuamente".

CAPITULO 6

EL PRIMER ESPIONAJE INFORMÁTICO DE USA A NIVEL MUNDIAL

A mediados de 2014 la prensa de todo el mundo se conmocionó cuando salió a la luz, a través de las filtraciones efectuadas por un entonces marine norteamericano destinado en Afganistán, Bradley Manning, entonces 2.º Brigada de Equipo de Combate de la Décima División de Montaña del Ejército norteamericano, posteriormente transformado en la mujer Chelsea Elizabeth Manning, que el Gobierno de su país, con Obama en su presidencia, estaba espiando de manera habitual no sólo las conversaciones de miles de teléfonos de ciudadanos de todo el mundo, sino que había pinchado y escuchado miles de conversaciones telefónicas, de WhatsApp y leído correos electrónicos de presidentes de todo el mundo, incluyéndo a Angela Merkel (Alemania), Francois Hollande (Francia) o Mariano Rajoy (España), por citar sólo algunos.

Esta información trascendió rápidamente a la opinión pública a través de Wikileads, una empresa creada por el australiano Julian Assange, posteriormente perseguido por la justicia suiza por presunto acoso sexual que él niega y apunta como sucia táctica para callarle, y gestionada por el prestigioso *The Sunshine Press*.

Las propias filtraciones publicadas por esta organización Wikileads han sido merecedoras de varios libros que cuestionan los motivos ocultos tras los hechos, ya que si bien por una parte hacen públicas maniobras, tales como el tiroteo deliberado de marines norteamericanos a periodistas de

Figura 6.1.- Arriba. Izda: Bradley Manning en abril de 2014 tras ser expulsado del Ejército y juzgado por revelación de información confidencial. Dcha: humor de Osvaldo Gutiérrez Gómez, cómo Wikileaks (en forma de rejilla de ventilación del metro) airea los trapos sucios de USA. Abajo. Dcha: Julian Assange posando junto a un periódico que reproduce parte de la información que le proporcionó Manning, divulgada por él (wikileaks) a los medios.

distintas nacionalidades que cubrían las noticias en Afganistán el 13 de julio de 2007, también es cierto que en muchos casos dejan al descubierto determinadas operaciones de militares norteamericanos que pueden hacer peligrar sus vidas, como comentaban algunos miembros del Pentágono, al publicar nombres e imágenes de estos militares y de agentes secretos que se mueven de manera habitual en países donde no suelen ser bien recibidos.

Igualmente Wikileads filtró el 28 de noviembre de 2010 a prestigiosos periódicos de todo el mundo más de 251.180 comunicados entre las embajadas norteamericanas y sus equivalentes de otros países. Sin embargo, hay autores como John Young y Daniel Stulin que consideran a Wikileads una herramienta más de la CIA para que, mediante el escándalo por el contenido que se publica sin ningún tipo de control o ética, lograr instalar unas leyes que regulen las comunicaciones en Internet, vigilando estrechamente y de esta forma todo lo que en la red se divulga y atropellando con ello derechos fundamentales de los ciudadanos, como la libertad de expresión o el derecho a la intimidad.

No sería la primera vez que se aplicara esta estrategia. El irreverente Michael Moore sostiene en su libro *"¿Qué has hecho con mi país, tío?"* (figura 6.2) que desde los atentados de las Torres Gemelas, los estadounidenses perdieron muchísimos derechos y libertados escudándose el Gobierno en que se debía vigilar a la población para evitar nuevos atentados, cuando, paradójicamente, fallecen muchísimos más norteamericanos por causas del colesterol, tabaco y alcohol, tan propios del *"estilo de vida americano"*, que por ser víctimas de un atentado terrorista en suelo patrio.

Pues bien, como veremos, esta tónica de espiar a sus ciudadanos y a los ajenos, ha sido una práctica habitual en los sucesivos gobiernos estadounidenses.

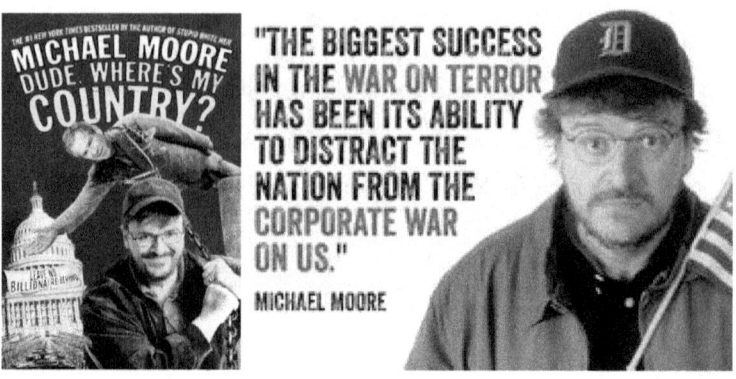

Figura 6.2. – Portada original del citado libro de Michael Moore, así como una de las frases de su libro, traducible como: "El mayor éxito en la guerra contra el terrorismo ha sido su capacidad para distraer a la nación de la guerra corporativa sobre nosotros" *ya que considera que el comportamiento del Gobierno y otras instituciones pisando derechos civiles y reteniendo ilegalmente a presuntos sospechosos por tiempo indefinido debe ser considerado propio de verdaderos terroristas.*

En este capítulo nos centraremos en el primer caso (conocido) de espionaje informático protagonizado por el Gobierno norteamericano a gran escala. Veremos las diferentes repercusiones que ha tenido, siguiendo los más vericuetos caminos, hasta llegar a toparnos con hechos verdaderamente asombrosos, que hacen plantearse una y otra vez si realmente el fin justifica los medios. Para evitar caer en la especulación y teorías conspirativas variopintas, en todo momento daremos nombres, fechas y datos precisos para que el lector pueda comprobar por sus propios medios y fuentes la veracidad de nuestras afirmaciones. Por supuesto, la trama se complicará en el momento en que se añada como telón de fondo, a los socorridos ovnis y alienígenas colaborando en conjunto con el Ejército norteamericano. Dicho esto, sólo me queda pedirles que se abrochen los cinturones ya que el camino promete ser movido. Arrancamos.

Los inicios

Nuestra historia y madeja comienza en una empresa informática familiar formada por el matrimonio Nancy y Bill Hamilton, en la imagen, llamada *Inslaw Incorporated*. En la década de los ochenta desarrollaron un software o programa informático bastante práctico, consistente en una base de datos que para facilitar la gestión a los propietarios, permitía rastrear toda la información que se tuviera relacionada con la palabra que se insertaba. De esta manera, el usuario evitaba tener que buscar información documento por documento, dentro de los miles de carpetas de datos que pudiera tener en su disco duro. A este eficaz programa, le llamaron Promis, nacido y concebido como una base de datos jurídica.

Private Calendar No. **16**

103D CONGRESS
2D SESSION **H.R.4862**

[Report No. 103-852]

For the relief of INSLAW, INC., a Delaware Corporation, and William A. Hamilton and Nancy Hamilton, individually.

6.3- Izda: El matrimonio Hamilton, propietario y fundador de la empresa Inslaw. Dcha: copia de un documento correspondiente al juicio sobre los derechos de la empresa Unslaw y su venta efectuada al Departamento de Justicia norteamericano.

Por lo práctico que resultaba, rápidamente el Departamento de Justicia de Norteamérica se interesó por él ya que bastaba insertar un DNI, nombre o número de la Seguridad Social, para que el programa nos facilitara toda la información disponible de esa persona en los documentos de la base de datos. Y todo en muy poco tiempo, ahorrándose papeleo, personal y, sobre todo, miles de horas rebuscando en miles de archivos, agilizándose bastante los trámites burocráticos.

Como es de suponer, el matrimonio Hamilton se sintió como si les hubiera tocado la lotería ante el inusitado interés del Departamento de Justicia por adquirir el programa Promis diseñado por ellos. Las negociaciones iban sobre ruedas ya que no tardó a sumarse a la fiesta una tercera parte, la empresa Hadron, que contaba como socio de mayor capital a Earl Bryan, amigo muy cercano del fiscal general Edwin Meese, quién seguramente le había relatado las maravillas del programa Promis. El ambicioso Bryan posiblemente albergaba la esperanza de adquirir el software a los Hamilton por unos pocos miles de dólares, para vendérselo al Departamento de Justicia por la cifra multiplicada por un mil por cien. Sería un negocio redondo.

Con ambas empresas interesadas en la adquisición de los derechos del software las cifras se fueron disparando, hasta que por fin, en 1982, prácticamente se había cerrado la venta con el Departamento de Justicia Americano por cerca de 10 millones de dólares, todo un dineral para la época, a cambio de que renunciaran a cualquier derecho sobre el programa. Ante tan jugosa cifra, los Hamilton firmaron el contrato. El programa se instaló favorablemente en el Departamento de Justicia…y no volvieron a saber más de ellos en la empresa Inslaw ¿Y los 10 millones de dólares acordados? ¿Era posible que el Gobierno norteamericano tuviera retraso en sus pagos?.

Tras un tiempo prudencial de varios meses, los Hamilton acabaron siendo conscientes de la dura realidad: sin el programa Promis y sin los diez millones de dólares acordados estaban prácticamente en bancarrota ¿Cómo denunciar al Departamento de Justicia en oficinas de ese departamento encargado de velar por el cumplimiento de las leyes (y contratos) en Norteamérica?. La historia objeto del presente capítulo se acababa de cobrar sus dos primeras víctimas.

En esta historia, que había tornado de la gloria al fracaso más absoluto, se encontraba el matrimonio Hamilton cuando, para su sorpresa, la policía de Québec (Canadá) se puso en contacto con ellos. Pedían la colaboración de los creadores del programa para que les ayudaran con una serie de problemas que les habían surgido tras varios meses usando el software.

Como es de suponer, la primera reacción de los Hamilton fue de incredulidad ¿Cómo era posible que la Policía Montada canadiense estuviese usando su programa sin haber cobrado ellos nada ni haber sido tan siquiera consultados? De hecho, no se había materializado la compra del programa que ellos habían fabricado, por ningún ente u organismo público.

Pero la realidad se impuso con dureza. El programa adquirido fraudulentamente por el Departamento de Justicia norteamericano había sido vendido a numerosas instituciones de todo el mundo. Y a espaldas de los Hamilton.

La esperpéntica noticia llegó a manos de un periodista llamado Daniel Casolaro, quien rápidamente vio en ella una historia con mucho potencial. Por eso se dedicó en cuerpo y alma a esta intrincada trama, siguiendo el rastro que, para sorpresa de todos, llevaba hasta la mismísima Agencia de

Inteligencia estadounidense, la CIA.

El periodista logró contactar con un informático en nómina de la CIA, Michael Riconosciuto, que confesó a Daniel que en cierta ocasión tuvo que modificar el programa Promis a petición de sus superiores, de manera que agregara de forma prácticamente imperceptible para los usuarios del software, un enlace que permitiera a terceros (a ellos, a la CIA) acceder al programa, a la información contenida en los archivos de este software y a las distintas búsquedas que otros usuarios identificados efectuaran en él.

En otras palabras, el informático estaba admitiendo haber contribuido a generar un perfecto programa informático troyano, que en apariencia de útil herramienta para agilizar la tediosa burocracia, permitía a los espías de los Estados Unidos acceder a esos terminales informáticos en los que se había instalado el programa, pudiendo disponer no sólo de detallada información de todos los ciudadanos de esos países, sino que les permitía constatar todas las búsquedas de información de todas las personas que usaban cotidianamente este programa informático.

Es decir, un espionaje informático total, ya que tanto el programa como toda la información contenida en él quedaban totalmente disponibles para los agentes de la CIA.

Pero aún había más. Michael Riconosciuto aseguraba haber efectuado estas modificaciones del programa Promis en las instalaciones que la CIA posee en la reserva de Cabazón, dentro del estado de California, aunque en suelo no norteamericano de acuerdo con la legislación vigente.

De esta manera, "legalmente", la CIA no estaba incumpliendo la legislación ni lo dispuesto en la Declaración de Independencia de los Estados Unidos, relativo a los derechos fundamentales de los ciudadanos, por el simple hecho de no encontrarse en suelo norteamericano.

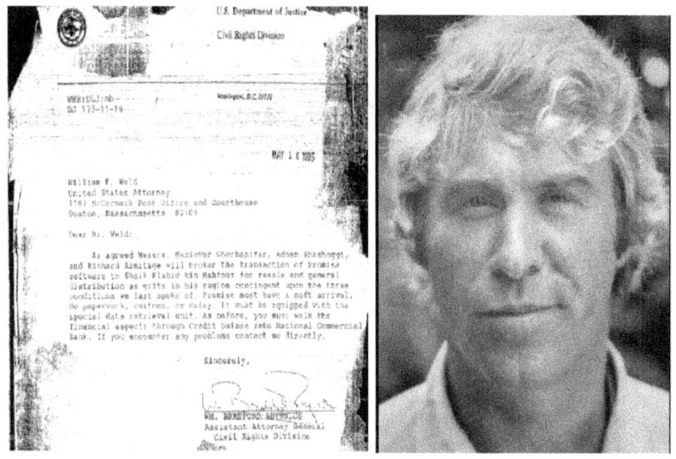

6.4- Izda: Carta escrita por William F. Weld con membrete del Departamento de Justicia, División de Derechos Civiles, dando instrucciones para distribuir "como regalo" el programa Promis) en Arabia Saudí a través del banquero millonario saudí Sheikh Khalid bin Mahfouz (desconocemos si sabía "el potencial" del software). Dcha: fotografía del periodista Daniel Casolaro.

Para cerrar el círculo, Earl Bryan, que en su día se interesó por adquirir Promis a los Hamilton, a través de su empresa Hadron se había encargado de vender el programa Promis modificado a diferentes gobiernos en cuyos asuntos estaba interesado el Gobierno norteamericano, tales como Corea del Sur o Libia, que se apresuraron en adquirirlo inocentemente, para agilizar los trámites burocráticos. Eran ajenos a la realidad: daban libre acceso a las entrañas de sus Estados a los Agentes de Inteligencia norteamericanos. Con esta hábil maniobra, Bryan cobraba por los dos lados. Por los gobiernos e instituciones extranjeras, que adquirían a alto precio un programa que los dejaría totalmente expuestos a los espías estadounidenses, y por la CIA, que le pagaba su colaboración. Es más, tal fue el reconocimiento de la Agencia, que otorgó a Bryan en abril de 1983 los derechos sobre el software espía, del que sus creadores, los Hamilton, no habían recibido un solo céntimo.

Pero el cerebro informático de la CIA, Riconosciuto, confesó a Casolaro que Bryan era un "reparatodo" habitual del actual gobierno de su país desde que en 1980 participó en las negociaciones con los ayatolás del gobierno iraní cuando contaba con varios rehenes norteamericanos. Con esta sencilla sentencia, el informático noqueó totalmente al periodista, abriéndole los ojos sobre las maneras tan despiadadas en que habitualmente procedían los presidentes norteamericanos con respecto a sus ciudadanos. Lo que rebeló Riconosciuto fue impactante pues, según él, Bryan y miembros del Gobierno de Ronald Reagan habían pagado cierta cantidad de dinero a los iraníes, no para que liberaran a los rehenes de la embajada norteamericana que habían apresado los iraníes, sino para que éstos demorasen la entrega de los funcionarios estadounidenses secuestrados. Este retraso en la liberación y la prolongación aparente de las negociaciones, continuamente comentados en cientos de debates y noticiarios televisivos, durante todas las horas de emisión de las distintas cadenas de los Estados Unidos, supuso a Jimmy Carter la pérdida de las elecciones a favor de Reagan, que se instalaba en la Casablanca con aires de héroe salvador, cuando en realidad pagó a los captores para que retuvieran a esos ciudadanos americanos unos angustiosos días más. Además de eso, las ventas de armas a Irán efectuadas por el Gobierno de Reagan les sirvió para financiar a los rebeldes de Nicaragua, "la contra nicaragüense". Desde que se filtró toda esta turbia información a los medios, se conoce a este escándalo con el sugestivo nombre de "Irán-contra" o "Irangate", por su similitud con la oscura trama del Watergate.

Tirando de este hilo, Casolaro debió haberse dado por avisado al descubrir que el abogado de San Francisco, David Meyer, que indagó sobre los vínculos existentes en este terrible asunto de Irán-Contra, con la CIA y el Departamento de Justicia, fue encontrado muerto de un balazo el 6 de febrero de 1989, la noche antes de comparecer ante la Corte de Distrito, para defender a los clientes que presuntamente fueron vinculados con el tráfico de drogas de la CIA en Nicaragua. Como era de suponer, el asesinato pasó como un desgraciado incidente más que ocurre en las grandes capitales llenas de delincuencia, durante las noches en que los rateros, drogadictos y personajes metidos en turbios asuntos, suelen llevarse por delante a inocentes ciudadanos que tuvieron la desgracia de encontrarse en el sitio equivocado.

Figura 6.5 – En Estados Unidos durante la crisis de los rehenes de Irán cundió la ira en las calles pidiendo que fueran expulsados los ciudadanos iraníes. A la derecha, imagen de algunos rehenes de la embajada norteamericana en la capital iraní.

Los beneficios para la Agencia no se hicieron esperar, de manera que tal como descubrió el periodista Casolaro, el software Promis sirvió al Gobierno norteamericano para conocer en cada momento las intenciones y localizaciones armamentísticas del ejército de Sadam Hussein en la Primera Guerra del Golfo, en la llamada "Tormenta del Desierto", con un elevado porcentaje de aciertos de las bombas lanzadas. Sólo era uno de los cientos de usos que había dado el personal de la CIA a este software en uno de los países que lo había adquirido. Era cuestión de tiempo que comenzaran a aflorar otros casos por el uso ilícito de este programa, envenenado por la Agencia de Inteligencia Norteamericana.

Para sorpresa de todos, el 11 de agosto de 1991 los periódicos norteamericanos se hacían eco del aparente suicidio de Casolaro en la habitación 517 del Hotel Sheraton de Martinsburg, en Virginia Occidental, tras ser encontrado su cuerpo en la bañera, desangrado y con más de una veintena de profundos cortes en muñecas y antebrazos. Sus familiares se apresuraron a decir a todo el que les escuchara lo entregado que estaba su hijo a esta investigación a la que llamaba "El pulpo", lleno de energía y vitalidad, de manera que resultaba prácticamente imposible que en esos momentos hubiera optado por quitarse la vida. Otros investigadores mostraron también serias dudas al respecto, al no poder comprender cómo supuestamente pudo seguir realizando el periodista tan profundísimas incisiones en sus muñecas, sin desmayarse a consecuencia del terrible dolor que le causarían.

Las notas de Casolaro revelaron que había acudido a ese alejado hotel para reunirse con un nuevo informante anónimo, así que son muchos los que señalan que pudo ser asesinado para evitar que removiera más asuntos turbios, y que ese supuesto informante fuera en verdad un agente del Gobierno con órdenes de silenciarlo.

Como si de una siniestra plaga se tratase, con Casolaro comenzaba el rosario de "suicidados", que curiosamente parecían haberse conocido en vida. Así, a principios de ese año, el 31 de enero de 1991, se había encontrado el cadáver de un informático contratado por La Agencia de Seguridad Nacional (la NSA), Alan D. Standorf -confidente de Casolaro- en su coche estacionado en el aparcamiento del Aeropuerto Nacional de Washington. Ayudaba al periodista con algunos trapos sucios del Departamento de Justicia. Unos meses después se encontraba el cadáver de otro confidente del periodista, Tommy Burkett, muerto por un disparo en la boca en el dormitorio que tenía en casa de sus padres, en Hendon, Virginia. Aunque oficialmente se trató de otro caso más de suicidio, los padres contrataron al patólogo forense James Beber para que analizara las heridas. Concluyó que aunque ciertamente parecía un caso de suicidio, sin embargo había encontrado en el cuerpo marcas de más daños que los que se espera encontrar en un suicida, como si hubiese habido una escaramuza previa al disparo.

El propio Casolaro había comenzado a recibir tantas amenazas anónimas de muerte que comentó a su hermano que si se encontraba su cadáver en un accidente, no creyera tal hipótesis.

Precediendo a su muerte, Casolaro viajó a Martinsburg en Virginia, para entrevistarse con cierta fuente aportada por Inslaw, familia de Bárbara Videnieks, que a su vez era esposa del Jefe de Gabinete del senador Robert Byrd de Virginia Occidental. Peter Videnieks, el esposo de Bárbara, constaba como Oficial de Contrataciones del Departamento de Justicia en el contrato de implementación del software Promis.

También en Martinsburg, un día antes de su muerte, el periodista conoció en el aparcamiento del hotel Sheraton en el que se alojaba y en cuya habitación "se suicidó", a William R. Turner, que le entregó ciertos "documentos sensibles" que Casolaro pretendía mostrar esa noche a su enigmático contacto, según dice Turner que le manifestó Casolaro. Esa reunión de la noche del viernes, siempre según el relato de Turner, había sido realizada con José Cuéllar, un oficial encubierto de inteligencia de las Fuerzas Especiales del Ejército de Estados Unidos. Al día siguiente se encontraba el cadáver del periodista en la bañera, con más de doce profundos cortes en sus muñecas. Su maletín y las notas de esos días habían desaparecido. Por otra parte, varios investigadores afirman que en la escena del crimen también se encontró el cadáver, en el suelo, de un empleado de la NSA (¿el confidente enigmático?), que fue retirado rápidamente y sin mención alguna. El cuerpo de Casolaro fue embalsamado antes de notificar el fallecimiento a la familia, aunque sus credenciales y documentos de identidad estaban en la habitación.

El fiscal de Inslaw, Elliot Richardson, exigió una investigación a fondo del aparente suicidio, que no creía, comentando: "*Es difícil llegar a ninguna razón de esta muerte, aparte de que fue asesinado deliberadamente porque estaba cerca de descubrir elementos siniestros en lo que él llamó El Pulpo*".

Se añade el telón de fondo alienígena … ¡y los nazis!

Imagino que el lector ya estará echando a faltar a los ovnis y alienígenas en toda esta compleja trama, así que *voilà*. Para no desilusionar a nadie, los "hombrecillos verdes" también harán acto de presencia en esta intrincada trama.

Recordemos que el informático de la CIA Michael Riconosciuto convirtió el programa Promis en un perfecto troyano informático (llamado así por su similitud con el caballo de madera que sirvió a los griegos para lograr la victoria sobre Troya, al esconderse dentro de él Ulises y otros hombres, abriendo las puertas de las murallas desde dentro a sus tropas, mientras los troyanos dormían). De acuerdo con sus declaraciones al periodista Daniel Casolaro, Riconosciuto llevó a cabo esta tarea en unas instalaciones que la CIA posee en la reserva de Cabazón, en el estado de California, aunque legalmente se ubique en suelo no estadounidense. Este hecho no es fortuito, ya relaté que, al no ser territorio norteamericano, la Agencia de Inteligencia norteamericana puede llevar a cabo allí determinadas acciones que estarían penalizadas en USA.

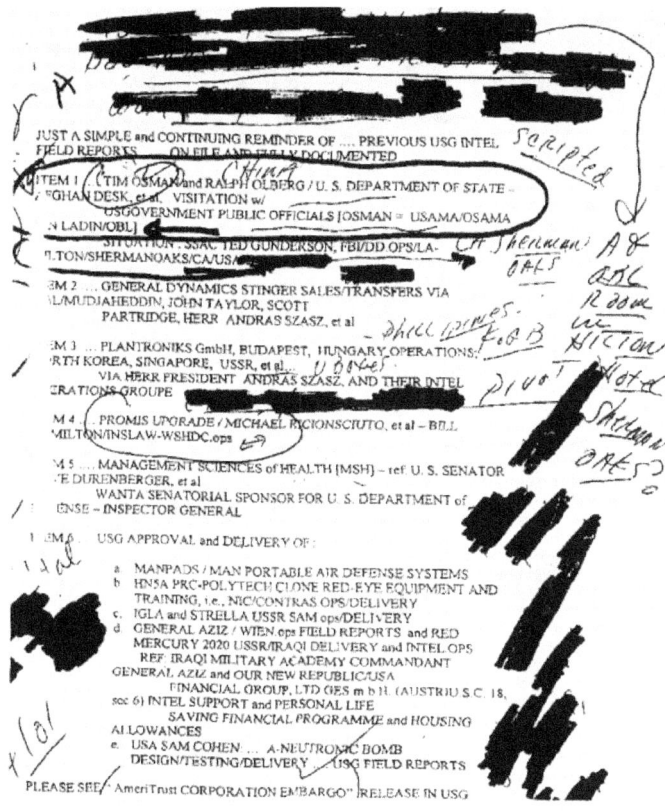

Como se imaginará a estas alturas el lector, en estas mismas instalaciones ubicaron los amantes de las teorías conspirativas ufológicas, los ensayos de las supuestas tecnologías híbridas -alienígenas y humanas norteamericanas- de antigravedad, supuestamente basadas en tecnología inversa, a partir de artefactos extraterrestres desmontados y desentrañando sus mecanismos, para así ser capaces de montarlos nuevamente creando artefactos similares o adaptando esa tecnología ajena a nuevos aparatos humanos. También las centradas en el teletransporte, todo el mundo habrá oído hablar del famoso "proyecto Filadelfia", con una exitosa película detrás, y otras mencionadas por Nicolás Tesla y Bill Cooper. De hecho, al mismísimo Tesla, a mi parecer el mayor científico del siglo XX, se le involucró en el desarrollo de la tecnología del proyecto Filadelfia, junto con Einstein.

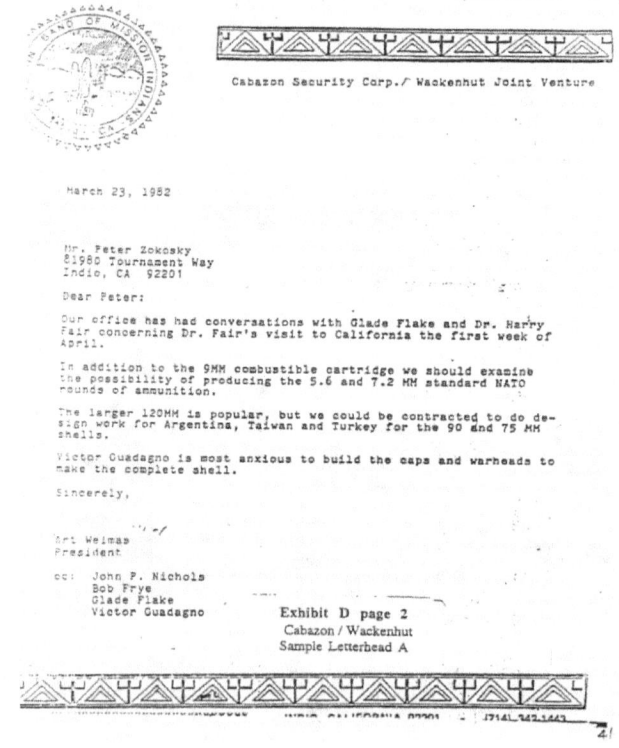

Figura 6.6- Pág. Anterior: documento desclasificado de la investigación de la Real Policía Montada de Canadá en enero de 2000, que relaciona a Michael Riconosciuto con el programa informático Promis, resaltado en el círculo hacia mitad del texto. Arriba: página que deja en evidencia la realidad del consorcio Cabazon Indians y Wackenhut Corporation, mencionado más adelante.

Presentaré brevemente a estos dos personajes, populares en los círculos ufológicos. Bill Cooper, o Milton William Cooper como se llamaba realmente, estudió en Japón donde estaba destinado su padre, siguiendo sus pasos al acabar sus estudios básicos y alistarse en la Fuerza Aérea norteamericana. Fue dado de baja con honores en 1965 y pasó a la Armada, combatiendo en Vietnam para su país. Obtuvo la Medalla del Elogio Naval V de combate, retirándose con honores en 1974.

Figura 6.7 – Muchos son los que han creído las teorías de Cooper, quién dio a conocer numerosas imágenes y vídeos supuestamente reales de personajes entrevistándose con alienígenas que colaboraban con un supuesto Gobierno Mundial secreto. En la imagen, el dictador chileno Pinochet, con un supuesto extraterrestre vivo, embajador de su planeta y asesor en el nuestro.

Tras esto trabajó como locutor de radio, si bien su éxito le vino como escritor, al publicar una serie de libros donde decía divulgar documentos clasificados que demostraban la colaboración con alienígenas, así como la recuperación de una veintena de aeronaves alienígenas estrelladas, a partir de las cuales se habría logrado desarrollar una tecnología híbrida entre la extraterrestre y la norteamericana. Ya puesto, también publicó un libro sobre la trama conspirativa que terminó con el asesinato de JFK (documental *Kennedy: the sacrificed King;*

"Kennedy: el rey sacrificado"), además de hablar de un supuesto orden mundial (documentales *the Secret Government* y UFOs: *the secret government*, *"El Gobierno Secreto y OVNIS: el gobierno secreto"*, entre otros) mencionando por primera vez a Majestic 12 (*The Secret Government: The Origin, Identity, and Purpose of MJ-12*, *"El Gobierno Secreto: el origen, identidad y propósito de Majestic 12"*), la organización secreta compuesta por presidentes de diversos países, junto con los cargos militares que mencioné en el primer capítulo de este libro.

Como en todos los casos de estos personajes controvertidos, la muerte de Cooper se produjo en extrañas circunstancias el 5 de noviembre de 2001 en Eagar, Arizona. Tenía 58 años. Al no pagar al fisco, sobre él pendía una orden de arresto. Según unas versiones, unos hipotéticos jóvenes ebrios comenzaron a incordiarle cierto día y, cuando Cooper bajó de su vehículo con un arma para amedrentarlos, los hombres de paisano se identificaron como agentes, usando muy malas artes que derivaron en una trifulca en la que al parecer Cooper encañonó a un agente, algunos dicen que llegó a herirle en una mano, y fue abatido. Según otros, fue perseguido por una patrulla que le dio el alto y cuando Cooper se apeó de su coche, le dispararon a quemarropa. No obstante reconozco que, de ser cierta la teoría que vengo esgrimiendo en este libro, que sostiene que el Gobierno estadounidense se ha escudado en los supuestos alienígenas para desarrollar sus proyectos armamentísticos, no habría ninguna razón para asesinar a Cooper, puesto que precisamente su trabajo contribuía a dar grosor y hacer más tupida si cabe la cortina de humo alienígena, en beneficio del Ejército y de los Servicios de Inteligencia de Estados Unidos.

Por tanto, posiblemente la muerte de Cooper fuese un cúmulo de malas acciones o de brutalidad policial, sin conspiración alguna respaldándola. Consideremos objetivamente la trayectoria de Cooper: sigue los pasos de su padre en el Ejército hasta que logra ser condecorado y licenciarse con honores. Para muchos eso ya habría sido motivo suficiente para retirarse y vivir de sus recuerdos, pero Cooper se alista en la Marina, logrando destacar y recibir reconocimientos varios. Y una vez retirado de ambos cuerpos... se dedica a escribir libros diciendo lo malos que son su Gobierno y sus Fuerzas Armadas, que manipulan a los ciudadanos y tejen a sus espaldas un gobierno paralelo...con seres de otros mundos que podrían destruir el nuestro. ¿¿Dónde debemos ubicar su exacerbado patriotismo en este desenlace de su historia?? La única explicación lógica coherente con su trayectoria es que siguiera trabajando para su país desde su aparente retiro, elaborando la tupida cortina de extraterrestres y tecnologías imposibles con la que camuflar verdaderos proyectos armamentísticos y sonados desastres, como el de contaminar con radiactividad a millones de civiles, como se vio en el capítulo anterior.

Pero las teorías conspirativas pueden ir más lejos. Recientemente, en 2006, surge un autor, Eric Berman, que ha publicado un curioso libro en el que sostiene que su exmujer resultó ser hija del nazi Otto Skorzeny y que llegó a contarle que el antiguo oficial de las SS, presintiendo su muerte, confesó a su hija haber asesinado a Tesla con una almohada en la habitación del hotel Wyndham New Yorker Hotel (NY) donde residía, robando después el contenido de su caja fuerte y llevando los documentos a Hitler, quien no había muerto en su búnker de Berlín, tema que trataré en otro capítulo más adelante.

Esta curiosa teoría tiene a su favor una media verdad, como cualquier buena trama que se precie. La mitad falsa es la relativa a la existencia en 1999 de Otto Skorzeny y su muerte, en 1975. El nazi vivió sus últimos años en Madrid, España, llevando una acomodada vida, a pesar de los muchos asesinatos y atrocidades en su haber, falleciendo en la capital española. Dejaba una viuda y numerosas evidencias fotográficas y testimoniales que corroboran tal fallecimiento. Sin embargo, la media verdad es lo enigmático de la muerte de Tesla, dado que las últimas amistades que le vieron vivo -y le llevaron algo para comer- no detectaron síntomas aparentes de enfermedad en él.. No obstante, a las pocas horas se encontraba su cadáver, tumbado sobre su cama hecha, vistiendo sus mejores galas y con los brazos cruzados sobre el pecho. Se han vertido ríos de tinta por numerosos autores que consideran que el genio de Tesla fue tal, que llegó a predecir su muerte y arreglarse para ella. No pudo tratarse de un suicidio ya que no había señal alguna de haber atentado contra su persona.

Siguiendo con la trama del componente alienígena, parte de los ensayos basados en anotaciones e inventos de Tesla, como la tecnología híbrida y antigravedad ovni o el teletransporte, que mencionó Cooper en sus libros y documentales, se desarrollaron entre otras instalaciones en las ubicadas en la reserva india de Cabazón, aunque, como en todos estos casos, no exista nada que respalde estas acusaciones o que les aporte algún indicio de veracidad.

Analicemos la versión de Berman ¿Qué era tan importante como para llevar al superagente y asesino profesional nazi, Skorzeny, a matar al insigne científico caído en desgracia? Pues ni más ni menos que la facultad de poder usar como mortíferos aviones-caza los supuestos "platillos" desarrollados por el Ejército estadounidense con ayuda de Tesla, en el secreto "Proyecto Haunebu"[3]. Los nazis se encontraban realizando un proyecto similar conocido por Vril, ya relatado en capítulos anteriores, pero no lograban que los platillos nazis tuvieran la maniobrabilidad de los de Tesla, así que Hitler envió a Skorzeny a entrevistarse con Tesla para hacerse con todas sus anotaciones e investigaciones al respecto, por las buenas o por las malas. Parece ser que fue la segunda opción. Debido a la colaboración secreta del sabio croata con el Ejército norteamericano, se justificaría la rápida confiscación de todos los documentos de Tesla por parte del FBI, en cuánto conoció su fallecimiento, con el fin de evitar que cayeran en manos enemigas.

Es cierto que durante el "proyecto Paperclip" fueron muchos los científicos nazis y criminales de guerra, más de 50.000 alemanes, reclutados por el Gobierno norteamericano, figurando Otto Skorzeny y su colega Reinhard Gehlen entre ellos. Los rumores sobre la posibilidad de actuar como agente doble persiguieron siempre a Skorzeny. Por su parte, su antiguo colega y compañero nazi de armas, Reinhard Gehlen, fue uno de los creadores de la CIA en 1947, así como de Odessa, la red de contactos para ayudar a escapar a los nazis de la Alemania ocupada por los Aliados, de la que hablaré más adelante.

El problema en la hipótesis de Eric Berman surge con una gran contradicción. En 1975 ocurre en Madrid, España, el fallecimiento de Otto Skorzeny, su entierro y la concesión de unas polémicas ayudas a su viuda. Sin embargo, Berman insiste en su historia, afirmando que su suegro reconoció en su lecho de muerte, el 31 de diciembre de 1999, con 90 años y bastante lucidez, ser Skorzeny y haber matado a Tesla.

Lo cierto es que el 6 de enero de 1943 fue encontrado el cuerpo sin vida del sabio croata en su cama, vestido con un impecable traje negro y con los brazos cruzados sobre su pecho. Muchos hablan de que este visionario llegó a vislumbrar el momento de su muerte, vistiéndose solemnemente para la ocasión. No obstante, investigadores más escépticos han apuntado con razón que su vestimenta es la que cabría esperar de un científico con graves problemas financieros que ha concertado una cita con un empresario interesado en sus investigaciones, la tapadera de Skorzeny. Son varias las amistades y conocidos que visitaron a Tesla en los días previos a su fallecimiento, relatando que su situación económica era tan precaria que sobrevivía a base de comer únicamente galletas y leche.

Hitler tenía conocimiento de las labores de Tesla gracias al contable y ayudante del científico, George H. Scherff, que trabajó a la vez para la Union Sulphur, relacionada con el magnate Rockefeller, y que era en verdad uno de los antiguos nazis reclutados por los norteamericanos en su proyecto Paperclip, tras la Guerra. El hijo que tuvo George H. Scherff, para evitar ser relacionado con el movimiento nazi, cambió su apellido pasando a llamarse George H. W. Bush. Sobra decir que es el mismo 41º presidente norteamericano y padre del también expresidente George Bush jr.. Bush "padre", hijo del ayudante de Nikola Tesla, George H. Scherff, fue el aviador naval más joven de la Armada estadounidense con 18 años y después director de la CIA entre 1976 y 1977, mudándose a Texas donde invirtió en petróleo, siendo millonario con 40 años. Posteriormente emprenderá su carrera política, que le convertiría entre 1981 y 1989 en vicepresidente con Ronald Reagan, hasta sucederle en la presidencia en 1990. Son varios los testigos que respaldan que cuatro días antes de morir Tesla, su supuesto ayudante y amigo, George H. Scherff, le había visitado ¿Trataba de obtener los documentos del científico para la causa nazi, o en esa visita concertó la reunión de Tesla con un supuesto empresario interesado en invertir en los trabajos del científico, que realmente era Skorzeny? Por si esta revelación no fuera lo suficientemente impactante, el escritor aclara que la razón para que el oficial nazi confesara todo esto al judío Berman es porque, según éste, Skorzeny dijo haberse sentido traicionado por Bush y otros agentes del Gobierno norteamericano debido al incumplimiento de lo prometido con respecto a sus compatriotas nazis.

No fue la única supuesta confesión que Skorzeny realizó a Berman ya que también le relataría cómo ayudó a huir al Fürher a Austria, en un avión que pilotaba Hanna Reitch, quedando en el búnker berlinés uno de los dobles de Hitler, que sería el encargado de realizar toda la parafernalia de su boda con Eva Braun y el suicidio conjunto de ambos. Por este motivo sus restos habrían sido envueltos en una alfombra y quemados antes de la llegada de los soviéticos, para borrar mediante el fuego todas las evidencias que permitieran comprobar que, a pesar del parecido, el fallecido no era el líder nazi.

De vuelta al pulpo

Por las intrincadas relaciones que se estaban poniendo de manifiesto al tirar del hilo del programa espía Promis, a toda esta trama se la conoció coloquialmente como "el pulpo", por sus numerosos tentáculos en diversas direcciones, siendo denominada así por el malogrado periodista Casolaro.

Pues bien, en enero de 2000 aterrizaron en Estados Unidos dos agentes de la Real Policía Montada de Canadá, Randy Buffam y Sean McDade, con el fin de investigar si la CIA a través de su programa espía había comprometido información valiosa de las Fuerzas de Seguridad Nacional canadiense. Tras contactar con el informático de la CIA Michael Riconosciuto y posiblemente amenazarle con penas de prisión - ya había cumplido condena tiempo atrás- éste les contó que en la reserva india de Cabazón se estaban llevando a cabo investigaciones, ensayos y desarrollo armamentístico por parte de la Corporación Wackenhut. Proporcionaban a la reserva grandes dividendos por permitir tales ensayos mientras miraba a otro lado y fingía desconocer lo que se maquinaba en el interior de las instalaciones. Este hecho no tendría mayor relevancia si no fuera porque la empresa Wackenhut, fundada en 1954 por el ex agente del FBI George Wackenhut, es la mayor agencia de seguridad privada del mundo, operando en más de 50 países. Sobra decir que la gran mayoría de los agentes que se retiran de los SEAL, CIA y FBI, así como de otros cuerpos de élite de diversos ejércitos del mundo, incluyendo el español, suelen terminar en la nómina de esta corporación, lo que le otorga jugosos conocimientos de los modos de entrenamiento efectivos y sus puntos débiles de estos ejércitos, así como de los trapos sucios de todos los líderes y gobiernos mundiales. Además, la Wackenhut es responsable de la seguridad del Área 51, lugar donde supuestamente se guarda un ovni, extraterrestres y hasta se experimenta con tecnología alienígena, según los partidarios de la conspiración ovni, como se ha relatado. Como supondrá el lector, los salarios de los agentes de la Wackenhut son una de sus principales bazas, convirtiéndole en el mayor ejército de mercenarios del mundo.

Pues bien, el mismo Riconosciuto confesó a los agentes canadienses haber trabajado como agente encubierto en una operación secreta en el Líbano, formando parte de la Agencia Antidroga de Estados Unidos, DEA. Y que, según relató, el propio Gobierno norteamericano, o al menos altos cargos de éste, pudieron sacar provecho de la drogodependencia de sus compatriotas. Señaló, por ejemplo, estrechas relaciones entre el fiscal Michael Abbell, ex alto rango del cuerpo del Departamento de Justicia, y el cártel de Cali en Colombia.

Casolaro estaba abriendo, con estas revelaciones, la caja de los truenos. Ya son muchos los libros que se han escrito haciendo de la CIA la mayor organización de narcotraficantes del mundo. Estas acusaciones parecen tener visos de veracidad al producirse la desclasificación de numerosos documentos, con el sello federal, que evidencian los negocios que la CIA realizó con cárteles de la droga, iniciando estas andanzas en la década de 1970 y alcanzando su máximo apogeo en la década de 1990. Así, entre los más de ocho mil documentos desclasificados por la denominada Acta de Información Pública, se encuentran varios que muestran cómo el Gobierno norteamericano invirtió más de dos mil millones de dólares en financiar a la resistencia afgana, talibán, para contrarrestar la presencia militar soviética en Afganistán, a través de los narcotraficantes talibanes. Acciones similares quedan en evidencia en diversos países de Iberoamérica.

y del MI-5 británico destapan la verdad sobre el tráfico de drogas

Puede resultar una sorpresa para muchos que el mercado mundial de la droga esté controlado y dirigido por las agencias de espionaje. En este 'mercado', los servicios de inteligencia británicos mandan sobre los demás.

Figura 6.8.- Periódicos de todo el mundo se hicieron eco de las relaciones entre la CIA y el narcotráfico durante diversos décadas.

Estos lapidarios documentos son a la vez complementados con declaraciones de exagentes del Servicio de Inteligencia Estadounidense, como el antiguo miembro del FBI, Michael Ruppert, que admiten sin ninguna duda la frecuencia con la que la CIA realizaba fuertes inversiones en el negocio de la droga, para financiar movimientos de resitencia y grupos paramilitares en diversos países, blanqueando sus ganancias por narcotráfico en Wall Street.

Esta es la razón por la cual, durante las campañas políticas contra las drogas en Estados Unidos, llevadas a cabo por presidentes como Ronald Reagan y George Bush padre, con los datos objetivos en la mano no sólo no se observa un retroceso en la entrada de droga a USA, sino que se multiplicaron por mucho las cifras alcanzadas en gobiernos anteriores. Estos documentos desclasificados muestran que ambos presidentes solían usar de manera habitual la inversión en carteles de la droga para duplicar beneficios económicos con los que financiar otras campañas de desestabilidad política de países geoestratégicos.

De hecho, la Comisión de Juristas encargada de elaborar informes anuales sobre el narcotráfico en el país no duda en señalar que cada año suelen blanquearse en Estados Unidos, con intrincadas operaciones financieras que utilizan numerosas empresas-tapadera para impedir el seguimiento de las fuentes reales del dinero, la nada desdeñable suma de 100.000 millones de dólares. Y va en aumento.

Éstas son sólo algunas perlas de lo aportado por Riconosciuto a la investigación llevada por el Ministerio de Defensa canadiense en relación con el programa espía Promis. Lo más rocambolesco es "el culebrón" que el propio Riconosciuto relató a los canadienses sobre su trayectoria personal. De acuerdo con sus explicaciones, en marzo de 1991 presentó una declaración jurada sobre su manipulación del software Promis al matrimonio Hamilton, para ayudarles en el juicio a raíz del robo del programa por parte del Departamento de Justicia, que no les pagó nada.

En su declaración sostenía haber modificado el

programa Promis entre 1981a1983 para el consorcio Cabazon Indians y Wackenhut Corporation, como director de investigación informática, añadiendo la "puerta de atrás" para acceder sin ser detectado a los ordenadores que usaran el programa como base de datos, manteniendo su versión ante la empresa Inslaw del matrimonio Hamilton, creador del Promis original, el Congreso de los Estados Unidos y los investigadores federales que le interrogaron. Señaló además a John Nichols, no indígena, como el mayor interesado por parte de la Cabazon Indians en la creación de tal consorcio con la Wackenhut Corporation. "Curiosamente", meses antes de la formación de tal sociedad, el 29 de junio de 1981, eran encontrados los cadáveres de Alfred Álvarez, Patricia Castro y Ralph Boger, todos ellos indígenas que se oponían a abrir las puertas de la reserva a la Wakenhut Corporation. Meses después, en enero de 1982, se encontró el cadáver de Paul Morasca en el condominio que compartía con Riconosciuto y otros inquilinos. Morasca trataba de facilitar al informático algún documento que relacionara a la Wackenhut Corp. con la CIA.

También un detective privado, contratado por Riconosciuto para engrosar la documentación sobre la empresa Inslaw, creadora del Promis y estafada por el Departamento de Justicia, fue hallado muerto en febrero de 1987 en el condado de Mason en Washington.

Posteriormente, en abril de 1991, moría tiroteado el abogado David Eximan, que también había colaborado con la CIA numerosas veces, un día antes de su reunión con Riconosciuto para cerrar la posible cita con una mujer de Filadelfia que decía poseer pruebas evidentes de corrupción de ciertos trabajadores del Departamento de Justicia.

Dos meses más tarde, el 19 de junio, se encontraba en su vivienda de San Francisco el cadáver de Alan Mayo, compañero de Riconosciuto durante la operación de los rehenes en Irán y "la Sorpresa de Octubre", cuando Reagan ganó las elecciones.

Aunque el forense consideró que había muerto de un ataque al corazón, en su sangre se encontró una mezcla de medicamentos que no solía ingerir, precisamente por el riesgo de padecer un infarto.

Figura 6.9- Izda: instalaciones en la reserva india Cabazon. Dcha: Michael J. Riconosciuto testimoniando sobre esta trama en televisión.

No tardaron en presentarse en el domicilio del informático unos agentes para detenerle supuestamente por asuntos de drogas, lo que hizo que Riconosciuto fuera a dar con sus huesos a la cárcel. Extrañamente, un tal Dali Dalahanty había tratado de avisarle de la incriminación por venta de drogas, que tanto el Departamento de Justicia como la DEA trataban de atribuirle. No volvió a saber de Dalahanty. Ni Riconosciuto ni nadie, pues desaparecía el 18 de agosto de 1992 como tragado por la tierra. Hasta el 13 de abril de 1994, cuando se encontraron algunos de sus huesos en el lago Bay.

Ese mismo año, 1992, trascendió una conversación telefónica grabada anónimamente, en la cual el propio Riconosciuto, al saberse investigado por la fabricación y venta de metanfetaminas, antes de ser encontrado culpable trataba de intercambiar información jugosa con un agente del FBI, si era tratado como Testigo Protegido Federal. Para su sorpresa, al relatar nombres y hechos, no se tuvieron en cuenta ni se investigó lo más mínimo a los personajes mencionados, siendo procesado como vulgar camello y fabricante de droga. El informático había encargado su defensa al abogado Peter Sandvugen, quién había llegado a formar parte de un equipo contratado por la CIA una década antes. El cadáver del abogado fue hallado el 2 de diciembre de 1992. Otro aparente suicidio.

Finalmente, en enero de 2000, con ambos agentes de la Policía Montana de Canadá, la información de Riconosciuto se consideró lo suficientemente valiosa como para contratar a la periodista Cheri Seymour como detective privado que les ayudara en la investigación.

Seymour había estado ya investigando por su cuenta lo que podía haber de cierto en el testimonio de Riconosciuto, cuando en 1992 había sido ignorado por los federales y otros investigadores del Gobierno. Al contactar con el informático en prisión, éste le confesó la existencia de un remolque en cierta zona del desierto californiano, que contenía numerosas cajas con documentos esclarecedores. En enero de 1992, Seymour había logrado obtener un par de estas cajas gracias a la ayuda aportada por un tal Ian Spiro, amigo de Riconosciuto, para demostrar la inocencia del informático.

Y de nuevo las desgracias. El primer día de noviembre de 1992, los periódicos norteamericanos publicaban en primera página un terrible crimen de género ocurrido en California. Gail Spiro había sido hallada muerta junto con sus tres hijos, en su rancho californiano. Tres días más tarde el cadáver de Ian Spiro, marido de Gail, se encontraba en el asiento delantero de su ranchera. La conclusión oficial de la investigación fue que el demente marido había tiroteado salvajemente a su familia para suicidarse más tarde en un rincón del desierto. Carpetazo.

Sin embargo, Ian Spiro había colaborado como agente encubierto de la CIA en varias misiones. Podría incluso tener relación con algún personaje de la Wackenhut Corporation.

Diez días más tarde era encontrado el cadáver del podador de los Spiro, José Aguilar, con un disparo en la cabeza. Ocho meses más tarde, el 23 de julio de 1993, aparecía el cadáver del abogado Paul Wilcher, en su piso de Washington. Había fallecido mientras investigaba ciertos aspectos de las pesquisas de Casolaro en relación con el programa Promis.

La Policía Montada logró a principios de 2000, con la ayuda de Seymour y Riconosciuto, recuperar nuevos documentos del oculto remolque que poseía el informático.

Estos documentos y muchos otros evidenciaron una complicada red de acciones ilegales realizadas por el Gobierno y otras instituciones gubernamentales, que darían para escribir numerosos libros, sin obviar los numerosos que ya existen publicados sobre este tema.

El rastro de extraños suicidios y muertes es kilométrico. Aquí tan sólo he mencionado los más destacados. Sin embargo, siempre me asalta la misma duda. De dar por cierta esta ingente conspiración ¿Por qué no "suicidaron" al informático Michael Riconosciuto, que movilizó a todos estos presuntos "suicidados" y que tanto daño podía hacer si confesaba y adjuntaba pruebas documentales que teóricamente podía conseguir, en lugar de matar a todos sus mensajeros?

Figura 6.10- Publicación haciéndose eco de las conclusiones de la investigación realizada por los agentes canadienses Sean McDade y Randy Buffam en relación con el programa espía Promis que les vendió Estados Unidos.

En fin, por lo complejo de esta trama, hay muchos investigadores que la consideran el Watergate de Reagan. No entro en ello. Nunca me han gustado las conspiraciones y cuando algo parece tan evidentemente conspiracional, inmediatamente se me enciende una lucecita escéptica que me pone en guardia, cuestionándome quien pretende vendérmela, por qué y qué esconde en realidad.

El objetivo de mencionar este complejo asunto es mostrar que en toda buena trama que implica al Gobierno norteamericano, siempre aparecen los alienígenas por algún sitio. Y como se ha visto, no nos han defraudado.

CAPITULO 7

EL INGREDIENTE NAZI

Se ha mencionado cómo durante los Juicios de Núremberg se llevó a cabo el mayor reclutamiento de asesinos nazis de la historia. Tal es así que el libro complementario de éste "Reclutemos a los nazis" se centra en este incoherente hecho que, bajo la denominada "Operación Paperclip" norteamericana -mal que nos pese- supuso el impulso tecnológico definitivo para los Estados Unidos, y no los pretendidos platillos volantes extraterrestres.

Los extraterrestres salen a escena

Como se ha visto, la CIA fue fundada en 1947, en buena parte por antiguos espías y militares nazis. También he tratado en capítulos anteriores los posibles platillos y otras naves desarrolladas por el II Reich que recordaban bastante a los ovnis.

Pues bien, curiosamente ese mismo año 1947 ocurrió en todos los Estados Unidos la mayor ola de avistamientos de extraños objetos voladores registrada hasta la fecha ¿Se estaba experimentando con estos aviones de tecnología alemana? De hecho, no es un secreto que uno de los fundadores y alto cargo de la agencia norteamericana espacial NASA era otro antiguo nazi. Llegados a este punto es necesario mencionar al "Proyecto Haunebu", basado –según los partidarios de las teorías conspirativas- en el desarrollo y perfeccionamiento de naves nazis incautadas por los norteamericanos hacia el fin de la Segunda Guerra Mundial, con una característica forma de platillo volador. Para los autores más escépticos, simplemente se llegó a ese diseño por sus líneas aerodinámicas. Para otros investigadores esa morfología respondería al hallazgo de una nave alienígena estrellada en territorio nazi, que permitió a los ingenieros alemanes investigarla por medio de la tecnología inversa, perfeccionándola. Una tercera teoría, muchísimo más rocambolesca se basa en el libro y memorias del propio Adolf Hitler, *"Mi lucha"*, donde reconocía tener contacto con un ser extraterreno que le hablaba y le aconsejaba irse en determinadas circunstancias, salvando milagrosamente la vida en los numerosos atentados que sufrió. También cuando siendo un simple soldado en las trincheras de la Primera Guerra Mundial, esa voz en su cabeza le ordenó que se fuera a otra zona y él hizo caso, impactando al poco tiempo una bomba enemiga que mató a todos los compañeros que permanecían en el lugar donde se encontraba hacía unos minutos. De las palabras del dictador nazi los ufólogos deducen una colaboración de los extraterrestres con el Ejército alemán, favoreciendo el gran desarrollo tecnológico del que dispuso, añadiendo además bases en la Antártida, que suponían entradas al interior de la tierra y todo un rosario más de mitos conspiranoicos.

De todos estos "aportes alienígenas" se beneficiarían los estadounidenses al contratar a altos cargos científicos y militares nazis, de acuerdo con las ideas de los partidarios de admitir extraterrestres entre nosotros.

Por otro lado, recordemos cómo la CIA trató de hacer

pasar a sus aviones espía en la URSS por naves alienígenas, dando pie a todo el gran mito y parque temático extraterrestre que ha supuesto Roswell y el Área 51. Intencionadamente o no, fueron muchos los que identificaron las nuevas naves militares norteamericanas como vehículos extraterrestres y la CIA en ningún momento trató de corregir tal error. Más bien al contrario, acababan de toparse con la cortina perfecta para ocultar todas las actividades militares en su propio país tras el telón de visitas alienígenas y abducciones extraterrestres ¿Se podía pedir más? La industria cinematográfica no se quedó atrás, fomentando esta paranoia con títulos tan conocidos y taquilleros como *"La Guerra de los Mundos"*, *"El planeta prohibido"*, *"El sheriff y el pequeño extreterrestre"*, *"Encuentros en la Tercera Fase"*, *"La Cosa"*, *"Starman"*, *"ET el extraterrestre"*, *"Alien: el octavo pasajero"*, entre otros, o series como *"Expediente X"*, en la que dos agentes del FBI parecen dar con un complot entre extraterrestres y el Gobierno norteamericano para conseguir una supremacía armamentística, consintiendo a cambio que los alienígenas experimentaran con humanos y les insertaran distintos chips de rastreo.

Los nazis colonizan la Antártida

Ciertos datos que nos han llegado, que sobrevivieron al saqueo de la documentación presente en búnkers y hangares nazis por parte de los ejércitos norteamericanos/británicos y soviéticos, principalmente; a partir de 1938, afirman que el almirante en jefe de la flota de submarinos de la Kriesgmarine (la Marina de Guerra Alemana), Dönitz, construyó para el Fürher una base antártica a la que huir si se diera el caso de que perdieran la guerra (IIGM). Siendo previsible que en esas circunstancias gran parte de Europa y de los principales países desarrollados estuvieran contra el Segundo Reich, lo más factible sería comenzar de cero, desapareciendo en el lugar más remoto posible, la Antártida, un territorio por entonces prácticamente inexplorado, cubierto de hielo y nieve. Con esta idea en mente encajaría la curiosa anécdota de la reclamación por parte de los nazis, en 1983, de su soberanía, sobre un vasto territorio antártico, al que llamaron "Neuschwabenland", "Nueva Suabia". Sostengo, como hice en mi primer libro *"Hitler quiere el Grial"*, que el interés alemán por las tierras de la Antártida radicaba probablemente en su riqueza en ciertos minerales escasos en la corteza terrestre pero vitales para la industria, como se ha venido constatando en las últimas décadas, más que en la idea de construir bases para la experimentación de tecnología alienígena, como defienden la gran mayoría de autores que analizan la presencia nazi en la Antártida.

Entre las distintas bases alemanas antárticas, destaca la diseñada por Hermann Göring, oficial de la Luftwaffe, denominada "Neuberlin", "Nueva Berlín". En esta expedición alemana de 1938 participó el buque nodriza "Schwabenland", Suabia, de ahí el nombre dado al nuevo territorio. Por el hecho de que existen aún muy pocos documentos disponibles, desclasificados, que aludan a esta expedición, las teorías de autores con una imaginación desbordante han dado lugar a toda una especie de leyenda urbana sobre la existencia de bases alemanas antárticas interconectadas en las que terminaron muchos tesoros expoliados de la Europa ocupada, llegados allí a bordo de distintos submarinos nazis cargados de obras de arte, joyas, lingotes de oro y plata y con altos cargos del Tercer Reich entre sus tripulantes de primera clase.

Como en toda buena historia conspirativa, encontramos entremezclados datos reales con aportes de libre invención de todos aquellos que han deseado aportar su granito de arena a la historia de la Segunda Guerra Mundial. Así, son varios los autores que dicen haber recabado testimonios de personas que dijeron haber presenciado cómo los nazis embarcaban maquinaria de tecnología punta en Ingeniería Civil, principalmente tuneladoras (máquinas para perforar la roca en los macizos montañosos), en grandes buques y submarinos que partían hacia el Atlántico. A su vez, otros autores rescataban testimonios de científicos que afirmaban haber visto maquinaria similar usándose en diversas zonas de Europa para construir túneles a través de las montañas, por ejemplo en la zona de los Alpes, llegando a vaciar montes y colinas para usarlos como búnkers, laboratorios o almacenes a prueba de todo tipo de bombas. Recordemos la historia real de los "Monument Men", la brigada de soldados aliados que se encargaron de buscar y rescatar gran parte de las obras de arte robadas por los nazis de propiedades judías y de museos y galerías de arte de las ciudades ocupadas. Lograron dar con grandes acumulaciones de tesoros, escondidas en diversas minas y túneles bajo tierra en zonas montañosas.

Figura 7.1.- Izda: el oficial James Rorimer (arriba, con una libreta de bolsillo en sus manos) supervisando la entrega de cuadros encontrados en el Castillo nazi Neuschwanstein, al museo de El Louvre. Dcha: fueron muchos los historiadores que se arriesgaron, como las dos mujeres de la Galería de Arte de París (en el centro, Edith Standen, cuyas anotaciones permitieron recuperar y devolver muchas piezas sustraídas por los alemanes).

Por tanto, era lógico pensar que iban a realizar labores similares en otros lugares a los que llegar por mar ¿Por qué no en la Antártida? Respaldan sus teorías con la insinuación de que algo de verdad debía haber cuando en 1947 los Estados Unidos enviaron a la Antártida un portaaviones, un acorazado y cuatro mil soldados, al mando del almirante Byrd. Esa expedición concluyó tras un par de días, dándose por perdida casi la totalidad de los efectivos, sin que hayan trascendido apenas datos de los hechos sucedidos ¿Qué ocurrió?

Lo cierto es que hacia el final de la contienda Goebbels, ministro de propaganda del Tercer Reich, sorprendía al mundo afirmando que habían desarrollado un arma que supondría la victoria total de Alemania ¿Qué artefacto era aquél tan poderoso, una posible bomba atómica, la primera de la historia?

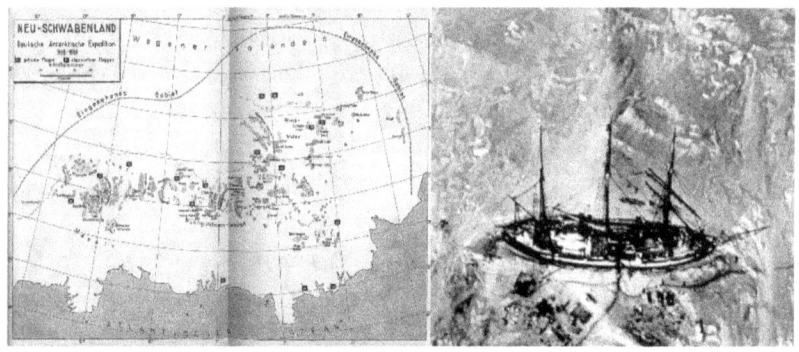

Figura 7.2.- Uno de los mapas, que supuestamente confiscaron las tropas norteamericanas de un búnker alemán, mostrando las construcciones nazis en la Antártida e imagen del desembarco de hombres y maquinaria del buque germano 'Schwaberland' en el polo sur, tomada desde el aire.

Nada hay que avale esta suposición, salvo que en mayo de 1945 los norteamericanos capturaron en aguas del Pacífico un submarino nazi U-234 muy modificado, con un tamaño que triplicaba los modelos normales, en cuyas bodegas no sólo transportaba diseños de versiones de las bombas voladoras V-2 y de aviones caza a reacción, sino lo que parece que era la primera bomba atómica, acompañada de piezas para su fabricación. Entre ellas, varios envases, ocultos en los tubos de torpedos del submarino, conteniendo uranio enriquecido ¿El destino del submarino nazi?: Japón. Según varios autores, el Fürher había acordado con el país nipón prestarle la tecnología y avances necesarios para que Japón asestara el golpe definitivo al enemigo común estadounidense ¿O fue una coartada convenientemente filtrada por la inteligencia norteamericana para limpiar su conciencia tras arrasar las ciudades de Nagasaki e Hiroshima con sendas bombas atómicas, alegando algo así como una especie de defensa propia, adelantándose a las intenciones de los nipones? No sería la primera vez que USA manipulara la realidad. Tienen antecedentes con el autosabotaje del Maine culpando a los españoles, o el ataque de Pearl Harbor, cuando la realidad ha constatado que ellos hundieron una hora antes y sin justificación aparente un submarino japonés, con toda su tripulación de la que no hubo supervivientes[1]. Este hecho motivó que Japón respondiera atacando la flota norteamericana atracada en el puerto de Pearl Harbor. A falta de pruebas concretas e imágenes de estos diseños y piezas de la supuesta primera bomba atómica, de fabricación nazi, insisto en que debe plantearse la veracidad de tal historia. Porque bien podríamos estar ante una justificación del ataque atómico de Norteamérica a Japón, tratando de escudarse en la "defensa propia" o, simplemente, que se adelantaron a los planes de su enemigo.

Siguiendo con el relato en que se basa esta suposición, todo lo confiscado al submarino nazi se envió a la base de la Portsmouth estadounidense y desde aquí se trasladó el 23 de mayo a la base de Los Álamos en Nuevo México, donde se hicieron los ensayos que dieron lugar a las bombas atómicas norteamericanas lanzadas sobre Japón, que pusieron fin a la contienda. Con todo, autores como José Lesta (*"El enigma nazi, el secreto esotérico del III Reich"*, 2003) afirman que las bombas lanzadas por el ejército estadounidense eran totalmente alemanas, claramente reconocibles por poseer una morfología muy distinta a las norteamericanas.

Alienígenas antárticos

He mencionado la expedición norteamericana a la Antártida, comandada por el almirante Byrd en 1947 y cómo finalizó de manera repentina dejando gran cantidad de bajas militares. Pues bien, no han faltado investigadores que han relacionado esta expedición con el hecho de que fuera precisamente a partir de ese año cuando comienzan "oficialmente" los testimonios de personas que aseguran haber visto extraños objetos voladores surcando los cielos y haciendo maniobras virtualmente imposibles para la tecnología de la época.

De hecho, se sabe que el primer avistamiento del que se tenga noticia sucedió a las dos del mediodía del 24 de junio de 1947. El testigo no era un granjero de escasos estudios, sino un piloto estadounidense con una larga trayectoria profesional a sus espaldas, llamado Kenneth Arnold. El "tropiezo" ocurrió durante una misión para la localización de un avión militar siniestrado. Se encontraba al bordo de una avioneta, entre Chelalis y Yakima, en el estado de Washington, cuando observó un conjunto de extraños objetos en el cielo, cerca del Monte Rainier, que describió *como platos volantes deslizándose sobre el agua*, a unos 2400 km/h. Me resulta bastante curioso que el piloto fuera enviado en busca de una nave militar siniestrada ¿Podría ser que los propios "platillos volantes" fueran esos aviones militares de última tecnología y construidos bajo el más estricto secreto militar? De hecho, Arnold es enviado directamente a encontrarse con ellos ¿O se trataba simplemente de utilizar a este piloto para que su impacto al observar esas nuevas armas diera rienda suelta a su imaginación y en consecuencia dijera a los medios y a la opinión pública, como hizo, que los extraterrestres habían llegado a nuestro planeta, dando así el pistoletazo de salida a la fiebre ufológica, con el testimonio de un personaje tan respetado entre la sociedad norteamericana como un reputado piloto militar de cazas? No sería nada descabellado. En mi libro *"Hitler quiere el grial"* defiendo la hipótesis de que Hitler, Himmler y otros dirigentes nazis elaboraron una sofisticada cortina de humo con supercherías, teorías New Age, esoterismos varios y la creencia de la Tierra hueca para que fueran tomados por locos y así poder experimentar y desarrollar todo tipo de armamento, sumamente desarrollado tecnológicamente, ante las propias narices de los Aliados que les tomaban por chiflados buscadores de reliquias sagradas, burlándose de ellos. Pero *"quién ríe el último..."*

Por las mismas fechas de ese mes y año de 1947, ocurre el incidente de Roswell. Además es también el año de la fundación de la CIA, el Servicio de Inteligencia norteamericano, y ocurría la expedición de Byrd en la Antártida, conocida con el nombre en clave de "Operación Highjump" (oficialmente *The United States Navy Antarctic Developments Program, 1946-47)*, o "salto elevado".

¿Qué es la Operación Highjump? Oficialmente fue una megaexpedición, implicando 13 barcos militares de gran envergadura, así como 4.700 hombres y numerosas naves de distinto tipo, para estudiar cómo respondía el armamento y los soldados ante temperaturas extremadamente bajas (Botaya, *"Antártida 1947: La Guerra que nunca existió",* 2010). Pero según otros autores, consistió en atacar las instalaciones nazis en la Antártida, donde se vieron sorprendidos por un ovni que respondió al ataque norteamericano, causando numerosas bajas y dando al traste con una misión planeada para seis meses de duración, además de conllevar que el Secretario de Defensa norteamericano James Vincent Forrestal se suicidara en extrañas circunstancias, saltando desde la habitación del hotel en el que estaba ingresado curándose de una depresión, como vimos al hablar sobre Majestic-12, cerrándose con ello cualquier idea sobre el asunto y dejando sin investigar la extraña circunstancia de que su suicidio ocurriera la noche anterior a la mañana en la que su hermano iba a recogerle para llevárselo del hospital militar en el que llevaba un mes incomunicado. Resulta asimismo extraño que esa misma noche ningún médico o enfermera atendiera la planta en la que estaba Forrestal y que tampoco se investigaran las señales que bajo el marco de la ventana fueron consideradas por algunos como indicios de forcejeo. Aunque no se tienen datos incuestionables de esta suposición, al menos por el momento. Con todo, no deja de ser irónico que la operación con la que se asocia a Forrestal se llamara "salto de altura", cuando oficialmente el ex Secretario de Defensa acabó suicidándose al lanzarse al vacío desde una ventana situada en un decimosexto piso.

Para los autores que desean eliminar el componente alienígena de la ecuación, el Ejército norteamericano decidió mandar numerosos efectivos a la Antártida, alertado por la numerosa actividad allí detectada, pues suponía que los nazis estaban haciéndose fuertes allí construyendo bases que les permitieran atacar a USA. Se preveía que el proyecto iba a durar un año. Sin embargo a las pocas semanas, con numerosas bajas de armamento y efectivos, se da por concluido, dando un sonoro carpetazo al asunto. Desde entonces la Antártida dejará de ser visitada e incluso se considerará una especie de santuario mundial natural a preservar, impidiendo el acceso a las demás naciones, a fin ella a fin de preservarla, en teoría, libre de contaminación.

Pues bien, no han faltado partidarios de la hipótesis de que al desembarcar en la Antártida los efectivos de la operación Highjump encontraron instalaciones militares nazis en las que se encontraban armas sumamente desarrolladas, que tuvieron efectos trágicos para la expedición.

Entre ellas destacaban las bombas atómicas. Se inicia la batalla entre ambos bandos y finalmente se detonará una de estas bombas nucleares causando las altas bajas de soldados alemanes y estadounidenses, contaminando de radiactividad la zona. De ahí la necesidad de prohibir el acceso a la Antártida durante décadas. La detonación habría afectado a la atmósfera, lo que justificaría que allí el agujero de la capa de Ozono sea mayor que en ninguna otra parte. Precisamente porque de allí tomarían los norteamericanos los artefactos basados en la fisión nuclear: bombas y submarinos atómicos, entre otros, muchos han querido ver en el nombre de esta operación "salto elevado" la confirmación a su teoría.

La hipótesis no deja de ser curiosa, sin embargo no existen pruebas que la corroboren. Por otro lado, si realmente aquí detonó al menos una bomba atómica similar a las dos que los norteamericanos soltaron el 6 y 9 de agosto de 1945, por orden del Presidente Harry S. Truman, en Japón (que según autores ya mencionados eran de fabricación alemana), ¿Por qué sobre la isla nipona no se generó un agujero en la capa de ozono similar o doble, dado que se detonaron dos bombas?

Hora punta en La Tierra

Otro aspecto que me deja atónita de todas estas cuestiones que estamos considerando es que, de ser cierta la suposición de que en 1947 llegaron los alienígenas a nuestro planeta, cruzándose con el piloto Kenneth Arnold cerca del

Monte Rainier el 24 de junio de 1947 y estrellándose en Roswell al mes siguiente, incluso por duplicado, y si damos por cierto el documento confidencial desclasificado que alude a dos naves extraterrestres estrelladas, habrá que admitir que los alienígenas aprendieron la ruta con inusitada rapidez, ya que en los siguientes años nuestro planeta estará más concurrido por naves extraterrestres que las calles más céntricas de cualquier gran ciudad en hora punta. De hecho, en esta década que va de 1947 a 1957 se crearán todos los elementos que actualmente configuran la Ufología moderna.

Los platillos volantes llegarán de la mano del mencionado piloto Arnold. Otro militar, el Mayor retirado Donal E. Keyhoe, publicará en 1950 su best-seller *"The Flying saucers are reals"*, *"los platillos volantes son reales"* contribuyendo no sólo a que el nombre de "platillo volante" arraigue en la cultura popular sino la idea de visitas de seres de otros mundos silenciadas por el Gobierno. La idea de recuperación de naves alienígenas por el Ejército, amenazando a testigos e incluso teniendo cuerpos de extraterrestres en su poder, llegará de la mano del incidente de Roswell, en el que también veremos a numerosos oficiales militares dando alas a estas ideas y manipulando las informaciones dadas a los medios, diciendo y desdiciendo continuamente sus declaraciones.

Hasta tal punto parece ser la Tierra el nuevo destino vacacional de moda en las Galaxias que por estas fechas aterrizará (nunca mejor dicho) Valiant Thor, el supuesto representante de La Confederación Galáctica pidiendo audiencia al mismísimo presidente norteamericano y posteriormente a las Naciones Unidas, como vimos en el capítulo 5. En 1951 se estrenaba en los cines la película de Robert Wise, *"Ultimatum a la Tierra"* basándose en la rocambolesca historia de este marciano representante de las Naciones alienígenas Unidas (la Confederación Galáctica) para señalar a los terrícolas que desistieran en su idea de utilizar tecnología nuclear. Ese mismo año, septiembre de 1961, nacería la idea de la abducción o secuestro alienígena a raíz del testimonio de una pareja que confesó haber sido raptada por una nave que los sobrevoló cuando iban en coche, sometiéndoles a todo tipo de experimentos. El psiquiatra que los atendería, Benjamín Simon, siempre consideró la historia como un claro caso de manipulación por parte de la mujer, Betty Hill, que obsesionada con los relatos e historias de visitas alienígenas acabaría inventándose entre sueños una enrevesada historia que su marido, Barney, terminó por creer a base de oírla una y mil veces.

La conmoción que creará el film *"Ultimatum a la Tierra"* será tal, que un año más tarde de su estreno en 1951 será un exvendedor de perritos calientes y hamburguesas, George Adamski, quien se convertirá en personaje de gran interés al repetir un mensaje muy similar al del extraterrestre Thor, pero en este caso porque un venusino ha contactado con él para hacerle portavoz de los temores de la Confederación Galáctica, dado el poco efecto que tuvo la visita de Thor, convirtiéndose así en el primer humano contactado por alienígenas en nuestro planeta. La fiebre se desatará y en 1955 ocurren dos hechos trascendentales: mientras en la granja Sutton de Kentucky el 21 de agosto tuvieron que huir sus ocupantes, disparando frenéticamente contra seres que trataron de entrar en el hogar tras llegar en sus naves cruzando el cielo nocturno, la extrabajadora de la base aérea Wright-Patterson rompe su juramento de silencio al estar en la fase terminal de un cáncer y «*nada podrá hacerme ya el Tío Sam cuando esté bajo tierra*», confesando a periodistas que ella trabajó archivando documentos y restos de naves extraterrenas en los almacenes de la base, donde oyó que se conservaban los cadáveres de los alienígenas de Roswell y que un día que trabajaba en uno de los enormes almacenes vio cómo unos militares transportaban un recipiente metálico alargado en cuyo interior iba el cuerpo de un extraño ser de 1,40 cm de altura. Estas dos historias no solo alimentarían el pánico a un ataque alienígena en la América profunda sino que comenzaban a desarrollar la idea de un mega almacén con todo tipo de elementos extraterrestres en suelo estadounidense, bajo tierra. Este supuesto acabaría germinando en la ingente cantidad de ideas que se han vertido sobre el Área 51, con la que pondremos el broche final a este trabajo en el capítulo siguiente.

La visita alienígena y sus belicosas intenciones estaba comenzando a verse como un hecho plausible para el pueblo norteamericano, reforzándose con el estreno en los siguientes meses, en 1956, de la película *"Planeta Prohibido"*, a la vez que todo tipo de rocambolescas historias salían a las librerías con gran éxito de ventas. Para entonces la fiebre de los ovnis era prácticamente una epidemia, contándose por centenares los testimonios de visiones de extrañas luces en el cielo, de raptos alienígenas o de gentes que han disparado a extraterrestres al ser visitados por ellos en sus casas o vehículos. Hacia 1970 incluso contarán con otro poderoso aliado: el Triángulo de las Bermudas y sus desapariciones misteriosas, también asociadas a extraterrestres. Por esta fecha se añadirá el último de los ingredientes: los "Hombres de Negro", la pareja de agentes uniformados de alguna agencia gubernamental que se presenta a los testigos de avistamientos e investigadores "de la verdad alienígena" para amenazarlos y llevarse cualquier prueba de sus investigaciones y presencia extraterrestre. La coctelera está lista para ser usada: cientos de casos de avistamientos, naves estrelladas por casi todos los lugares del mundo (recuperadas cómo no por los ejércitos correspondientes, que echan su telón de silencio al respecto) y cadáveres extraterrestres en todo hangar militar que se precie. Todo ello en diez o veinte años, a lo sumo.

Los Triángulos de la Muerte

He mencionado el Triángulo de las Bermudas, llamado así a partir de que Charles Berlitz publicara en 1974 su famosa obra *"El Triángulo de las Bermudas"* en la que recopilaba cualquier incidente ocurrido en el espacio comprendido entre la isla Bermuda, el extremo de Florida y la isla de Puerto Rico, recogiendo el nombre que diera Vicent H. Gaddis a un artículo que publicó en 1964 en la revista *Argosy* titulado *"The Deadly Bermuda Triangle"*, *"el triángulo de la muerte de Bermudas"* pues, como señalaba Gaddis, «*Traza una línea desde Florida hasta Bermuda, otra desde Bermuda hasta Puerto Rico, y una tercera línea de regreso a Florida a través de las Bahamas. Dentro de esta área aproximadamente triangular, conocida como el "Triángulo de las Bermudas", se han producido la mayor parte de todas las desapariciones ocurridas. Otras han sucedido en áreas adyacentes al norte y al este, en el Atlántico, al sur en el Caribe y al oeste en el Golfo de México*». De esta manera tan peculiar vemos que ambos autores engloban en este área "y aledaños" todo tipo de desapariciones que ocurran en el extensísimo océano Atlántico. Charles Berlitz fue también conocido por ser el coautor junto a William Moore, del que ya he hablado, de los también best-sellers *"El Experimento Filadelfia"* (1979) y *"El Incidente"* (1980), sobre el caso Roswell.

Se comprueba en sus libros que Berlitz contribuyó en gran medida a asentar la idea de las conspiraciones militares. Se daba el pistoletazo de salida a toda una amplia serie de películas, llaveros, camisetas y otros artículos, basándose en la mezcla de dos rocambolescas ideas: los alienígenas raptores y un mar lleno de misterios. Después de todo, si las ideas de abducciones en vehículos o en hogares resultaba ser una fuente inagotable de dinero ¿Por qué no extrapolarlo al aire y al agua? Jugaba además con una baza sumamente interesante: el organismo militar nunca entraría a contradecir sus afirmaciones por descabelladas que resultaran y si lo hacían siempre estaba la opción de recurrir al secreto o a la desinformación gubernamental, lo que daría aún más crédito a sus alocadas teorías en la legión de partidarios de las conspiraciones alienígenas, que crecía exponencialmente con cada nueva película y libro sobre el asunto.

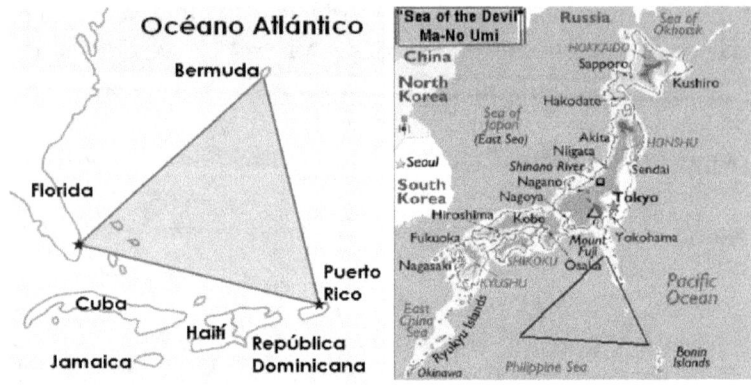

Figura 7.3.- Dos de los "triángulos de desapariciones" más famosos: el de las Bermudas (a la izquierda) y el del "Mar del Diablo", en Japón (a la derecha).

El problema es que, como todos los elementos de este edificio que es la Ufología, la teoría y datos estaban escasamente contrastados. En parte porque el propio Ejército norteamericano dificultaba la investigación sobre muertes o desapariciones de "sus muchachos" en los ensayos o pruebas que salían mal. Y eso es exactamente lo que ocurrió con el pilar fundamental de la idea del Triángulo de las Bermudas: el incidente de los aviones V19, acaecido el 5 de diciembre de 1945. Recordemos que todo comenzó con una prueba de pilotaje del instructor de vuelo, el teniente Charles C. Taylor, cuando dirigía a un grupo de inexpertos pilotos, cada uno de ellos al mando de una pequeña nave. Despegaron las cinco avionetas del Fort Lauderdale, en el este de Florida, un despejado mediodía (14.10 hora local) que fue complicándose conforme se adentraban en el mar, pues la idea era acostumbrarse al vuelo en mar abierto usando como referencia los aparatos de a bordo (se comprobó previamente su correcto funcionamiento), sobrevolando las islas Hens y Chikens, para regresar de nuevo a la base en un tiempo estimado de unas dos horas de vuelo. Partieron con todos los depósitos repletos de carburante. El plan de ruta (vuelo 19) contaba con un trayecto (hacia el Este) de unos 198 km, para realizar luego un primer viraje N-SO siguiendo unos 117 km en el que lanzarían unas bombas una vez recorridos unos 90 km, cerca de la isla de Gran Bahama. Tras esto harían un segundo viraje SO para recorrer los 197 km que los separasen de la base, en la que aterrizarían. Pues bien, las señales de radio interceptadas por diversos aviones de la zona permitieron confirmar que todo iba bien hasta después de que las bombas fueron lanzadas.

A partir de entonces es cuando comienzan las anomalías. Una de las conversaciones que se captaron era la de una voz preguntando a uno de los pilotos sobre lo que le marcaba la brújula. El piloto, tras guardar silencio unos segundos respondía duditativo que no lo sabía *«no sé dónde estamos… parece que nos perdimos después del segundo viraje»* Así las cosas, alertada la base, en tierra el avión militar FT-74 trata de ponerse en contacto con el grupo para ver si todo va bien o si pueden ayudarles a ubicarse.

Tras un rato sin respuesta, escuchan: *«aquí FT-28 (era el instructor, al mando del grupo) Mis dos brújulas quebraron. Quisiera llegar a Fort Lauderdale, Florida. Estoy arriba de tierra, pienso estar por encima de los Key, pero no sé donde exactamente y no sé cómo llegar a Fort Lauderdale»* Vuelven a hablarle informándole que no se encontraba sobre los Florida Key sino que estaba por encima de una de las islas de las Bahamas, de manera que debía poner rumbo norte para llegar a la base, orientando su ala izquierda hacia el sol.

A las 16:46 reciben como respuesta la última comunicación del instructor de la que se tiene constancia: *«aquí FT-28, ponemos rumbo a 030° durante 45 minutos, después iremos pleno norte. Estaremos seguros no estar en el golfo de México»*, dirigiendo a toda la flota a mar abierto.

Investigadores rigurosos que han analizado todos los acontecimientos llegaron a la conclusión de que aquél fatídico día el teniente Charles C. Taylor cometió dos graves errores que costaron la vida de los cinco pilotos del grupo: uno fue partir sin su reloj de pulsera, elemento imprescindible para orientarse como apoyo y el segundo fue tener tal confianza en su instinto que no se dejó influir por los datos certeros que recibía de la radio. Al haber llevado de manera inconsciente al grupo de aprendices a una posición distinta de la que debían seguir, encajaría la frase del piloto que, confuso, no entendía lo que marcaba su brújula, que señalaba correctamente, pero mostrando que no se encontraban en el lugar que el instructor aseguraba que estaban. De esta manera los aviones siguieron alejándose de la costa norteamericana adentrándose en el mar hasta que sencillamente fueron quedándose sin combustible, cayendo e impactando contra el mar, falleciendo sus tripulantes.

La base Fort Lauerdale mandó a un bombardero en busca de la pequeña flota o para localizar cualquier resto de ella, a fin de que pudieran ser rescatados. No encontró nada, parecía que se los hubiera tragado el mar sin dejar señal alguna, aunque lo que realmente ocurría era que los aviones se encontraban en otra zona distinta.

Siguieron con la búsqueda, pero el bombardero tampoco volvió, avivando el misterio. Y el mar estaba cada vez más agitado, afectando a las corrientes de aire. En los días siguientes algunos buques hablaron de una mancha grande de carburante en las aguas, sin duda dejada por el impacto del bombardero contra el mar.

Figura 7.4.- Imagen de cinco aviones similares a los extraviados en el vuelo 19. A la derecha, un bombardero similar al que salió en busca de los militares.

El investigador Larry Kusche publicó en 1975 su meticuloso estudio sobre esta misteriosa área en su libro *"The Bermuda Triangle Mystery-Solved"*, *"El misterioso Triángulo de las Bermudas resuelto"* concluyendo que no hubo nada extraterreno ni paranormal en el vuelo 19, sino un cúmulo de errores y malas decisiones.

De esta forma, Larry Kusche destruía el caso principal que sustentaba la idea de esta zona fantasmagórica y embrujada.

Analizando concienzudamente todas las desapariciones ocurridas en este "triángulo de la muerte", mostró cómo la gran mayoría de ellas no solo no ocurrieron en la zona caribeña señalada (figura 7.5), sino que en muchos casos no hubo nada de inexplicable en los sucesos registrados como tales, y en otros se habían añadido datos que realmente no ocurrieron o sucedieron en casos distintos al que se describía. Con todo, la fama de esta zona "maligna" siguió incrementándose.

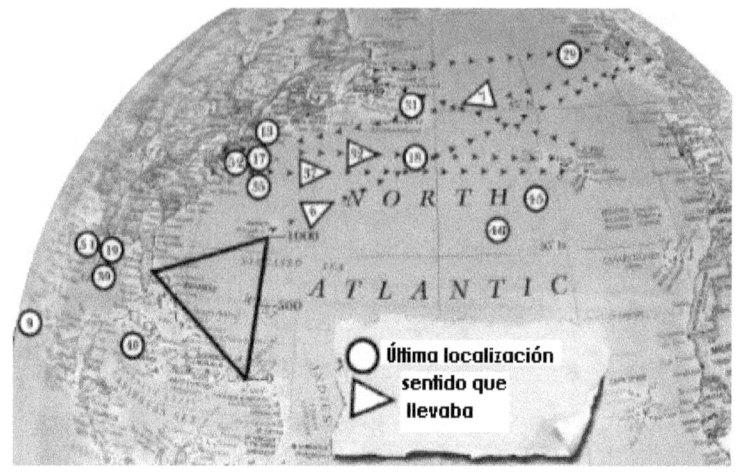

Figura 7.5 – El investigador Larry Kusche muestra la última localización conocida (con círculo) y en ocasiones, el rumbo que llevaba (triángulo marcando el sentido que seguía), de muchos casos tenidos por accidentes en el Triángulo de las Bermudas, señalado en el mapa.

Tal ha sido la fama de esta zona que a lo largo de los años se han ido dando a conocer otros "triángulos de la muerte", con muchas desapariciones ocurridas en ellos en prácticamente cada zona estratégica, en la que es normal que se de mayor afluencia de viajes que en otras áreas. Así, se conoce uno en el Mar del Japón, "Mar del Diablo", en Alaska, en el Lago Michigan, en la zona de Azores-Canarias-Marruecos, en Rusia, en Iraq, en el Sáhara..y siguen. Alguno incluso abarca toda la zona de Oriente Próximo y el Mar Rojo.

La idea fue desarrollada por el biólogo y aventurero, Ivan T. Sanderson, autor de obras tales como *"Invisible residents, the reality of underwater UFOS"* (*"moradores invisibles, la realidad de los ovnis submarinos"*) o *"Abominable Snowmen, legend come to life"* (*"El Abominable Hombre de las Nieves, una leyenda hecha real"*) en el que creaba la idea de una serie de triángulos malditos relacionados en su localización espacial y relacionada con bases de "osnis", objetos submarinos no identificados, así como las bases de la criptozoología.

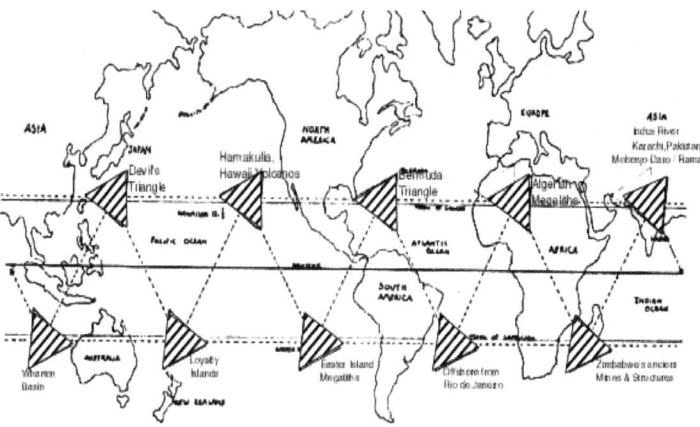

Figura 7. 6 – Ivan T. Sanderson estableció diez triángulos malditos en nuestro planeta, equilocalizados con respecto a ellos y al ecuador. Debidos a las condiciones de corrientes aéreas y marinas que dan lugar a una serie de inestabilidades que llevan aparejadas anomalías electromagnéticas.

De acuerdo con Ivan Sanderson, en estas zonas se da la confluencia de corrientes de aguas frías con corrientes de aire caliente, y viceversa, que generan una serie de anomalías a todos los niveles capaces de generar las condiciones meteorológicas más adversas y extrañas, afectando al electromagnetismo de esas áreas, que a su vez influye en el comportamiento anómalo de los seres vivos y de los aparatos eléctricos. Este concepto ha sido posteriormente extendido por otros investigadores, especialmente anglosajones, que no han dudado en ampliarlo para incluir así un área en Inglaterra (próximo, cómo no, a Stonehenge) y varias en Norteamérica. Sin embargo, como ya hiciera Larry Kusche con el Triángulo de las Bermudas, si sometemos estas ideas a un riguroso escrutinio, encontraremos miles de incoherencias. Sin ir más lejos, la extensión de estos triángulos, que llegan a abarcar una

superficie casi como la de Australia. Con semejante
dimensión, raro es que no se encuentre una desaparición,
accidente o hecho aparentemente extraño.

CAPITULO 8

EL ÁREA 51

Posiblemente la base militar que más ríos de tinta ha hecho correr en la historia sea la denominada "Área 51", encumbrada a la fama por gente que aún no la conociera, a través de la película *"Independence Day"*, al hacer de esta base la depositaria de diferentes cuerpos alienígenas recuperados de accidentes de ovnis, entre ellos el de Roswell.

Figura 8.1.- El área 51 es quizá la zona de Estados Unidos que, junto con la Casa Blanca, está sometida a los mayores controles de seguridad. Todo lo que se ve en superficie es un conjunto de hangares en medio de una llanura desértica.

Desde que comenzó a hablarse de platillos volantes u ovnis (UFO, en inglés), no han faltado personas que hagan de esta base norteamericana el almacén de restos de otros mundos, fragmentos de naves alienígenas, meteoritos y piedras recogidas fuera de la Tierra, de extraterrestres vivos y muertos (se considera que la supuesta autopsia a los extraterrestres de Roswell se hizo aquí) y de tecnología híbrida obtenida a partir del análisis de naves alienígenas. Incluso hay quién considera que el vídeo de la llegada del hombre a la Luna en realidad fue una simulación grabada en esta base para hacer creer al mundo entero que USA había ganado a la URSS la carrera armamentística y tecnológica (Corso y Birnes, 1998; Parmentier, 2004; Friedman y Strieber, 2005; Whitehead, 2011; Lueder, 2012; Javier Sierra, 2013; Lafayette, 2013; Carey, Schmitt y Tracy, 2013; entre otros). De hecho, en 2009 el escritor Bernd Ingmar Gutberlet (*"Las cincuenta grandes mentiras de la historia"*) confirmaba que el 20 % de los norteamericanos consideraban que el alunizaje fue una patraña, como resultado de una encuesta.

Las historias ganaban fiabilidad conforme iban declarando más personajes que decían haber trabajado en la base militar bajo fuertes medidas de seguridad y haber presenciado tecnologías imposibles o cadáveres de alienígenas. Al considerar que el resto de la humanidad debía estar al tanto de estos hechos, los "Men in Black" u "Hombres de Negro", supuestos funcionarios del gobierno, vestidos con trajes de etiqueta, gafas de sol y cara de pocos amigos, se dedicaban a perseguirles, amenazarles e incluso matarlos en extrañas circunstancias, de manera que pudiera parecer un suicidio.

Lo más curioso es que todos estos "testigos" eran o habían sido militares, lo que hacía suponer a muchas personas, yo entre ellas, qué ocurriría si el propio Ejército norteamericano deseara ocultar sus experimentos bajo fantásticas ideas de visitas alienígenas. De esta manera podrían moverse con casi absoluta libertad puesto que si hacían mucho ruido, explosiones o se veían extrañas luminarias en el cielo nocturno del desierto, no cabría esperar menos de nuestros posibles vecinos cósmicos, mucho más adelantados que nosotros, ¿no?

A lo largo de este libro se ha ido viendo cómo los asuntos más inverosímiles y en apariencia nada relacionados con el Área 51 terminaban confluyendo en estas remotas instalaciones. Y siempre aparecían los extraterrestres o sus naves, en algún recoveco extraño de la historia. Como digo, una elaborada pero laboriosa coartada, perfecta para poder ensayar a gusto con todo tipo de juguetitos de la industria armamentística, y con los civiles, sin tener que dar explicaciones ni ser juzgados por ello.

A pesar de todo, autores como Annie Jacobsen (2010) y Yenne (2014) comenzaron a divulgar otra historia sobre el Área 51 con los mismos ingredientes de misterio, espionaje y tecnologías imposibles, pero mucho más terrenales que las supuestas teorías de ovnis, ya tan populares. Finalmente la propia CIA ha terminado desclasificando documentos relativos a esta base militar que muestran una realidad más verosímil y admitiendo por fin su existencia el 16 de agosto de 2013, a través de un comunicado de la agencia.

Ante la oposición de la CIA a permitir el acceso a las instalaciones de la base a la periodista Annie Jacobsen, ésta se dedicó a la búsqueda de numerosos científicos y militares ya jubilados que trabajaron allí, entrevistándose con 74 personas. Con sus declaraciones escribió un libro titulado *"Area 51: An Uncensored History of America's Top Secret Military Base"* (2011). En él defiende cómo estas instalaciones fueron el bastión en el que se realizaron todos los avances tecnológicos durante la Guerra Fría, lejos de la mirada de curiosos. Tal era el celo de lo que allí se realizaba que llega incluso a afirmar que cuando el presidente Bill Clinton requirió el acceso a los documentos sobre lo que allí se estaba experimentando, la CIA se lo denegó. Esta opacidad ha enervado siempre a la periodista, llegando a afirmar *"uno de los principales asuntos de mi libro es diferenciar entre la 'necesidad de saber', lo que debe clasificarse por motivos de Seguridad Nacional, y lo que debe clasificarse porque los ciudadanos de América podrían considerarlo inaceptable"*.

Entre el armamento puntero que se desarrolló en esta base destacan el avión espía de la CIA U-2, así como el prototipo A-12.

Figura 8.2- Militares descargando un prototipo armamentístico con la mayor discreción, completamente tapado a la vista de curiosos (izda). Dcha, montaje del prototipo A-12 en el Área 51.

Por su parte, el National Geographic no dudó en hacer un documental llamado *"Los archivos secretos de la CIA: el área 51"* (figura 8.3) mostrando gran parte de los hechos que en realidad ocurrieron en esta zona del desierto norteamericano de Mohave, Nevada, a 130 kilómetros de la ciudad de Las Vegas y, cómo era de suponer, todo estaba relacionado con la Guerra Fría. El sumo secreto que ha rodeado siempre a estas instalaciones se justificaba por lo novedoso de los prototipos que allí se estaban realizando, diseñando o perfeccionando. De ahí que se llegara a amenazar con la pérdida de la propia vida a los trabajadores si revelaban algo que pudiera poner en peligro el misterio sobre los nuevos aviones militares.

Como viene siendo habitual en estos casos, la realidad suele superar a la fantasía, así que terminó trascendiendo que el Área 51 comenzó con unos pocos cobertizos durante la postguerra de la Segunda Guerra Mundial (conocida como "Guerra Fría", dado que aunque nunca hubo declaración de guerra, la URSS y Norteamérica comenzaron a espiarse mutuamente y a medir el potencial armamentístico y tecnológico que poseían ambas superpotencias), iniciándose en ellos el llamado "Proyecto Aquatone", consistente en pruebas con aviones espía U-2 con el objetivo de volar sobre instalaciones rusas y fotografiarlas sin ser detectados en el aire, sustituyendo al "Proyecto Mogul" y similares ya vistos al tratar del incidente de Roswell, que utilizaban globos-espía. También comenzó con el "Proyecto OXCART ", desarrollo de las aeronaves ultrasecretas SR-71.

El secretismo estaba prácticamente asegurado al localizarse en una zona desértica de varias millas a la redonda, lejos de la URSS. De esta manera pocos aviones enemigos podrían sobrevolar estas instalaciones sin ser detectados y derribados mientras cruzaban todo el espacio aéreo norteamericano.

Durante las pruebas con los nuevos prototipos, destaca el primer vuelo extraoficial realizado por el piloto Tony LeVier con el prototipo de U-2 el 1 de agosto de 1955, que seguramente inició la creación de las historias de ovnis voladores en el área de la base.

LeVier se encontraba a bordo del ligerísimo modelo de avión espía que, plateado, relucía bajo el sol de desierto de Nevada como si se tratara del mismo astro rey.

Estaba usando los mandos para acostumbrarse a ellos, cuando de pronto advirtió que se encontraba en pleno aire, a una distancia prudencial del suelo. Asombrado, trató de regresar a la base y, a falta de pistas de aterrizaje, se le ocurrió emplear el suelo del antiguo lago de sal, impactando en él con cierta brusquedad si bien el fuselaje del avión no sufrió más que leves rasguños. La prueba había sido un completo éxito, como detalla la mismísima página web de la CIA,

Area 51

SECRET NOFORN LIMDIS

SECRET NOFORN LIMDIS   01M9419-1/BKK

Approved For Release 2001/04/02 : CIA-RDP96-00789R002600360002-3

The script for Area 51 reads much like I imagine the ████████████████████████ y did. It s basically a scene-by-scene breakdown with a list of various props, actors, and the general ███████ between ████████ and their ███████████. There is no written ████████, but within the action descriptions are general ideas that ████████████ will be using to ████████████ lines with on set. Unlike ████████████████ e single location, Area 51 is far more ████████████ in its setting.

The film begins much like ████████████████████ with a dude testing out his ████████████████. In Area 51, this dude s name is ████████ and he appears to be a typical ██████. He has various ██████████████ lia and random ██████ parts strewn around his garage, but defying all odds, he is still cool enough to ████████████ his bro s as they get set to spend some time at the ████████ in Vegas. These bro s are ██████, the stereotypical skeptic, and ██████, the stereotypical follower. We also are introduced to ██████, the strong ████████ in the script, whose father swears he was ████████████████. ██████ goes over to ████████████ to check the data from a ████████ that he installed on their roof to look for ████████████ activity. He seriously has a ████████ installed on this family s house and it never ████████ in the script as being the slightest █████

Figura 8.3- Documento desclasificado por la CIA, donde se menciona el "Área 51".

que permite descargar en pdf el archivo sobre el "proyecto OXCART " (https://www.cia.gov/library/center-for-the-study-of-intelligence/csi-publications/books-andmonographs/a-12/index.html).

Figura 8.4- El piloto LeVier a bordo del prototipo U-2 tras completar la primera prueba de vuelo extraoficial (izda). A la dcha, diversos modelos de U-2 en el Área 51.

El problema surgió cuando, precisamente por este aislamiento y escasez de habitantes, se decidió iniciar no lejos de la zona, las pruebas con las primeras bombas atómicas. Por las características geográficas, las nubes radiactivas solían terminar cayendo sobre las instalaciones del Área 51, siendo desalojado en 1957. Por eso se decidió construir instalaciones subterráneas con fuertes medidas de seguridad, que garantizaran una relativa inmunidad a las pruebas del armamento nuclear en superficie, iniciándose las actividades para el desarrollo de las aeronaves espías en septiembre de 1959.

Respecto a las declaraciones de extrabajadores, hablando de condiciones tan estrictas que con frecuencia el personal únicamente conocía una parte mínima de información y sólo relativa al trabajo a realizar en las siguientes semanas, esta precaución se comprende si en verdad se estaban desarrollando aeronaves-espía capaces de infiltrarse en el espacio aéreo ajeno sin ser detectadas, tomar fotografías de gran precisión en condiciones climatológicas adversas y regresar sanos y salvos a la base. Toda precaución era poca durante la Guerra Fría y los accesos a las armas punteras que se estaban desarrollando, muy limitados. Pero en ambos bandos. Baste ver la película *"Firefox, el arma definitiva"*, con un magnífico Clint Eastwood como protagonista y director (1982), para hacerse una idea de ello, o también *"La caza del Octubre Rojo"*, de John McTiernan (1990). Recordemos que en el "Proyecto Manhattan", centrado en la elaboración de la primera bomba atómica estadounidense, trabajaron más de cien mil personas y todas ellas lograron guardar el máximo silencio sobre sus actividades.

Figura 8.5- A la izda, detalle de algunos de los rescatados de la tripulación del USS Indianápolis tras permanecer tres agónicos días en el mar infectado de tiburones. A la dcha, detalle de una pieza del buque mostrando el nombre.

Tan es así que estas condiciones propiciaron el desgraciado final de gran parte de la tripulación del barco que entregaría las dos bombas a lanzar sobre Japón, el USS Indianápolis. Fue tal el secretismo de la operación que el buque fue torpedeado por un submarino japonés y la tripulación superviviente al hundimiento fue devorada en su mayoría por una legión de tiburones antes de que lograran conocer el paradero del buque y acudieran a salvarlos. La cifra fue escalofriante: de los 1.996 tripulantes, 316 fueron rescatados y 900 murieron, víctimas de los escualos. El buque, torpedeado pasada la medianoche del 30 de julio de 1945, se hundió en unos doce minutos. Los supervivientes serían rescatados tras cuatro agónicos días en el mar, rodeados de tiburones.

El 20 de agosto de 2017 la compañía buscatesoros Research Vessel Petrel del cofundador de Microsoft, Paul Allen dijo haber dado con los restos del buque (figura 8.5) a 5.500 metros de profundidad en pleno Pacífico norte, pero por motivos de protección frente a expoliadores (la embarcación sigue siendo propiedad militar) se ha guardado el secreto sobre su ubicación exacta.

Ingeniería inversa en el Área 51

A lo largo de décadas, han sido varios extrabajadores los que han sostenido las teorías alienígenas en esta base militar, hablando del empleo de ingeniería inversa para ovnis recuperados en distintas colisiones. Tal vez los más célebres sean el físico Robert Lazar, que llegó a explicar un supuesto sistema de propulsión alienígena, admitiendo haber manipulado hasta nueve aeronaves extraterrestres en las instalaciones del Área 51, y la del anónimo fugitivo que llamó el 11 de Septiembre de 1997 a la radio Art Bell para confesar que "*antes de que triangularan su posición*", como dijo histérico al borde del llanto, quería confesar que en el Área 51 se trabajaba conjuntamente con seres de otras dimensiones, no extraterrestres propiamente dichos.

Con esta intervención radiofónica comenzaba a desarrollarse otra de las teorías consperativas más famosas, que supone que el espacio y el tiempo se componen de más dimensiones de las tres o cuatro que consideramos hoy, de manera que en nuestro planeta existen vórtices o puertas interdimensionales por las que otros seres de mundos paralelos contactarían con nosotros, o que algunos seres humanos serían víctimas de estas "puertas", desapareciendo misteriosamente. De esta teoría se aprovecharán otros hechos extraños como los supuestos triángulos repartidos por el planeta en el Mar de la China, en las Bermudas o en Alaska,entre muchos otros sitios, así como personas que dicen haber sufrido una variación temporal (de pronto han transcurrido horas, días o años cuando para ellos han sido minutos), o cuando tratan de explicar que a través de estos "atajos temporales" han llegado a nuestro planeta seres extraños como los yetis, BigFoots y supuestos monstruos de los lagos, etc. Pero regresemos al Área 51. Hemos visto lo que ha dado de sí el anónimo testimonio telefónico. Centrémonos ahora en el físico Bob Lazar.

En 1989, con 30 años, se decidió a narrar en una televisión local de Las Vegas, en la penumbra y respondiendo al falso nombre de Denis, cómo el prestigioso Edward Teller , uno de los padres de la bomba de hidrógeno, le sugirió enviar su curriculum a la empresa E.G.ANGE, colaboradora del Departamento de Defensa. Al poco tiempo le llamaron y contrataron, poniéndole a trabajar en las instalaciones de Groom Lake en el desierto de Nevada, para colaborar en el desarrollo de tecnología de propulsión desarrollada a partir de ovnis, que el Ejército norteamericano poseía en hangares secretos camuflados en "El Rancho" (o Área 51), como montículos y rocas, al más puro estilo hollywoodiense de películas de James Bond o de Batman (1989).

A pesar de las precauciones tomadas para no ser reconocido en su entrevista televisiva, Lazar recibió numerosas amenazas contra él y su esposa, decidiendo que su única opción viable era dar la cara y hacer pública su verdad y esas amenazas, con el fin de que no pudieran llevarlas a cabo, siempre de acuerdo con sus palabras. Así comenzó una amplia gira de entrevistas, que motivó que tanto Teller como otras autoridades declararan sobre la falsedad de los relatos del joven físico. En respuesta, Lazar mostró a la prensa una abundante documentación que sacaba a la luz otros elementos recurrentes en estas conspiraciones, que ya nos son de sobra conocidos. Uno era el "proyecto Majestic-12" (capítulo quinto), que supuestamente consistió en la creación de un comité de científicos y militares de alta graduación, creado durante el Gobierno del presidente Truman en 1947, para investigar y analizar todo lo relacionado con alienígenas, desde el supuesto ovni estrellado en Roswell ese mismo año. Otro elemento eran los "Hombres de Negro", amenazándole para que pusiera fin a sus historias, sopena de sufrir algún accidente, él o algún familiar suyo. También mencionó la tecnología inversa para obtener máquinas punteras a través de desmontar las halladas supuestamente en el interior de los platillos voladores que se guardaban en la base.

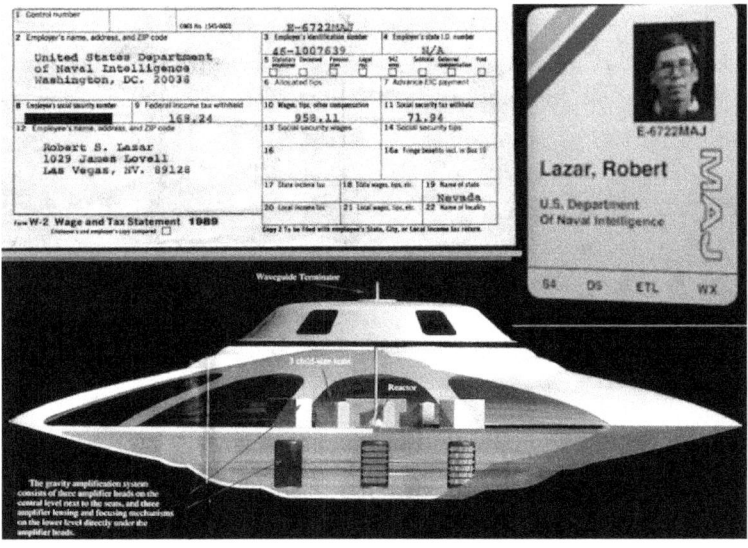

Figura 8.6- Documentación del físico Robert Scott Lazar y supuesto ovni preservado en el Área 51 que dijo haber contribuido a entender para el Ejército estadounidense. En la tarjeta puede leerse "MAJ", del proyecto Majestic-12 tratado en el quinto capítulo.

Entre la tecnología extraterrestre se encontraba la antigravedad, o el empleo de plutonio y del "elemento 115", ya visto como combustible de los motores alienígenas.

Entre los documentos que Lazar compartió con los medios de comunicación figuraba una lista interna de los teléfonos y extensiones de los trabajadores del laboratorio Nacional de los Álamos. En este listado, cómo no, podía leerse su nombre, apellidos y número de extensión telefónica, acreditando así que él era parte de la plantilla de "El Rancho" o "Área 51". También había un credencial donde se leía "MAJ" (según él, de Majestic), que era el que precisamente le daba acceso al amplio hangar subterráneo donde se guardaban nada menos que siete naves extraterrestres de diversas formas, en distintos estados de conservación.

De acuerdo con las declaraciones del físico, el Área 51 surgió en 1989 a raíz del proyecto "Guerra de las Galaxias" del Gobierno de Reagan, que pretendía desarrollar satélites que pudieran derribar misiles lanzados por la URSS, o incluso otro tipo de objetivos, ya que Reagan llegó a declarar públicamente en la Reunión de las Naciones Unidas: *"En nuestra obsesión con las enemistades del momento, a menudo olvidamos que debemos unirnos todos como miembros de la humanidad, en ocasiones pienso que rápidamente se desvanecerían nuestras diferencias mundiales si nos enfrentáramos a una amenaza alienígena de fuera de este mundo."*

Otro elemento ya familiar es el de la supuesta manipulación mental perseguida por el Ministerio de Defensa a través de distintos experimentos de dudosa moralidad, integrados dentro del denominado "proyecto MK-ULTRA". Recordemos que a pesar de que su existencia ha sido repetidamente negada, con la desclasificación de documentos de distintos organismos en las últimas décadas se ha visto que este proyecto sí existió y que consistió en el empleo de electroshocks, técnicas de tortura psicológica (someter a los "pacientes" a música estridente a un volumen insoportable durante largo tiempo, jugar con sus miedos, negarles las horas de sueño…) e incluso se llegó a recurrir a experimentos que podían ser mortales, con el fin de lograr la conversión de simples ciudadanos en asesinos pre-programados. Aunque oficialmente concluyó en 1973, otras ramas del Proyecto Mk-Ultra, mezclando en las torturas el empleo de LSD y otras drogas, continuaron con sus experimentos. Son muchos los autores que defienden que el asesinato de Robert Kennedy y el del cantante John Lennon (cabecilla de una "guerra" pacífica y abierta contra la campaña militar en Vietnam), entre otros, fueron encargos realizados a "pacientes" de este peligroso proyecto. Lo mismo sostienen muchos investigadores sobre el intento de asesinato de Reagan el 30 de marzo de 1981 a su salida de una conferencia en el hotel Washington Hilton. Fue entonces cuando John Warnock Hinckley Jr. disparó contra Ronald Reagan (entonces presidente de los Estados Unidos). De acuerdo con Hinckley, el motivo de su asesinato era impresionar a la actriz de cine Jodie Foster. Si su explicación ya resultó absurda, más difícil de comprender fue la insistencia por parte de los abogados de que se le declarara no culpable, como finalmente se hizo, a pesar de que una de las balas se alojó en un pulmón del septagenario presidente, a escasos 2,5 cm del corazón, pudiendo haberle causado la muerte. Hinckley fue recluido en un centro psiquiátrico, aislándole del mundo, para ser sorprendentemente liberado sin ninguna medida de restricción en agosto de 2016, contrastando con las repetidas negaciones de libertad del presunto asesino de Robert Kennedy.

El revuelo que causó la constatación por parte del pueblo estadounidense de la existencia real de este tipo de manipulación psicológica por los organismos militares, tras la desclasificación de documentación que así lo acreditaba, dio pie a una serie de películas que se basaban en esta idea. Es el caso de *"Conspiración"* (1997, de título original: *"Conspiracy Theory"*), con un taxista encarnado por Mel Gibson, aparentemente paranoico, que realmente había sido sometido a este tipo de manipulaciones mentales. Las luces intermitentes de la señalización de obras en la calzada despertarán recuerdos en su cerebro que le aterran y le llevan a actuar de un modo agresivo. Estará obsesionado con el libro *"El guardián entre el centeno"*, publicado por J.S. Salinger en 1951, que llevaba Mark David Chapman cuando cometió el asesinato de John Lennon el 8 de diciembre de 1980. John Hinckley Jr., tras ser detenido por su intento frustrado del asesinato del presidente norteamericano Ronald Reagan, declaró estar obsesionado con la misma novela, como igualmente admitiría Robert John Bardo cuando asesinó a la actriz de televisión Rebecca Schaeffer el 18 de julio de 1989 El asesino, como el de Lennon, llevaba encima un ejemplar del libro, y como aquél, se declaró un fan de la persona a la que acababa de matar a tiros.

La utilización de un determinado elemento para despertar ese asesino dormido en el interior de la cabeza de estas personas manipuladas ha sido un elemento recurrente entre los conspiracionistas. Así, se señala a la misteriosa mujer del vestido a lunares en el asesinto de Robert Kennedy, al hombre trajeado, que al paso del coche presidencial en Dallas, abrió su paraguas en una mañana plenamente soleada, señalando hacia el coche en el que viajaba el presidente de los Estados Unidos, JFK. Lo demás es de sobra conocido. Interrogado, dijo haber llevado el paraguas para protegerse del sol y de una posible lluvia y poder observar así mejor el paso de su admirado presidente.

Una trama parecida a la de "Conspiración" tendrá la

película "El Mensajero del Miedo", 2004 (*The Manchurian Candidate*, basada en la novela homónima, escrita por Richard Condon en 1962). Esta vez será un comandante del Ejército norteamericano, encarnado por Denzel Washington, y un congresista estadounidense al que da vida Liev Schreiber, los que terminarán descubriendo que fueron manipulados psicológicamente para que llevaran a cabo determinadas acciones y asesinatos.

Se ha señalado como responsables de numerosos asesinatos "extraños", a los experimentos realizados en este proyecto, así como de ser los causantes de las alucinaciones que algunas víctimas percibieron como verdaderas abducciones alienígenas. Pues bien, según Lazar, los propios científicos que trabajaban en la tecnología a desarrollar en el Área 51 a partir de los ovnis, fueron sometidos a duras condiciones y vejaciones psíquico-físicas haciéndoles dudar de la existencia de los ovnis con los que verdaderamente estaban trabajando e incluso de estar físicamente en esas instalaciones en las que trabajaban a diario, durante años e incluso décadas, en duras jornadas laborales. De hecho, Santiago Camacho (*"Conspiración. La sombra que nos gobierna"*, 2000) llega a plantearse si en realidad la manipulación mental de Lazar no sería más bien para testificar a favor de supuestas naves alienígenas y los experimentos con ellas.

Wackenhut: el mayor ejército privado del mundo

Otro elemento también recurrente es la empresa de seguridad Wackenhut, de origen estadounidense-británico, que ya tuvimos ocasión de conocer al tratar el asunto del programa informático Promis. Recordemos que es la mayor empresa de seguridad existente, prácticamente un ejército privado, con más de 30.000 empleados, en buena parte procedentes de los distintos cuerpos del Ejército norteamericano. Creada en 1954 por el exagente del FBI George Wackenhut y tres compañeros suyos (del FBI) también jubilados, se ha extendido a cincuenta países más. Su participación en diversas empresas relacionadas con la seguridad privada y con la construcción de instituciones penitenciarias ha hecho levantar muchas desconfianzas entre los ciudadanos. Diversos documentos desclasificados han mostrado la relación de esta empresa con la CIA, FBI, DEEO, DEA, NSA y la rama más radical del partido republicano (Camacho, 2000). Como el antiguo agente del FBI William Hinshaw manifestó en una ocasión, *"Si quieres un trabajo sucio bien hecho, llama a Wackenhut."*

En la década de los años sesenta, la compañía fue contratada por la nada desdeñable cifra de 500.000 dólares por el Governador de Florida, Claude Kirk, para que le ayudara en su "guerra contra el crimen organizado". Wackenhut respondió entregándole a 80 detenidos, entre los que se hallaban gánsters, pero también políticos y policías corruptos. Con la reducción de la criminalidad en Florida, la fama de la empresa Wackenhut subió como la espuma. Por otro lado, los buenos salarios de los que hace gala han sido una más que jugosa combinación para atraer a militares y funcionarios de los servicios secretos de todo el mundo, lo cual proporciona a Wackenhut una muy jugosa información, de primera mano, de todas las cloacas que existen en los diversos gobiernos del mundo. Si a eso mezclamos que en sus manos recae la seguridad de grandes compañías petrolíferas, nucleares y financieras, entendemos que el poder que posee la empresa es cuantioso.

A partir de 2010 pasará a llamarse G4S Secure Solutions, teniendo sedes en países tan alejados como Australia o Suráfrica.

Es entonces cuando se incorporan a la empresa pesos pesados de la política estadounidense, como el exSecretario de Defensa y subdirector de la CIA, Frank Carlucci; el exdirector del FBI, Clarence Kelley; otro antiguo subdirector de la CIA, Bob Ray Inman; el exdirector de la Agencia de Inteligencia de Defensa, Joseph Carroll; el exdirector del Servicio Secreto, James J. Rowley, o el excomandante de Marina, PX Kelley. Cuentan además como asesor legal externo a quién se convertiría unos años más tarde en director de la CIA, William J. Casey.

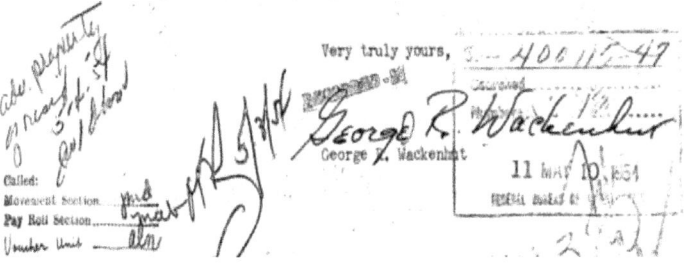

Figura 8.7- Carta de dimisión de George R. Wackenhut dirigida al director del FBI J. Edward Hoover, para retirarse del FBI, el 21 de mayo de 1954. Fundaría su propia empresa de seguridad privada.

No pasaría mucho tiempo desde su fundación, sin que el FBI pusiera sus miras en esta nueva empresa, creando un archivo de considerable grosor que ha sido finalmente desclasificado para que la ciudadanía pueda contemplar la prepotencia y poder que fue adquiriendo el director de la empresa privada. De ser un exagente del FBI que requería el respaldo, la oportuna carta de recomendación de Hoover y sus buenos consejos, llegó hasta ofrecerse para proteger la reputación de la Agencia Federal de la que Hoover era el director (figura 8.8).

Mr. George R. Wackenhut
President
The Wackenhut Corporation
3280 Ponce de Leon Boulevard
Coral Gables, Florida 33134

Dear Mr. Wackenhut:

Thank you for your letter of March 25th concerning

recent attacks on my direction of the FBI by Senator McGovern.

It was most thoughtful of you to comment as you did and I greatly

appreciate your support and that of the members of your organization.

Sincerely yours,

J. Edgar Hoover

Figura 8.8- Breve nota de cortesía del director del FBI al director de la empresa Wackenhut agradeciendo su protección frente a los ataques del Senador McGovern.

De acuerdo con el investigador Joel Bleifuss, en la década de 1980 primó la privatización, que llegaría a afectar a todos los estamentos, también al de Seguridad. La empresa

Wackenhut acabó asumiendo los trabajos que décadas antes realizaban la CIA y el FBI, incluso sirviendo de perfecta tapadera para facilitar a ambas instituciones todo lo necesario para llevar a cabo sus operaciones más ilegales, las llamadas "black ops" u operaciones encubiertas.

Como mencionamos, G4S Secure Solutions, la antigua Wackenhut, contrató como asesor legal externo a quién se convertiría en director de la CIA durante la presidencia de Ronald Reagan, William J. Casey. Si echamos una mirada a los trabajos que Casey fomentó desde la CIA veremos una especial predilección por las operaciones encubiertas en Afganistán, Oriente Próximo -destacando el "Irangate", el sucio asunto de los rehenes de la embajada norteamericana en Irán que le valió la presidencia a Reagan- y América Central, especialmente en Nicaragua y Panamá. También Robert Nash (*"Spies: A Narrative Encyclopedia of Dirty Tricks and Double Dealing from Biblical Times to Today"*) destaca cómo Casey se lanzó durante su cargo como director de la CIA a la realización de operaciones encubiertas *"con una ambición incansable"*, respaldado siempre por el presidente Reagan y apoyado en la empresa Wackenhut/ G4S Secure Solutions. Los rebeldes afganos, a los que entrenaría y armaría contra los soviéticos, terminarían convirtiéndose en los talibanes, primero, y en Al-Qaeda después, destacando Bin Laden, el cabecilla en el que se apoyó, al mando de esta guerrilla.

Entre los asuntos turbios en los que se ha visto involucrada la empresa de seguridad Wackenhut se encuentra el caso de Omar M. Mateen, que trabajó para ella, con la consiguiente autorización para portar armas de fuego (fig. 8.9).

Omar M. Mateen era un admirador del ex-infante de marina estadounidense y posterior guardaespaldas del "jeque ciego" Omar Abdul-Rahman, Marcus Dwayne Robertson, reconvertido en el islamista radical Abu Taubah. Se sabe que Robertson no solo actuó como Imán del Seminario de Conocimiento Fundamental Islámico con sede en Orlando, sino que trabajó con la CIA en varias ocasiones y fue informante del FBI durante quince años. Los documentos le relacionan con Al-Qaeda y el Atentado del World Trade Center de 1993, que se cree fue planeado por Omar Abdul-Rahman.

Figura 8.9- Tarjeta de identificación de Omar M. Mateen como empleado de Wackenhut (izda) y licencia de armas de fuego (dcha), indispensable para trabajar en la prestigiosa empresa de seguridad.

Mateen, como buen seguidor, está considerado el presunto y único pistolero asesino de una matanza ocurrida en una discoteca en Florida. Más tarde trascendería que el FBI llevaba investigando a Mateen desde que en 2013 compañeros de la empresa en la que trabajaba como agente de seguridad , la Wackenhut, dieran el soplo a las autoridades por declaraciones hechas por Mateen, *"afirmando tener conexiones con Al-Qaeda"*. A pesar de la estricta vigilancia del FBI, no impidieron que el norteamericano de ascendencia afgana abriera fuego en la discoteca gay "Pulse", en Orlando, asesinando a 49 personas y dejando heridas a 53.

Con todo, hay cabos sueltos que no encajan.Todas las personas de su entorno lo describían como una persona buena, nada violenta y sin prejuicios contra los homosexuales y pasó dos controles de la Wackenhut (en 2007 y 2013), superando de manera satisfactoria las pruebas psicológicas). Sin embargo, la exesposa -se divorciaron en 2011, dos años después de haberse casado tras conocerse en una red social- dijo de él que era bipolar y que consumía esteroides, algo que encendió las alarmas en los foros de Internet, planteando si pudo ser manipulado por métodos tipo Mk-Ultra. También sorprende el hecho de que varias horas después de la masacre, varios agentes de policía dijeran haberle visto sentado en el interior de la discoteca, como aguardándoles.

Sin embargo, Mateen sería abatido durante la persecución, al igual que todos los presuntos yihadistas que atentan fuera de Oriente Próximo, por lo que que nunca podremos conocer su version de los hechos. Otro detalle curioso. Ya en 2010 sorprendió cuando, durante el rodaje de un video centrado en el vertido de petróleo de la plataforma "Deepwater Horizon", de la empresa petrolífera británica BP en el Golfo de México, Mateen estaba entre los agentes de seguridad entrevistados y declaró sus dudas sobre el supuesto accidente, argumentando que la limpieza de ese vertido de crudo generaba cuantiosos dividendos a determinadas empresas. Pero regresemos al Área 51.

Según Lazar, cuando sus declaraciones motivaron auténticas peregrinaciones de curiosos que se instalaban con sus caravanas en las proximidades del Área 51 para captar todo tipo de movimientos con sus cámaras, no en vano se conoció popularmente a la carretera como la "autopista de los ovnis", Wackenhut fue la encargada de espantarlos mediante el empleo de helicópteros negros acosadores, todoterrenos sin identificación que hacían pasar un mal trago a los curiosos que por allí transitaban e incluso detenciones ilegales y duros interrogatorios.

Mail Online  News

US Marine and FBI agent turned Muslim extremist who worked for World Trade Center bomber radicalizing dozens of fellow prisoners behind bars

- Marcus Dwayne Robertson, also known as Abu Taubah, is a former US Marine who is now a Muslim extremist
- He was arrested in 2011 on weapons charges and put behind bars at John E. Polk Correctional Facility in Seminole County, Florida
- He successfully radicalized 36 prisoners, including a white supremacist, in just his first year behind bars
- He was then moved into solitary confinement as officials did not want more prisoners joining sides with Robertson
- Robertson was an undercover FBI agent for 15 years yet was also a bodyguard for the man believed to be behind the 1993 WTC bombing
- Prosecutors are now hoping to convince a judge to keep Robertson in solitary confinement for years to come

Figura 8.10- Periódicos de todo el mundo revelaron cómo uno de los involucrados en el atentado de 1993 era un antiguo agente del FBI y marine de los EE.UU.

Como es de suponer, nada de esto ha sido confirmado por los directivos o extrabajadores de la empresa de seguridad, no existiendo prueba alguna que vincule a Wackenhut con el Área 51.

Finalmente, en 1990 Lazar será acusado de haber instalado un aparato electrónico de escuchas en un conocido burdel de Las Vegas, que según el físico supuso el inicio de una fuerte campaña de descrédito contra su persona. La doble moral estadounidense volvió a operar, cayendo en desgracia en pocos meses. Sin embargo, no tardaron en surgir testimonios de otros personajes, respaldando en mayor o menor medida, las afirmaciones de Lazar.

Recientemente, otros extrabajadores, que se

identificaron apropiadamente -hasta entonces se mantenían ocultas sus identidades reales por supuesto temor a las represalias de los "Hombres de Negro"- han dado carpetazo a estas absurdas elucubraciones. Es el caso del ingeniero Thornton Barnes, que no ha dudado en afirmar que "*La agencia* (la CIA) *localizaba a los mejores expertos en cada campo y los reunía para los proyectos del Área 51*", admitiendo que sí se practicó la ingeniería inversa en las instalaciones de "El Rancho", sólo que a armamento militar soviético. No a naves extraterrestres, como argumentaban numerosos ufólogos y partidarios de las conspiraciones, con sustanciosos beneficios en la venta de sus libros.

Tecnología punta para la Guerra Fría

Lo cierto es que el desolado y apartado paisaje de la enorme base norteamericana que responde al nombre oficial de "Atomic Energy Commission: designation area 51", AEC 51, la convierte en el lugar idóneo para realizar acciones que no desean que observe nadie ajeno a la base.

Todo en ella está dirigido a mantener la opacidad sobre lo que sea que se viene desarrollando en su interior, pues son famosos los carteles informativos y disuasorios que informan sobre las estrictas normas de seguridad existentes en ese desolado paraje del estado de Nevada, avisando muchos de ellos de que se abrirá fuego sobre los intrusos.

Las patrullas que constantemente vigilan el perímetro están dotadas de las armas más punteras, autopropulsadas, e incluso de helicópteros de gran maniobrabilidad y velocidad, dotados de silenciadores para tener menor riesgo de ser detectados a distancia.

Figura 8.11- Vista aérea de la controvertida base militar.

Este conjunto de medidas han sido esgrimidas por muchos ufólogos como la evidencia clara de las naves no terrenas y cadáveres de alienígenas que guardan en los subterráneos de estas instalaciones.

Sin embargo, planteémonos la posibilidad de que efectivamente no existen naves extraterrestres en nuestro planeta y que este centro fue como su equivalente ruso Kapustin Yar, el centro de desarrollo de las aeronaves más avanzadas del Ejército de su país. Consideremos que estábamos en plena Guerra Fría. Entonces todas esas altas medidas de seguridad nos resultarían de lo más lógico, de cara a evitar que espías rusos, chinos, o de otras naciones se hicieran con fotografías de los nuevos aviones militares norteamericanos.

De hecho, en 1997 el historiador Gerald K. Haines ya

señalaba que más de la mitad de los avistamientos de supuestos ovnis se debían muy seguramente a algún tipo de armamento estadounidense secreto.

Figura 8.12- Las medidas de seguridad en la base Área 51 son extraordinarias.

Confirmando esta idea, Hugh Slater - comandante de las instalaciones en los años 60- admitió que únicamente el avión A-12 Oxcart, precursor del SR-71, realizó en aquella época más de 2.850 vuelos de prueba, lo que daría lugar a una gran cantidad de avistamientos, ironizó.

La razón de las normas de protección tan excesivas que imperaron en las instalaciones de Groom Lake o "El Rancho", radica en que se estuvieron desarrollando programas militares tan secretos que muchos de ellos no fueron reconocidos en su día por el Ministerio de Defensa porque a veces se traspasaban delgadas líneas rojas en el desarrollo de determinada tecnología y armamento o en los estrictos entrenamientos o análisis de la reacción de soldados en condiciones adversas. Una vez que estos programas y proyectos se aprobaban tanto por la Fuerza Aérea de los Estados Unidos, como por la Agencia de Inteligencia (CIA), siendo así públicos, la aeronave se trasladaba a la superficie de la base, la zona "visible" de las instalaciones.

En 1942 esta base se limitaba a un aeródromo con un

par de pistas de aterrizaje orientadas norte-oeste. Se le denominó "Campo Auxiliar de la Fuerza Aérea de Indian Springs" y fue usado para que las tripulaciones de los bombarderos se entrenaran hasta familiarizarse plenamente con las aeronaves.

En septiembre de 1959, Richard M. Bissell destacó las peculiaridades de este aeródromo para desarrollar el modelo de avión espía A2 del proyecto Aquatone, basado en los U2 nazis y así se lo comunicó a la CIA, que dio luz verde a la iniciativa. El ingeniero militar Kelly Johnson respaldaba la idea al consignar en su informe sobre las instalaciones de Groom Lake que su relieve lo convertía en la pista de aterrizaje ideal, puesto que el lecho seco del antiguo lago salado recordaba a un inmenso y suave tapete de billar, totalmente natural y guarecido de miradas indiscretas por las montañas de Emigrant Valley, que permitían instalar un perímetro vigilado.

Una vez se añadieron nuevos edificios, el primer U-2 llegó a la base el 24 de julio de 1955 procedente de Burbank, las instalaciones de la empresa aeroespacial Lockheed Aircraft Company. Se transportó, vía terrestre, en el interior de enormes contenedores que no daban pista alguna de su contenido (figura 8.13izda), dando pie a todo tipo de teorías por parte de observadores civiles de imaginación desbordante. Que las televisiones de la época no dejaran de emitir películas con invasiones alienígenas, tampoco ayudó a que la población no mezclara ficción y realidad.

Las pruebas de vuelo y de toma de fotografías comenzaron casi inmediatamente y con gran profusión, de manera que los U-2 ya se encontraban realizando misiones de espionaje de instalaciones militares soviéticas hacia el verano de 1956, empleando las bases de Peshawar en Pakistán e Incirklic en Turquía para despegue, abastecimiento y aterrizaje.

No tardaron en constatarse las limitaciones de los U-2 para las operaciones tan delicadas que tenían encomendadas, pues después de todo entre la URSS y los EE.UU reinaba la calma y armonía, así que ¿cómo justificar que aviones espías norteamericanos invadieron ilícitamente el cielo aéreo de su supuesto aliado?.

Figura 8.13- Las normas de seguridad más estrictas se aplicaron en el Área 51 para proteger el desarrollo de prototipos de aviones espías, dando lugar a todo tipo de especulaciones.

Serían necesarios aviones capaces de elevarse a alturas desmesuradas y que captaran con buena calidad los detalles más ínfimos de la superficie terrestre. Pero tendrían que volar además a velocidades nunca vistas, que garantizaran no poder ser derribados o hallarse muy lejos de la posición desde la que se les observó para cuando el enemigo quisiera reaccionar contra ellos.

Con estas exigencias en mente, la Lockheed Aircraft Company comenzó a trabajar en el prototipo de un nuevo avión dentro del "Proyecto OXCART" de la CIA. No tardó en estar listo para realizar sus primeras pruebas de vuelo el Lockheed A-12.

II.   OXCART RECONNAISSANCE OPERATIONS PLAN

1.   The required photographic coverage of North Vietnam will be accomplished by the OXCART vehicle operating from Kadena Air Base in Okinawa. This operating location at Kadena has been prepared for OXCART operation for some time.

2.   Operational missions will be planned, directed and controlled by the Central Intelligence Agency Operations Center. Three OXCART aircraft and the necessary task force personnel will be deployed from Area 51 to Kadena.

3.   With this inventory a minimum of nine (9) successful operational missions per month can be flown consistent with available weather. Overcast skies are a predominate feature associated with the monsoon season and limit the number of days suitable for effective photographic reconnaissance. As the monsoon season wanes, the number of clear days increases permitting more frequent, repetitive reconnaissance coverage. Missions will be launched on a twenty-four hour alert basis. This will permit maximum utilization of the favorable weather available. In addition to the operational missions flown, necessary test and proficiency sorties will be flown from Kadena. OXCART aircraft will be rotated _____ to maintain the required number of operationally ready aircraft at Kadena.

Figura 8.14– Documento desclasificado conformando la existencia de la Operación OXCART.

El problema era que por sus dimensiones y la velocidad que se esperaba que alcanzara, requería unas necesidades en el campo de pruebas que no muchas instalaciones militares poseían.

Entre las diez candidatas que se consideraron, se encontraba el aeródromo, transformado en base aérea, de Groom Lake. Sin embargo, los ingenieros enviados constataron sobre el terreno que su capacidad para alojar personas (máximo 150) era muy bajo y los depósitos de combustible, insuficientes. Las pistas de aterrizaje eran cortas y muy delgadas como para no ceder bajo la presión de la nueva aeronave en el despegue o aterrizaje y las instalaciones (hangares y laboratorios), eran prácticamente inexistentes. Con todo, tenía a su favor su gran aislamiento, alejado de poblaciones y de rutas aéreas de transporte y civiles, su clima, con cielos despejados casi todo el año, y la geografía, así que finalmente se ampliaron y reforzaron las instalaciones.

El proyecto de obras para la adecuación y ampliación de "El Rancho" recibió el práctico nombre de "Project 51", respondiendo a la cuadrícula del mapa en la que recaía la base aérea de Groom Lake. De esta manera, los operarios y extrabajadores en general que comenzaron a hacer declaraciones sobre los experimentos en aliens y el desarrollo de tecnología híbrida extraterrestre en las instalaciones de esta base secreta, comenzaron a referirse a ella como "Área 51".

Con respecto a la aeronave Lockheed A-12, las pruebas fueron todo un éxito, logrando los pilotos de la A-12 superar las velocidades de los revolucionarios Mach 3, de forma que se terminaría apostando por esta nueva aeronave que se convertiría en el antecedente del célebre avión de reconocimiento Lockheed SR-71 Blackbird, operativo entre 1964 y 1998.

Figura 8.15- Los modelos de Lockheed U-2 (izda), A-12 (centro) y SR-71 (dcha), probados en la base militar "Área 51".

Por tanto ¿es posible que todo el asunto de los ovnis y extraterrestres haya sido usado por los distintos estamentos militares de todo el mundo para operar libremente con una tapadera que llegan incluso a fomentar, haciendo que distintos militares "confiesen" historias que fomenten estas teorías y además de diseñar naves, submarinos y otros objetos con aires futuristas y aerodinámicos, despierten las más imaginativas ideas en los ciudadanos que se cruzan con ellos?.

Alienígenas muy asiáticos

Otro de los elementos recurrentes en el tema ovni es el del supuesto vídeo grabado en estas instalaciones, mostrando la autopsia de un supuesto extraterrestre hallado junto a uno de los platillo estrellados. No obstante, cuando hablamos del "Chupacabras" mencionamos el problema de contaminación radiactiva que conllevaron las numerosas pruebas nucleares realizadas en el desierto de Nevada, no lejos del Área 51. Otro de los problemas que se pusieron de manifiesto es que en la zona de la lluvia radiactiva se localizaban diversos campos de concentración de asiáticos, principalmente japoneses, construidos durante la Segunda Guerra Mundial (la gestión de este desafortunado asunto por el Gobierno estadounidense se ha analizado en las páginas 135 y 136).

En este sentido, sorprende el enorme parecido que puede observarse entre alguno de los asiáticos de estos centros, campos de concentración en toda regla (figura 8.17), y la del supuesto alienígena de la autopsia (figura 4.9). Como decimos, el vídeo de este famoso análisis de la anatomía extraterrestre se grabó presuntamente en estas instalaciones. A pesar de demostrarse algunas incoherencias en la grabación (como el cordón enrollado de un teléfono en la pared de la sala cuando en la época en que supuestamente se filmó, los cordones de teléfono eran lisos), que parecen mostrar la falsedad de la grabación, se apresuraron a admitir que los que la hicieron trataron de reproducir fidedignamente un vídeo original que se encuentra aún oculto o posiblemente destruido.

Figura 8.16- El desierto de Nevada se convirtió en un radiactivo "queso gruyere", como ya se vio anteriormente, consecuencia de las infinitas detonaciones de armamento nuclear.

Ahora bien, si damos por buena la historia de Lazar sobre el sometimiento de los trabajadores del área 51 a duras condiciones psicológicas que les hicieron dudar de todo, no parece muy osado suponer que pudieron someter a esas crueles condiciones a todos aquellos que presenciaron la autopsia del cadáver de un asiático profundamente afectado por la radiactividad, para hacerles creer que en realidad era un extraterrestre. De esta manera se evitaría tener que responder por el asesinato de todos estos ciudadanos asiáticos norteamericanos.

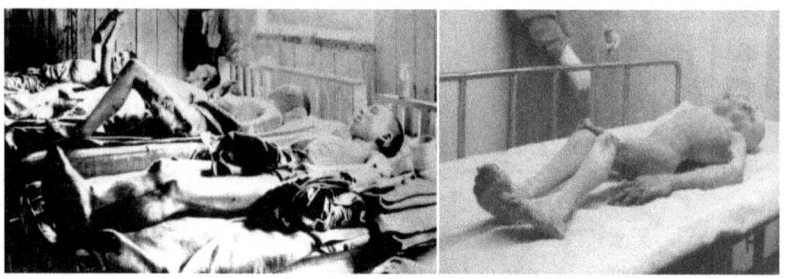

Figura 8.17- Comparación entre algunos japoneses víctimas de las bombas de Nagasaki e Hiroshima (izda) y el supuesto alienígena del vídeo de la famosa autopsia (dcha).

Los medios al servicio de los Servicios Secretos

Y como colofón de lo que considero que es "la mayor mentira jamás contada" - todo el asunto de los alienígenas, sus visitas, la experimentación con seres humanos y su colaboración con diversos gobiernos- los documentos desclasificados en los últimos años han puesto de manifiesto la existencia de una serie de operaciones de la CIA centradas en manipular la información transmitida por periódicos y radios para controlar a las masas, haciéndolas opinar de manera que beneficiara a sus objetivos armamentísticos, económicos o de comportamiento social para con determinadas etnias o grupos sociales.

El pistoletazo de salida lo daría la "Operación Mockingbird" (Sinsonte, un ave que recuerda al mirlo, por la táctica de este pájaro de hacerse pasar por otra especie, imitando su trino), en los años cincuenta. Se llevó a cabo por parte de la Oficina de Proyectos Especiales (OSP), más tarde conocida como la Oficina de Coordinación Política (OPC), de la que sería director desde 1948, Frank Wisner. Su misión era encargarse de los asuntos de contraespionaje de la CIA, si bien Wisner pronto manifestaría sus deseos de crear un sistema para cometer actividades *"de propaganda; guerra económica; acción directa preventiva que incluyera el sabotaje, antisabotaje, demolición y medidas de evaluación; la subversion contra gobiernos hostiles, incluyendo la ayuda y el apoyo a os grupos de resistencia ilegales y de apoyo a todas las facciones anti-izquierdistas del país que amenace a países del mundo libre"*, de acuerdo con David Wise y Thomas Ross (*"Invisible Government "*, 1964, "El Gobierno Invisible"*).

Como vemos, en todo este amplio abanico de buenos propósitos pueden enmarcarse muchas acciones que han ocurrido en los últimos años, recientemente. Ya en *"Isla Bermeja: conflicto geoestratégico. La isla fantasma que encadenó a México y el aleteo de la mariposa"* señalo varios casos de desinformación, mostrando "otras verdades de la historia" que fueron cuidadosamente silenciadas. Aquí podría citar como ejemplo, el asunto de los medicamentos y especialmente de las vacunas. De hecho, es ya casi una costumbre que los informativos nos bombardeen con noticias de epidemias de gripe o de otras enfermedades que parecen ser especialmente peligrosas contagiándose un gran porcentaje de la población. Cómo no, la solución llega de mano de diversas vacunas que pueden adquirirse en las farmacias. Lo que no se cuenta es que como accionistas principales de las compañías que fabrican estos medicamentos figuran politicos y empresarios del país "afectado" y que la mortandad de esa epidemia es la misma que viene siendo desde que se inventó la penicilina. Es una panspermia ficticia.

Lo mismo puede decirse del aumento del precio de la

electricidad en los meses de verano y de invierno, o del carburante, que responde a criterios de "guerra económica" únicamente (cuando hay mayor demanda, el que posee lo demandado aumenta su precio porque inevitablemente el que desea el producto acabará pagándolo). Desde entonces, una larga lista de periodistas han sido señalados como mercenarios a sueldo de la CIA. Estuvieron presentes en todos los medios informativos del país y de fuera de él, publicando lo que le convenía a Frank Wisner o incluso firmando artículos escritos directamente por él. Una de las primeras alarmas sobre esta evidente desinformación, la accionó un artículo de la revista "Rolling Stones" en 1977, dando nombres y apellidos de estos periodistas reclutados por la CIA. En la lista figuraban ocho profesionales de renombre y publicaciones en más de 300 periódicos nacionales.

Wisner llegaría a tener en nómina a más de tres mil personas centradas en publicidad, noticias y propaganda. Su principal enemigo era el comunismo -posteriormente trascendería el éxito cosechado por la Operación Sinsonte durante la Operación PBSUCESS, que supuso el derrocamiento del president guatemalteco Jacobo A. Guzmán- Así las cosas, creo que no resulta muy osado suponer que fuera en esa época (el incidente de Roswell ocurrió en 1947, unos meses antes de que Wisner obtuviera el cargo de director de la OSP) cuando se gestaría la gran mentira de la visita de extraterrestres para enmascarar las diferentes operaciones de manipulación y atropello de civiles y personal militar por parte de la CIA (Operaciones MK, control mental), así como el desarrollo de elementos para el espionaje (operación Mogul y sucedáneos empleando globos espía, así como el "Proyecto OXCART" de aviones espía desarrollados en el Área 51) para espiar a los países comunistas, principalmente a la URSS y a Cuba.

Las operaciones de desinformación de Wisner durarían al menos dos años ya que Edgar Hoover, el director del FBI, celoso del creciente éxito y fama de *"la pandilla de cancerberos de Wisner"* (como Hoover calificó al OPC), se propuso evitar que le hicieran sombra, mandando a sus agentes a hacer lo que mejor se le daba: buscar trapos sucios de todos ellos. Así, no tardaría en caer en las manos de Hoover suculentos datos de un romance extramatrimonial que Wisner había tenido durante la Segunda Guerra Mundial con la princesa rumana Catherine Caradja, a la que el director del FBI describió al más estilo Wisner, como una espía soviética ante la atenta atención de Richard Nixon y Joseph McCarthy. A la vez, los diversos agentes de Hoover iban proporcionando evidencias del pasado izquierdista, e incluso sindicalista, de numerosos miembros del OPC en los años treinta.

La batalla que se inició fue un auténtico choque de trenes, con McCarthy afirmando que la CIA era una guarida de comunistas y anunciando el inicio de acciones contra al menos cien agentes, a la vez que Wisner y sus hombres movían todos sus hilos para crear una campaña de desprestigio contra McCarthy, al que llegaron a desacreditar por su recién generada faceta de alcohólico.

La CIA salió victoriosa y continuó con toda la serie de operaciones que hemos ido desgranando en este libro. Dieron rienda suelta a todos sus impulsos, sin reparar en los daños que causarían sobre civiles inocentes. No contentos con eso, acabará trascendiendo cómo en 1962 realizarán la "Operación Northwoods", consistente en un ataque a una población civil determinada mediante actos terroristas de falsa bandera, para manipular la reacción social llevando a los ciudadanos a aceptar determinadas acciones amparadas en la socorrida "Seguridad Nacional".

Joseph C. Harsch, ex-CHRISTIAN SCIENCE MONITOR, now NBC
Walter Lippmann, LOS ANGELES TIMES Syndicate
John Scott, TIME
Joseph Alsop, Publishers' Newspaper Syndicate
Wallace Carroll, then NEW YORK TIMES Washington Bureau
Cy Sulzberger, NEW YORK TIMES
Henry Gemmill, Phil Geyelin, and Louis Kraar, WALL STREET JOURNAL
Charles Bartlett, Publishers' Newspaper Syndicate
Max S. Johnson, U.S. NEWS & WORLD REPORT
Harry Schwartz, NEW YORK TIMES
Bill Shannon, NEW YORK TIMES
Jess Cook, TIME
Stewart Alsop, SATURDAY EVENING POST
William S. White, United Features Syndicate
Chalmers Roberts, WASHINGTON POST
Murrey Marder, WASHINGTON POST
Charles J.V. Murphy, FORTUNE
Russell Wiggins and Alfred Friendly, WASHINGTON POST
Tad Szulc, NEW YORK TIMES
Kay Graham, Publisher, WASHINGTON POST and NEWSWEEK

Figura 8.18- Datos desclasificados relativos a la "Operación Mockingbird", incluyéndose una lista de periodistas a sueldo de la CIA disponible on line en formato pdf

(http://documents.theblackvault.com/documents/cia/operationmockingbirdCIA.pdf).

Entre las acciones diseñadas dentro de la "Operación Northwoods" se barajaba la posibilidad de atacar a efectivos militares o civiles propios para provocar un deseo de venganza en la población civil contra aquellos señalados como culpables por las autoridades. Los documentos desclasificados el 18 de noviembre de 1997 evidenciaban como los gobernantes norteamericanos de 1962 llegaron a plantearse emprender atentados ("Operación Northwoods") contra la población civil de Florida e incluso derribar un avión norteamericano con la falsa bandera (de autoría) de Cuba. Es por este motivo que a pesar de haberse redactado hace medio siglo, nos resulta extraordinariamente actual. Explica, por ejemplo, cómo tras los atentados a las Torres Gemelas de 2001, aún cuando se constató que gran parte

EYES ONLY

4 October 1962

MEMORANDUM FOR RECORD

SUBJECT: Minutes of Meeting of the Special Group (Augmented) on
Operation MONGOOSE, 4 October 1962

PRESENT: The Attorney General; Mr. Johnson; Mr. Gilpatric, General
Taylor, General Lansdale; Mr. McCone and General Carter;
Mr. Wilson

1. The Attorney General opened the meeting by saying that
higher authority is concerned about progress on the MONGOOSE program
and feels that more priority should be given to trying to mount
sabotage operations. The Attorney General said that he wondered if
a new look is not required at this time in view of the meager results,
especially in the sabotage field. He urged that "massive activity"
be mounted within the entire MONGOOSE framework. There was a good
deal of discussion about this, and General Lansdale said that another
attempt will be made against the major target which has been the object
of three unsuccessful missions, and that approximately six new ones
are in the planning stage.

Mr. Johnson said that "massive activity" would have to
appear to come from within. He also said that he hopes soon to be
able to present to the Group a plan for giving Cuban exiles more of a
free hand, with the full realization that this would give more visibility
to their activities. On this latter point, Mr. McCone said that he
reserves judgment as to the feasibility and desirability of such a
program. (Mr. Johnson agreed that he has reservations as well.)

2. Mr. McCone then said that he gets the impression that high
levels of the government want to get on with activity but still wish
to retain a low noise level. He does not believe that this will be
possible. Any sabotage would be blamed on the United States. In this
connection, he cited the enormous number of telephone calls that had
been directed at CIA at the time that the skin divers landed in Eastern
Cuba and at the time Cuban exile students shot up the apartment house.
He urged that responsible officials be prepared to accept a higher noise
level if they want to get on with operations.

In partial rebuttal, the Attorney General said that the
reasons people were so concerned at the times mentioned were: (a) the
fact that the skin divers were Americans, and (b) that the student

TOP SECRET

EYES ONLY

*Figura 8.19- Detalle de uno de los documentos desclasificados en los que se
detallan posibles acciones clandestinas a realizar, de sabotaje, dentro del
programa Mangoose.*

(la mayoría) de terroristas eran de Arabia Saudí, se emprendieran acciones militares contra Afganistán e Irak, contando con un amplio respaldo social.

De nuevo comprobamos cómo lamentablemente cualquier intento de manipulación o de acto terrorista ha tenido su precursor dentro de los servicios secretos norteamericanos. Entre esos méritos está la manipulación informativa, tan en vigor actualmente. Ya no importa lo que se dice sino cómo se dice y el efecto que causa en la sociedad, la capacidad para manipular conciencias. El caso del referéndum unilateral de independiencia es un muy buen ejemplo de ello. Sin ir más lejos cuando al fin se conoció el resultado de las votaciones legales de la autonomía catalana tras aplicarse el artículo 155 de la Constitución Española (dirigido a frenar aquellos los alzamientos ilegales contra la soberanía y unidad de España) el grupo de centro-derecha, Ciudadanos, resultó el más votado, si bien los partidos independentistas lograron nuevamente la mayoría absoluta para gobernar. El PP, el partido del Gobierno español en esa legislatura, fue el grupo menos votado en esas elecciones. Pues bien, la gran mayoría de periódicos europeos, españoles incluidos, llevaban en primera portada el castigo del pueblo catalán al PP por haber hecho aplicar el artículo 155, algo totalmente falso, dado que si se aplicó tal artículo fue precisamente por las presiones que el grupo más votado en Cataluña, Ciudadanos, había ejercido sobre el gobierno del PP que precisamente pudo gobernar por el respaldo de Ciudadanos. Es más. Este grupo naranja fue el que más abiertamente se mostró partidario, no sólo de aplicar el artículo 155, sino incluso de haber disuelto el Parlamento catalán desde el mismo momento en que se votó la independencia unilateral de Cataluña. También ha sido el más inflexible con respecto a los independentistas encarcelados por provocar revueltas ciudadanas y destrozar varios coches de la Guardia Civil, avivando el odio contra las Fuerzas del Orden y contra el Estado Español. Por tanto, insisto, no deben verse los resultados de las elecciones autonómicas de Cataluña como un castigo a la aplicación del artículo 155, sino más bien como una condena a la falta de acción por parte del gobierno español ante tanta anarquía independentista, manifiestos y comunicados falsos por toda Europa, que incluso acarreó que el rey Felipe VI tuviera que posicionarse cuando debía ser neutral, ante la inactividad del Gobierno de Rajoy, extrañamente ausente.

Más tarde se ha sabido de conexiones entre el Gobierno ruso y los independentistas catalanes, que trataban de boicotear el proceso de refuerzo de la Unión Europea tras el Brexit británico emprendido por el presidente francés Emmanuel Macron y la presidenta alemana Angela Merkel. La idea de ambos pesos pesados de la política europea era la de reforzar las relaciones entre los países de la Unión Europea para lograr ventajas económicas (una moneda más fuerte frente al dólar norteamericano y al resto de monedas), fiscales (propuesta de una Hacienda europea que homogeneizara salarios y tributos en todos los puntos de la Unión Europea) y mercantiles (ventajas de productos de los países miembros frente a los de países que no lo son). Si España se desestabiliza, Rusia seguiría sacando ventaja económica en algo tan cotidiano como la electricidad, por ejemplo. Parte de las necesidades eléctricas de Francia las toma de España, pero si este país volviera al conflicto, saldría más rentable a Francia comprar gas, fuel o electricidad a Rusia. Tampoco olvidemos que otro gran aliado de Rusia es China, que echó a andar "el tren de la ruta de la seda" para beneficiarse de productos europeos, muchos de ellos, españoles. Si la bolsa española se desestabilizara, China compraría los productos hispanos mucho más económicos, sin olvidar que gran porcentaje de la deuda española cuando ocurrió la reciente crisis económica (por la burbuja inmobiliaria, especialmente) la compró China. De hecho, esta crisis económica hispana permitió a un gran número de rusos y chinos hacerse con una cantidad inmensa de propiedades y terrenos en España. Contribuye en gran medida la manipulación de la información (o desinformación) que se vierte cada minuto a Internet y periódicos y televisiones de todo el mundo. Es tal el caudal de datos que ¿quién puede estar verdaderamente seguro de que lo que oye u opina no está interesadamente manipulado por un tercero?

Terminaré este trabajo con la misma sentencia con la que comenzaba:

«Acérquese, más, mucho más, porque cuanto más crean que ven, más fácil será engañarlo. Porque, ¿qué es ver?. Cuando uno mira, lo que realmente hace es filtrar, interpretar, buscar un significado. ¿Mi trabajo? Atraer el más preciado de los regalos que me hacen, su atención, y utilizarla en su contra (…)

¿Qué es la magia? (…) no es más que un engaño planificado. Quiero que miren, miren de cerca, lo más cerca posible, porque los trucos que están por ver pueden parecer desconectados. Pero les aseguramos que hay una conexión. ¿Serán cien trucos diferentes, o una gran ilusión gigantesca?.» Película *Now you see me* (2013).

BIOGRAFÍA

La formación de Valeria Ardante es científica, licenciada y doctora en Ciencias Geológicas, o Ciencias de la Tierra, como le gusta llamarlas.

Valeria Ardante junto a una fotografía del alemán Adolf Schulten, buscador incansable de Tartessos y descubridor de Numancia, la capital de la Celtiberia y resistencia heroica contra las legiones romanas. Tuvo el mérito de costear las excavaciones de su propio bolsillo, ante la falta de ayudas económicas para sacar tan noble ciudad a la luz.

Acredita varias publicaciones en prestigiosas revistas científicas, así como diversos premios internacionales a trabajos de investigación en su especialidad, en la que también ha coordinado excavaciones, dirigido proyectos de investigación e impartido conferencias en distintas universidades europeas.

En trabajos de su campo científico ha colaborado también en excavaciones arqueológicas, lo que, unido a su pasión por viajar para conocer países de culturas muy diferentes, ha incentivado su gran curiosidad por la historia antigua.

Adicionalmente ha colaborado con diversas

revistas de divulgación cultural, radios y televisiones locales, con el fin de contribuir al conocimiento de gestas, hechos históricos y escritos aún mal conocidos por propios y extraños, sobre el pasado de España, como Imperio, y de las culturas prerromanas que habitaban la Península Ibérica.

Su acentuado espíritu crítico hace que se cuestione bastantes tópicos de la historia oficial de nuestro país, que considera con frecuencia injustamente asumidos. Su propósito es ofrecer versiones de hechos históricos diferentes a lo que se nos ha contado. En todo caso, aporta datos suficientes y profusión de imágenes para que el lector pueda decidir sus propias conclusiones. No en vano es su formación científica la que emplea al profundizar en investigaciones sobre hechos históricos.

BIBLIOGRAFÍA

Alcalde, Jorge. *Las mentiras de lo paranormal. Lo que se aprende de ciencia investigando los misterios de la "zona oscura".* Ed. LibrosLibres, 2009.

Ardante, Valeria. *Hitler quiere el grial.* Ed. United PC, 2013.

Ardante, Valeria. *Isla Bermeja: conflicto geoestratégico. La isla fantasma que encadenó a México y el aleteo de la mariposa.* Editorial CreateEspace, 2017.

Ardante, Valeria. *Reclutemos a los nazis.* Ed. ViveLibro, 2017.

Baldwin, Neil. *Henry Ford and the Jews, The Mass Production of Hate.* Public Affairs, New York, 2001.

Barton, Michael X. *We want you. Is Hitler alive?.* Saucerian Books, 1969.

Bascomb, Neal. *Hunting Eichmann: chasing down the world's most notorious nazi.* Quercus Publishing, 2010.

Basti, Abel. *Los Secretos de Hitler.* Editorial Sudamericana, 2011.

Benítez, J.J. *OVNIS: Documentos Oficiales Del Gobierno Español.* Plaza & Janés, 2ª edición, 1977.

Berliner, Don y Strieber, Whitley. *OVNI: Document*

de synthèse. Editions du Rocher, 2005.

Black, Edwin. *IBM and the Holocaust: The Strategic Alliance Between Nazi Germany and America's Most Powerful Corporation*. Crown. 2001.

Black, Edwin. *The Transfer Agreement: The Dramatic Story of the Pact Between the Third Reich and Jewish Palestine*. 25th Anniversary Edition. Dialog Press, 2009.

Blau, Bruno. *Die Kriminalität der deutschen Juden*. Nabu Press, 2010.

Botaya, Felipe. *Antártida 1947: La Guerra que nunca existió*. Editorial Nowtilus, 2010.

Bowart, Walter H. *Operation mind control: How the cryptocracy will psychocivilize you*. St. Martin's Press, Nueva York, 1994

Branton, Bruce Alan Walton. *The Omega Files: Secret Nazi UFO Bases Revealed*. 2000.

Burton, Jeffery F.; Farrell, Mary M.; Lord, Florence B. y Lord, Richard W. *Confinement and Ethnicity: An Overview of World War II Japanese American Relocation Sites*. University of Washington Press, 2002.

Camacho, Santiago. *Conspiración. La sombra que nos gobierna*. Editorial América Ibérica, 2000.

Camacho, Santiago. *20 grandes conspiraciones de la historia*. Ed. La esfera de los libros, Barcelona, 2003.

Campbell, John P. *Bevan, John Henry (1894-1978), intelligence officer and stockbroker*. Oxford Dictionary of National Biography. Oxford University Press, 2004.

Cantarero, Joan. *La huella de la bota*, Temas de Hoy, 2010.

Cardeñosa, Bruno. *El misterio OVNI*. Ed. Nowtilus, 2011.

Carey, Thomas J.; Schmitt Donald R. y Torme, Tracy. *Inside the real Area 51: the secret history of Wright Patterson*. New Page Books. 2013.

Colin Andrews y **Pat Delgado** *Circular Evidence: A Detailed Investigation of the Flattened Swirled Crops*. Phanes Press, 1991.

Commander X and the Committee of Twelve o save the Earth. *Wall Street Banksters Financed Roosevelt, Bolshevik Revolution and Rise of Adolph Hitler: The Most Dangerous Book Ever Written*. Conspiracy Journal. 2008.

Corso, Philip J. y Birnes, William J. *The day after Roswell*. Pocket Books, 1998.

Corrales, Scott. *Chupacabras and other mysteries*. Greenleaf Pubn., 1997.

Correa da Costa, Sergio. *Crónica de una guerra secreta*. Ed. Record, 2005, segunda edición.

Crowdy, Terry. *Deceiving Hitler: Double-Cross and Deception in World War II*. Osprey Publishing, 2011.

De la Cruz Mañanes, Valeriano. ¿Dónde está el cadáver de Hitler?. Editorial Rústica Hugomir, 2004.

Farrell, Joseph P. *Hidden Finance, Rogue Networks, and Secret Sorcery: The Fascist International, 9/11, and Penetrated Operations*. Adventures Unlimited Press, 2016.

Forsyth, Frederick. *The Odessa File*. Kindle Edition, 2008.

Freier, P., Lofgren, E. J., Ney, E. P. and Oppenheimer, H. L. 1948. *Evidence for heavy nuclei in the primary cosmic radiation*. Physical Review74:213-17

Friedman, Stanton T. y Strieber, Whitley. *Top Secret/Majic: Operation Majestic-12 and the United States Government's UFO Cover-Up*. Da Capo Pr; Edición: 2nd Revised edition, 2005.

Friedman, Stanton T. y Marden, Kathleen. *Captured!: The Betty and Barney Hill UFO Experience: The True Story of the World's First Documented Alien Abduction*. Career Pr, 2007.

Friedrich, Christof. *German Secret Weapons and Wonder Weapons of World War II*. Samisdat Publications, 1976.

Garbely, Frank. *El viaje del arco iris. Los nazis, la banca suiza y la Argentina de Perón*. Ed. El Ateneo, Buenos Aires, 2003.

Gelderman, Carol. Henry Ford. *The Wayward capitalist*. St Martin's Press, New York, 1981.

Goñi, Uki. *La auténtica Odessa. La fuga nazi a la Argentina de Perón*. Editorial Paidos Ibérica, 2002.

Goodrick-Clarke, Nicholas. *Black Sun: Aryan Cults, Esoteric Nazism and the Politics of Identity*. New York University Press, 2002.

Groueff, Stephane. *The Manhattan Project: the untold store of the making of the atomic bomb*. Iuniverse.com, 2000.

Gutberlet, Bernd Ingmar. *Las cincuenta grandes*

mentiras de la historia. Editorial Tempus, 2009.

Haines, Gerald. *CIA's Role in the Study of UFOs, 1947-90*. Central Intelligence Agency (CIA), 2012 (desclasificado, pero realizado en 1997): https://www.cia.gov/library/center-for-the-study-of-intelligence/csi-publications/csi-studies/studies/97unclass/ufo.html

Hallet, Greg. *Hitler was a British Agent*. F.N.Z. Ed., 2nd edition, 2006.

Hansing, Ron. *Hitler's Escape*. Athena Press, 2005.

Hernández, Jesús. *Enigmas y misterios de la Segunda Guerra Mundial. Desapariciones, muertes y sucesos inexplicados del mayor conflicto bélico de la Historia*. Edición Nowtilus, 2010.

Heras, Antonio Las. *El incidente Roswell: Que hay detrás del enigma de los OVNIs: 5 (Conjuras)*. Createspace, 2014.

Hobsbawn, Eric. *Historia del siglo XX*. Editorial Crítica, 1998.

Höhne, Heinz y Zolling, Hermann. *The general was a spy*. Bantam Books, Nueva York, 1972.

Holt, Thaddeus. *The Deceivers: Allied Military Deception in the Second World War*. Ed. Scribner, 2004.

Houston, Jeanne y Houston, James D. *Farewell to Manzanar*. Ember, 2012.

Hunt, Linda. *L'affaires Paperclip. La recuperation des scientifiques Nazis par les Américans 1945-1990*. Stock Ed. 1991.

Jacobsen, Annie. *Area 51: An Uncensored History of America's Top Secret Military Base*. Back Bay Books, 2012.

Jacobsen, Annie. *Operation Paperclip: The Secret Intelligence Program that Brought Nazi Scientists to America.* Little, Brown and Company. 2014.

Kean, Leslie. *UFOs: Generals, Pilots, and Government Officials Go on the Record.* Three Rivers Pr, 2011.

Lafayette, Maximillien de. *Parte 1: Los OVNI de la Tercera Reich de Hitler, El Nuevo Orden del Mundo de los Nazis y Extraterrestres (Hitler UFO, Maria Orsic).* Art, UFOs & Supernatural Magazine. New York, 2012.

Lafayette, Maximillien de. *El Exotericon: Los OVNI, Alienígenos, el Éxtasis de los Alienígenos, Nikola Tesla, y el gobierno de los Estados Unidos.* Art, UFOs & Supernatural Magazine. New York, 2013.

Lagrange, Pierre. *Ovnis: Ce qu'ils ne veulent pas que vous sachiez.* Presses du Châtelet, 2007.

Lesta Mosquera, José. *Claves esotéricas del III Reich. Nazis, magia y ocultismo: 18. Mundo mágico y heterodoxo. El archivo del misterio de Iker Jiménez.* Editorial Edad, 2011.

Lesta Mosquera, José y Pedrero Gómez, Miguel. *El enigma nazi, el secreto esotérico del III Reich.* Editorial Edaf, 2011.

Levengood, W.C. *Anatomical anomalies in crop formation plants.* Physiologia Plantarum 92, pp. 356-363. 1994.

Levengood, W.C. & Burke, John A. *Semi-Molten Meteoric Iron Associated with a Crop Formation.* Journal of Scientific Exploration, 9(2), pp. 191-199. 1995.

Levengood, W.C. & Talbott, Nancy P. *Dispersion of energies in worldwide crop formations.* Physiologia Plantarum, 105, pp. 615-624. 1999.

Lueder, Bret. *A UFO hunter's guide.* Red Wheel Weiser, 2012.

Man, Peter y Dan, Uri. *Capturer Eichmann.* Le Grand Livre du Mois, 1987.

Mantle, Philip y Stonehill, Paul. *Expediente Soviet UFO, Todos los secretos de la inteligencia militar y científica soviética. Tunguska, el Crash Dalnegorsk, el fenómeno de Petrozavodsk, el TU-134, el programa secreto SETKA y todos los casos OVNI documentados.* Editorial Nowtilus, 2010.

Marcel, Jesse Jr. and Marcel, Linda. *The Roswell Legacy.* New Page Books, 2008.

Marrs, Jim. *Our Occulted History: Do the Global Elite Conceal Ancient Aliens?.* William Morrow Paperbacks, 2013.

Milton William, Cooper. *The Secret Government: The Origin, Identity, and Purpose of MJ-12,* Huntington Beach, CA. 1989.

Milton William, Cooper. *Operation Majority,* Huntington Beach, CA. 1989.

Milton William, Cooper. *Behold a Pale Horse.* Huntington Beach, CA. 1991.

Northcote, Jeremy. *Spatial distribution of England's crop circles: Using GIS to investigate a geo-spatial mystery.* Geography Online, Southern Ilinois University (disponible on-line).

Palacios, Rafael. *Extraterrestres - el secreto mejor guardado.* Ed. Palmyra, 2008.

Parmentier, François. *OVNI: 60 ans de désinformation*. Editions du Rocher, 2004.

Paris, Edmond. *The secret history of the Jesuits*. Chick Publications, 1965.

Partridge, Christopher. *UFO Religions*. Routledge, 2002.

Payne, Ronald. *Mossad*. Bantam Ed. 1990.

Pedlow, Gregory W.; Welzenbach, Donald E. 1992. *The Central Intelligence Agency and Overhead Reconnaissance: The U-2 and OXCART Programs, 1954-1974*. Washington DC: History Staff, Central Intelligence Agency, pp.84-88.

Pope, Nick, Burroughs, John, y Penniston, Jim. *Encounter in Rendlesham Forest: The Inside Story of the World's Best-Documented UFO Incident*. Griddin Ed., 2015.

Preparata, Guido Giacomo. *Conjuring Hitler: How Britain and America made the Third Reich*. Pluto Press, 2005.

Radford, Benjamin. *Tracking the Chupacabra: The Vampire Beast in Fact, Fiction and Folklore*. Ed. University of New Mexico, 2011.

Randle, Kevin D. & Schmitt, Donald R. *The truth about the UFO crash at Roswell*, Mass Market Paperback, 1994.

Rankin, Nicholas. *Churchill's Wizards: The British Genius for Deception, 1914–1945.*. Editorial Faber & Faber.

Reginbogin, Walther Hofer Herbert R. *Hitler, der Westen und die Schweiz 1936-1945*. Verlag Neue Zürcher Zeitung.

Reginbogin, Herbert R. *Faces of Neutrality: A Comparative Analysis of the Neutrality of Switzerland and Other Neutral Nations During WW II*. Lit Verlag. 2009.

Rigg, Bryan Mark. *Hitler's Jewish Soldiers: The Untold Story of Nazi Racial Laws and Men of Jewish Descent in the German Military*. Modern War Studies, University Press of Kansas. 2002.

River Editors, Charles. *Odessa: the controversial history of the mysterious network that helped Nazis escape Germany after World War II*. Kindle Edition, 2016.

Ruiter, Robin, De. *Adolf Hitler no se suicidó: Crónica de su fuga con la ayuda del Servicio de Inteligencia Británico*. Mayra Publications, 2015.

Rumsey Smith, Barry. *Final Notice*. MS Life Media, 1989.

Sagan, Carl. *The Demon-Haunted World*. (1995). (en español: *El mundo y sus demonios*). Ballantine Books, 1997.

Seymour, Cheri. *The last circle*. Ed. Trineday Press. 2010.

Serrano, Miguel. *Das goldene Band: esoterischer Hitlerismus*. [El Cordón Dorado; hitlerismo esotérico] Verlag Planeta, Barcelona, 1978.

Shepelev, Andrei and Ottens, Huib. *Ho 229 The Spirit of Thuringia: The Horten All-wing jet Fighter* (Ho 229, El Espíritu de Turingia: El jet de combate Horten). London: Classic Publications, 2007.

Sierra, Javier. *Roswell: Secreto de Estado*. Editorial Planeta. 2013.

Skorzeny, Otto. *La Guerra desconocida, mis memorias secretas*. Editorial A.Q. 1976.

Schnabel, Jim. *Round in Circles: Physicists, Poltergeists, Pranksters, and the Secret History of the Cropwatchers*. Harmondsworth: Penguin Ed. 1993.

Stevens, Henry. *Hitler's Flying Saucers: A Guide to German Flying Discs of the Second World War*. Adventures Unlimited Press, 2003.

Stoner, Paul. *UFOs: alien abduction*. Kidle Edition, 2014.

Sutton, Antony C. *Wall Street and the Rise of Hitler*. GSG & Associates Pub, 1976.

Sutton, Antony C. *Wall Street and the Bolshevik Revolution: the Remarkable true story of the American Capitalists who financed the Russian Communists*. Clairview Books, reedición, 2012.

Szabó, Ladislao. *Hitler está vivo*. Editorial El Tábano, Buenos Aires, 1947.

Tajima Creef, Elena. *Imaging Japanese America: The Visual Construction of Citizenship, Nation, and the Body*. New York University Press, 2004.

Tauber, Kurt P. *Beyong Eagle and Swastica: German Nationalism since 1945*. Wesleyan University Press, 1967.

Tetsuden Kashima. *Personal Justice Denied: Report of the Commission on Wartime Relocation and Internment of Civilians*. University of Washington Press, 1997.

Thomas, Gordon. *Journey into madness*. Bantam Books, Nueva York, 1989.

Thomas, Kenn y Keith, Jim. *The Octopus: The Secret Government and Death of Danny Casolaro*. Feral House. 1996.

Torbitt, William; Thomas, Kenn; Last, First y Childress, David Hacher. *NASA, Nazis & JFK*. Adventures Unlimited Press, 2015.

Torres, Noe & Marcel, Jesse Jr. *Guía Definitiva del Choque de OVNI en Roswell: Una Visita a los Lugares Más Misteriosos de Roswell, Nuevo México*. Createspace, 2011.

Tridle, Hans. *The Esoteric Codex: Nazism and the Occult*. First Edition. 2015.

Vokor, Tim. *Majestic 12: Secret Project*. Kindle Edition.

Whitehead, Paul. *UFO*. Wooden Books, 2011.

Wood, Tony y Gunston, Hill. *El tercer Reich. Luftwaffe: Goëring y la fuerza excepcional de los Stuka, Messerschmitt, Heinkel...* (Hitler's Luftwaffe). 1ª edición. Editorial Óptima, 2002.

Yanaguida, Tishio y Akagui, Taeko. "México y los emigrantes japoneses", en *Estudios Migratorios Latinoamericanos*, Nº 30, agosto de 1995, Buenos Aires, Centro de Estudios Migratorios Latinoamericanos, pp. 395-399.

Yenne, Bill. *Area 51 - Black Jets: A History of the Aircraft Developed at Groom Lake, America's Secret Aviation*. Base Zenith Press, 2014.